UOMINI E RELIGIONI

SAGGI

Leonardo Vittorio Arena

I GUERRIERI DELLO SPIRITO

Templari, Cavalieri Teutonici, Assassini, Samurai, Kamikaze

MONDADORI

www.librimondadori.it

ISBN 88-04-52683-1

I edizione Uomini e Religioni gennaio 2006

Indice

I GUERRIERI
DELLO SPIRITO

Prefazione

Meng-tzu disse: «Negli Annali Primavera-Autunno sta scritto che non esistono guerre giuste od opportune; soltanto, alcune sono più nobili di altre».

Meng-tzu 7, 2, 1

Nel villaggio globale, convivono l'una accanto all'altra le saghe cinematografiche del *Signore degli anelli* e di *Star Wars*. Entrambe puntellate dal tema ricorrente, a dispetto della diversità di tempi e luoghi, il passato arcaico o il futuro interplanetario: l'eterna lotta tra il bene e il male. È un argomento dello spirito, poiché in entrambi i casi si coglie che non è affatto facile separare i due domìni. Essi, anzi, si intersecano vicendevolmente, impedendo di tracciare distinzioni. Come proferire un giudizio nei confronti dei combattenti spirituali? Lo si sospenderà, dunque, nell'incapacità di valutarli come infami o generosi, sublimi o criminali. Talora i due attributi si combinano, e proprio allora l'attenzione dello spettatore è calamitata al massimo.

Di recente, si riscontrano una certa fortuna e interesse per l'arte del combattimento e della guerra. Il manuale di Sun-tzu, forse il più antico classico militare sul tema, è letto e ristampato di continuo. Dopo aver sondato la profondità dei testi militari, ci si volge al *background*: cosa c'è dietro? Vi si scopre un'idea, talora una religione o un culto. Non attrae il mero esercizio della forza, bensì la coniugazione di questa con lo spirito. Una ideologia, che esorti alla lotta e la nobiliti. La sospinga su un piano più elevato, sublime. Compito alchemico di una metamorfosi grandiosa.

Alcuni gruppi, nella storia, si stagliano su altri in Oriente e in Occidente. Forse non sono i più rilevanti, ma soltanto più noti. Nessuna dottrina sembra essere esente dalla valorizzazione della potenza bellica. È stata esercitata dalle genti del Libro: dagli ebrei dell'Antico Testamento, dai cristiani con gli Ordini guerrieri e le crociate, dai musulmani con il concetto di *jihad* e nelle imprese di sette eversive, quali gli Assassini. Il mondo indiano è pure ricco di fenomeni del genere: basterebbe pensare ai Sikh o ai Thug, gli strangolatori della giungla nera salgariana. Anche nel buddhismo si riscontrano situazioni analoghe, specie in Giappone e in Tibet.

Il laico non va esentato da certe attitudini, né è meno cruento della sua controparte religiosa. I samurai giapponesi portano la spada per puntellare un sistema sociale fondato sullo spirito, proprio come nelle istituzioni belliche cristiane o le altre sette. Lo spirito si presenta in molte vesti, ed è difficile precisare dove termini il religioso, il sacro, e inizi la componente laica nei mondi estremo-orientali o indiani. Tale distinzione, in ultima analisi, qui non ha senso.

In questo libro ho privilegiato i gruppi organizzati, le sette che si sono date una struttura che rispondeva ai bisogni dello spirito. Che l'elenco non sia esaustivo è un'annotazione superflua. Ho operato una selezione che permettesse un discorso globale, impostando analogie e differenze, quindi comparazioni. Credo che certe tematiche risultino insondabili, a prescindere dalla filosofia comparativa e dalla psicologia transpersonale: due campi che permettono di contemplare in maniera meno angusta, cioè eurocentrica, i guerrieri dello spirito. Ne traspare una fisionomia, un'identità mantenutasi nei secoli, pur cambiando spesso destinazione o scopo.

Talora la guerra santa è strettamente correlata ai gruppi dello spirito. In Occidente la si trovò superflua, anacronistica a partire dall'Illuminismo. Ma i prodromi di certi atteggiamenti esistevano già. Oggi si ritengono primitive, o arretrate, civiltà come quella islamica che vi insistono ancora. Sembrano legate al passato, ma solo perché abbiamo paura di un connubio del genere; sentiamo che dietro vi si celano forze quasi soprannaturali, tutt'altro che eluse in Occidente, dove sonnecchiano soltanto.

La storia si mescola alla filosofia, alla narrazione. Ho ritenuto che anche le vicende di questi lottatori dello spirito fossero degne di menzione. Ne ho esaminato il nesso con l'ideologia, ove se ne presentasse una ben connotata. E ho potuto scoprire un abbozzo di risposta a domande sempre attuali: Cosa rivendicano, e chi erano i guerrieri dello spirito? Perché lottare? La replica dipende anche dal vaglio delle componenti storiche, le circostanze in cui essi sono vissuti e hanno prosperato. Nel caso dei monaci guerrieri giapponesi, è determinante capire l'entità delle controversie, la posta in gioco che le animò. Senza che, beninteso, la ricostruzione storica o un cronacario prenda il sopravvento.

Dopotutto, sondando la relazione tra lo spirito e le armi appare chiaro che la storia e la dottrina si congiungono, in uno strano anello. Talora si individua che la prima predomina sull'altra: il filosofico balza in secondo piano, di fronte a esigenze puramente belliche. Ma solo se il pugno che brandisce la spada o il mitra ha dietro di sé una pulsione, un impeto che lo sorregge, potrà dirsi efficace e compiaciuto. Lo si chiama *intento*, ravvisandovi il perno di una strategia che non deve privarsene.

Urbino, dicembre 2005

I

Le doppie lame dei Cavalieri del Tempio

«Ecco, io riconosco adesso che non vi è alcun Dio in tutta la terra, fuorché in Israele.»
2 *Re* 5,15

Ascalona rappresentava una minaccia. Una fortezza inespugnabile, così si diceva. I crociati ne erano sempre stati respinti, o non osavano neppure avvicinarvisi. Ma ora si profilavano diverse aspettative. L'imponente esercito crociato avrebbe forse compiuto l'impossibile? Si doveva agire in fretta, prima che la città si rianimasse per l'arrivo dei rinforzi. L'armata di Gerusalemme, minacciosa, era schierata in assetto di guerra. Re Baldovino III era alla testa delle truppe, e un significativo contributo fu offerto dai Templari, agli ordini del Maestro Bernardo di Trémblay.

Che lungo assedio! Già dalla fine di gennaio di quell'anno cupo, il 1153, si innalzavano palizzate e torrette sotto le mura di Ascalona. Il crollo della città poteva far riprendere a sperare per le sorti della Terrasanta. Ai musulmani sarebbe stato inferto un trauma micidiale.

I mesi trascorrevano senza mutamenti di rilievo. Gli egiziani avevano prestato man forte agli abitanti della città, e la coalizione islamica rischiava di eludere per l'ennesima volta le forze cristiane. Le mura si mantenevano salde, all'altezza della loro reputazione.

Ma in una notte di luglio imprecisata si determinò una svolta.

Troppa furia, nell'impeto degli infedeli! I loro reparti si avventarono contro una torretta crociata, da cui si bersagliavano gli spalti. La misero a ferro e fuoco, dilaniandola, ma l'atto gli si ritorse contro. La torre andò a schiantarsi sulle mura di cinta, spalancandovi un pericoloso varco.

Un varco, quasi per caso. I Templari, stanziati nelle vicinanze, lo intesero come un segno del destino. Cristo li favoriva, dunque! Attesero con pazienza la fine della notte, e alle prime luci del mattino fecero irruzione nella fessura. Bernardo guidava il gruppo, sicuro di sé, come un vero Maestro dell'Ordine.

La gloria, la gloria, innanzitutto! Ogni riflessione era superflua, né ci si permetteva di esitare di fronte a un bottino di guerra così ingente. Bernardo conosceva il protocollo, e volle agire con tempestività. Solo i Templari avrebbero avuto accesso al varco, godendo dei vantaggi dell'impresa.

I Cavalieri minacciarono gli altri crociati e si avventurarono, da soli, nel pertugio poco più grande di un corpo umano. Tra il sudore, le pesanti armature, e la polvere dei calcinacci. In forza della loro temerarietà, si sentivano autorizzati al saccheggio.

Una quarantina di loro distanziarono gli altri soldati, senza curarsi della quantità soverchiante del nemico.

Poi si svolse tutto in fretta: un'operazione militare non ponderata. Qualcuno dirà: come tante altre, se si parla dei Templari. Loro, però, la *persero* la testa. I musulmani infierirono su un manipolo di audaci che anteponeva la cupidigia o la gloria a qualsiasi altro valore, la sicurezza, lo spirito di collaborazione, la solidarietà...

Non si può dire che furono brillanti. I nemici, validi combattenti, li sottomisero presto anche in virtù del numero. Sì, i Templari ebbero il privilegio di penetrare nelle mura inespugnabili, ma anche di morire con rapidità!

Le loro teste penzolavano dai bastioni di Ascalona. Gli assediati sogghignavano, guerrieri consapevoli della propria invincibilità, sorretti da arroganza e presunzione. Il disprezzo era legittimo? Soltanto dopo si valutò l'evento, per azzardare giudizi categorici.

«I Cavalieri furono imprudenti. Se ne impadronì il demone dell'ambizione o quello della brama?».

«Grazie alla loro frenesia, più nessun altro poté entrare nella breccia».

«Un gesto sconsiderato, qualunque motivazione lo dettasse».

Per gettare fango, alcuni inserirono l'incidente di Ascalona nella lista dei numerosi errori dei Templari. Anche coloro che oggi tendono a giustificarli, ridimensionando la portata dell'evento, sono costretti a deplorare la loro insolenza. Li si reputa incoscienti per aver varcato le mura senza premeditazione; potevano almeno chiederselo: il resto dell'esercito li avrebbe seguiti?[1] Questa imprudenza era il loro distintivo. Talora i Templari ricorrevano a una strategia precipitosa, persino irrazionale, difettosa di un centro o di un intento. Da dove scaturiva tale impeto?

Esiste ancora oggi, ben preservata dagli alberi, la moschea di Aqsi, quartier generale dei Templari a Gerusalemme. L'altra denominazione, «il Tempio di Salomone», ne rintraccia la corrispondenza tra Oriente e Occidente, Islam e cristianesimo (o ebraismo). La stessa che si ritrova nella dottrina dei Templari. L'Ordine guerriero si incaricò di proteggere i pellegrini sulle impervie strade della Terrasanta, per poi dare man forte ai crociati in battaglie memorabili.

Può stupire, la presenza di un Ordine bellicoso. Come se l'esercizio della violenza strida con la spiritualità. Ma in Occidente i Templari fungono da antesignani, mostrando che la commistione è praticabile. Mettere in gioco la propria vita, attraverso il sacrificio, è un alto ideale. La religione dovrà tenerne conto, e attenuare il rigore dei suoi divieti. Il quinto comandamento suona imbarazzante. I Templari lanciano un appello al cristianesimo, recuperandone la *vis polemica*.

Sono devoti della Vergine Maria, e al contempo della spada. Ciò destò scandalo, in un contesto medioevale non avvezzo al messaggio. Ma i presupposti per recepirlo c'erano, eccome! Il mondo della cavalleria, con i suoi codici etici e strategici, era già tratteggiato in opere letterarie tra storia e leggenda. Chrétien de Troyes ne indicò la strada. *Lancelot* e *Perceval* rappresentavano seducenti ideali dell'Io per l'uomo d'azione, poemi di struggente nostalgia per un mondo vagheggiato. Il romitaggio, ancorché auspicabile, non soddisfaceva più larghi ambienti del mondo cristiano. I Templari raccolsero questo appello alla laboriosità, per agire in *questo* mondo in favore dell'altro. Versarono sudore, sangue e lacrime in una vita quotidiana pregna di dolore, in vista della resurrezione nell'aldilà.

E poi, le crociate ne avevano dato prova: Dio si serve (anche) con la spada. La posta in gioco: la soppressione degli infedeli e la riconquista della Terrasanta. Il nemico è maomettano. Si inventano capri espiatori del calibro del Saladino (Salah al-Din), «Sultano dell'Egitto e di Damasco». È il meccanismo della proiezione. L'Occidente si forgia un avversario, e se lo sceglie tra le etnìe più affini, quelle che rischiano di mettere in discussione i suoi pilastri. Il mondo islamico si presta allo scopo. Nella realtà psichica e in quella materiale o storica si verifica lo scontro tra spiritualità diverse, l'Oriente e l'Occidente. I Templari se ne pongono al centro, in qualità di cristiani «islamizzati».

Si solleva un coro di critiche nelle frange tradizionali della Chiesa. Si obietta all'uso della violenza, propendendo per i valori dello spirito. Lo sosteneva anche Maometto in un celebre *hadith*, di ritorno da una battaglia sanguinosa. I suoi seguaci vogliono lodarlo, però lui li ammonisce. Quella è la «piccola guerra santa», mentre ne imperversa un'altra ben più impegnativa e temibile, «la grande guerra santa» nel proprio cuore.[2] Guigo, priore della *Grande Chartreuse*, casa madre dell'Ordine Cartusiano apostrofa con analoga veemenza il Maestro templare Ugo di Payns. «Non vorrei incoraggiarvi, caro amico, allo scontro fisico e al combattimento, ma desidero darvi almeno qualche consiglio sulle battaglie spirituali nelle quali sono coinvolto nella vita quotidiana, benché io non risulti meglio equipaggiato a suggerirvi neanche in questo campo».[3]

Come, i Templari non sarebbero monaci?! Sembra che abbiano pronunciato i tre voti della vita monastica, relativi alla povertà, alla castità e all'ubbidienza. Anche oggi, però, qualcuno sostiene che ciò non basta a qualificarli religiosi. Si stenta a comprendere l'accostamento, interpretato come una contraddizione in termini, cioè l'espressione «monaco guerriero».

I Cavalieri si presentarono al re Baldovino II forse nel 1118 per consacrare le loro spade al Cristo. Il lato settentrionale del Tempio di Salomone fu loro riservato. Sino a quel momento mancavano persino di un posto dove «posare il capo».

Si discute di un contrasto. All'inizio sarebbe stato tempo di povertà, ma poi l'Ordine si espanse rinunciando al suo stile frugale. Ciò è incontestabile. A rammentarlo è il tesoro dei Templari, l'ingente proprietà che determinò il loro declino.

Le origini dell'Ordine sono avvolte dal mistero, e non se ne sa molto di più. Anche la quantità dei Cavalieri è in questione: nove o trenta? Dalle fonti, il primo numero appare più probabile. Gli si offrirono cibo e vestiti.

Molti anni dopo gli scrittori ne riferirono le regole in dettaglio. Era in gioco una priorità: lo spirito o la forza, la vocazione religiosa prima della cavalleresca? Li si dipinse come monaci *e* guerrieri. Nel mondo islamico il connubio di certe qualità non avrebbe destato scalpore. Lì non vi sono sacerdoti, è vero, ma si ritiene che nessun ambito dell'esistenza sia precluso alla spiritualità. Vi rientra di diritto la lotta per scopi religiosi. Sin dagli esordi i Templari sembrano ragionare in termini islamici, nella prospettiva di un'altra religione.

Si dicono servitori del Cristo, e professano la stessa devozione dei monaci comuni. Non si ergono a dominatori, se non degli infedeli o dei pagani. Poche righe di premessa alla storia di un Ordine che poté deviare dall'intento primitivo.

Lo stigma dell'intolleranza ecclesiastica, sempre più marcato, graverà sui Templari, esponendoli al senso di colpa. Gli si rinfaccerà che il combattente deve padroneggiare i propri conflitti interiori prima di azzardarsi alla lotta.

Il nemico è l'orgoglio. Il guerriero dello spirito si sa invincibile, e fortifica il proprio *ego* in battaglia. L'umiltà sembra accantonata, in quanto incompatibile con il furore bellico. Si parlò di «nuovi mostri», anche perché i Templari si appellavano al quinto, un Vangelo non scritto!

Le critiche si mantennero serrate sino all'appassionata apologia di Bernardo di Chiaravalle. Il suo intervento modificò il tono della polemica, favorendo la ricezione del fenomeno da parte della Chiesa. Bernardo era un monaco, eppure guerriero per vocazione: lo si destinò alla carriera militare. Poi lui la gettò alle ortiche, ma ne intravide la prosecuzione attraverso i Templari. Così, quietò la sua coscienza. Bernardo vede nella loro causa la possibilità di una fusione tra i mondi: il corpo e lo spirito, il tumulto della lotta e il rigore della penitenza o dell'ascesi.

Nelle sfere ecclesiastiche, ciò che Bernardo approvava veniva approvato. Il suo giudizio era insindacabile, e offriva garanzie. I Templari ricevettero un'inaspettata, ma neanche tanto, legittimazione.

Nella *Regola latina* si ravvisa il documento che sancirà i principi di un Ordine che non poté più venire trascurato. Vi si intravedono i dettagli, l'essenza dottrinale.

Frugalità e semplicità, specie nell'abbigliamento. Un manto bianco, nero o marrone, senza fronzoli od ostentazioni. Più tardi, si giungerà a una divisa: tunica scura con mantello bianco e croce rossa sulla parte sinistra del petto. Imperativo fondamentale: la socialità, come in ogni Ordine monastico. I pasti si consumavano in comune, ma presto la gerarchia interna assegnerà tavoli separati in base al rango.

Raccomandati, il silenzio e la misoginia. Il primo esplicitamente. L'altra è velata, controversa, spesso violata. L'accostamento tra la donna e il demonio è frutto di una concezione d'epoca, ma qui è molto di più: si vieta di baciare la madre, la sorella, la zia, una vedova; in breve tutte le donne. I critici del tempo si chiesero se ciò non spalancasse la via all'omosessualità. Al di là degli stereotipi, ce ne sarebbero i presupposti. Il fenomeno si riscontra negli Ordini dell'Oriente e dell'Occidente, nonché nei reparti militari. I Templari erano monaci e guerrieri, *quindi*... Gli atti del processo con cui si concluse la loro storia accennano a baci non proprio casti...

Il Maestro è il direttore spirituale. Gli sono conferiti pieni poteri, non solo riguardo al reclutamento dei confratelli, ma persino alla facoltà di invalidare ad arbitrio qualsiasi prescrizione stabilita.[4] Nelle file di una rigorosa gerarchia si crea una fitta serie di relazioni tra dominanti e dominati. Una caratteristica imprescindibile del monachesimo e dell'esercito.

Più che queste regole, sembra orientare e giustificare il comportamento dei Templari un trattato di Bernardo, *Liber ad milites templi de laude novae militae* (1135). Vi si traccia lo schizzo teologico della «guerra santa», a uso dell'Ordine e dei crociati. Bernardo sostiene che né l'assassinio né la morte in battaglia turberanno il soldato di Cristo, legittimato ad agire in nome del Signore. «Le attività belliche non sono affatto criminali, bensì meritano una gloriosa ricompensa». E ancora: «Il guerriero di Cristo uccide con serenità, e muore con serenità. Non porta la spada a caso. È lo strumento di Dio per la punizione dei malvagi e la difesa dei giusti. In realtà, quando uccide i malvagi non compie un omicidio bensì un malicidio, e va considerato l'esecutore delle volontà del Cristo».

Papa Urbano II, nel corso della prima crociata, aveva equiparato la morte sul campo di battaglia al martirio. Questo garantisce la gloria eterna; nonché quella temporale, così determinante in alcune fasi del Medioevo. Bernardo ne replica gli assunti, riscuotendo il plauso di molte frange della Chiesa.

Altri sono i reati di cui un Templare può macchiarsi. Il peccato di eresia, equivalente alla simonia, è sempre in agguato. Inoltre, *last but not least*, l'assassinio di un cristiano! Ecco un misfatto imperdonabile, in teoria. Il Templare che lo commetta sconfesserebbe se stesso, in quanto il suo compito consiste nel soccorrere i correligionari. La diffusione internazionale dell'Ordine attesterà la violazione della regola. In altri tempi e per impulso della brama di potere, altri Ordini guerrieri intralceranno il cammino dei Templari, fomentando un'ostilità reciproca. Qualcuno azzarda che i Cavalieri rinnegarono presto la dottrina originaria, meritandosi le accuse di vanagloria e narcisismo. Ma il sigillo dell'Ordine è lì a rammentarla, questa umiltà o povertà iniziale: mostra due uomini su un solo cavallo.

Un passo avanti nell'evoluzione dell'Ordine fu l'affrancamento dalla Chiesa. Lo promosse Innocenzo II con la bolla *Omne datum optimum* nel 1139. Ne traspare un'attitudine ancora più elargitiva e simpatetica, se possibile, rispetto agli scritti di Bernardo di Chiaravalle. Al debutto, un'identificazione suona persuasiva: i Cavalieri di Dio sono gli israeliti bellicosi della Bibbia, i condottieri della Guerra Santa. «Non esiste un amore superiore a quello di chi dona la sua vita per un amico». Gesù diede l'esempio, e i Templari lo prendono a modello. Il sacrificio sulla croce è paragonato alla morte in battaglia. Ma che essi debbano rendere conto del loro operato soltanto al papa è una innovazione decisiva. Implica un'autonomia che può rivelarsi perniciosa negli animi ambiziosi o irresponsabili. Già si intravede, in prospettiva, il declino dei Templari. La loro libertà d'azione attira antipatie. Essi si costruiranno le loro chiese lontano da quelle comuni, luoghi d'incontro tra i peccatori e diaboliche donne seduttive.

È il marchio di un anticonformismo. Il Templare si autorizza da sé: il suo operato passa al vaglio dei superiori, anziché di vescovi o cardinali. L'esercizio della violenza, che gli è connaturato, è comprensibile e legittimato in nome del proprio Ordine. Il Tempio è qualcosa in più di una chiesa: ospita un'assemblea più raccolta rispetto alla massa dei fedeli, e proprio per questo una comunità elettiva, fautrice di una aristocrazia spirituale. Si impone la supremazia della vita attiva sulla contemplativa, capovolgendo le preferenze di Aristotele e del clero medioevale.

La *Regola francese*, istituita dal Maestro Roberto di Craon, compendia la latina, con alcune aggiunte non proprio inequivocabili. Quest'ultima impone ai Templari di prendere le distanze dagli scomunicati, la francese afferma il contrario. Questa categoria di peccatori, niente affatto tollerati dalla Chiesa, troverà sepoltura nei cimiteri dell'Ordine. Non si accenna più ai pellegrini, e i Templari si prefiggono obiettivi più ambiziosi.

La gerarchia si arricchisce di una lunga serie di cariche, il Maestro, il siniscalco, il maresciallo, e così via, sino ai «fratelli infermieri» (*frères infirmiers*), la più infima. Non ci si inganni: i Cavalieri con la croce rossa sul mantello rappresentano una minoranza. Una *élite* militare, pronta a entrare in azione al momento opportuno. Ciò nonostante, si tratta della fazione più significativa dell'Ordine.

Il reclutamento non è affatto incoraggiato. Al di là delle ostentazioni e il fasto in netto contrasto con il voto di povertà, si fa capire alle nuove leve che la vita del Templare è impervia e priva di gratificazioni. «Ci vedete assisi su imponenti cavalcature e racchiusi in armature sontuose, intenti a banchetti e brindisi, abbigliati in abiti sfarzosi, e vi sembra che il nostro tenore di vita non si privi di alcuna comodità. In realtà, ignorate quanto siano severi e rigorosi gli imperativi cui dobbiamo sottostare. Questa è la cosa più dura da accettare: che voi, maestri di voi stessi, dobbiate diventare i servi di un altro» (§ 661). L'altro è Cristo, e le dichiarazioni celano un appello all'ascesi. Accanto al tesoro, c'è anche una croce da portare; è con questa che gli Ordini, in genere, hanno dimestichezza. Il requisito della castità esclude gli sposati o i fidanzati. Ma i Templari trasgrediranno la norma.

La decantata assenza o la scarsità di donne sembrano leggendarie. Tra i Templari c'erano delle sorelle, e almeno un monastero femminile. Quantunque risiedessero in alloggi separati, non c'è da giurare che essi le tenessero a distanza. Alle coppie sposate si permetteva di accedere all'Ordine come membri associati, cioè non a tempo pieno. Ma alcuni Templari tenevano con sé la moglie, eludendo il voto di castità. Man mano che l'Ordine si sviluppava, le restrizioni si attenuarono.

Agli albori del biennio 1146-1147, la *Militia Dei* godeva di un notevole prestigio, pur non avendo riportato alcun successo militare. Aveva già i suoi cimiteri e le cappelle. I Cavalieri erano pronti a contrastare i loro nemici giurati, i musulmani. Se ne presentò presto l'occasione.

Sull'acconciatura e il *look* templare sussistono dati discordanti. Bernardo di Chiaravalle si sofferma sui capelli corti e le barbe lunghe dei Cavalieri. Altri accennano a teste e menti rasati. Il copricapo era d'uso presso i religiosi. Nell'illustrazione di un manoscritto spagnolo, due templari che giocano a scacchi corrispondono alla descrizione di Bernardo. Nell'iconografia accessibile sono ritratti solo i Cavalieri, tra i membri dell'Ordine. Erano una minoranza che dettava legge, rappresentativa della intera collettività.

«Cavalieri» va inteso nel senso ampio del termine. Erano guerrieri professionisti, nonché servitori, un'altra resa del latino *miles* nel primo Medioevo. Tale caratteristica, condivisa da altri Ordini belligeranti cristiani, è affine ai samurai. La parola giapponese, dal verbo *saburau*, vuol dire «combattere» e «servire».

Il Templare conserva la spocchia del cavaliere medioevale, dichiaratamente ostile verso le altre classi, i commercianti e il clero. Tale sentimento era reciproco. Gli ecclesiastici non perdonavano loro lo spargimento di sangue, in palese violazione del motto evangelico: «Chi di spada ferisce, di spada perisce» (*Matteo* 26,52). La stessa accusa fu rivolta ai Templari. Il mercante derideva il cavaliere, poiché questi non intuiva il valore del denaro e mancava di senso pratico. Un'imputazione che non si attaglia ai Templari.

Pur accettando molti aspetti del suo stile di vita, il Templare è qualcosa in più d'un cavaliere. Anche lui tenta di preservare l'onore, nel suo caso, però, quello della Chiesa. E ha un'alta concezione di sé, al punto di peccare d'orgoglio. Ciò mostra il fianco all'obiezione del guerriero: «Che bisogno c'è di fondare un Ordine bellicoso, se noi cavalieri proteggiamo già la causa della Chiesa?». Per tutta risposta i Templari vieteranno l'accesso nelle loro file a coloro che non fossero figli o figlie di cavalieri, difettando di un *pedigree* ineccepibile.[5]

«Saranno giudicati per le loro azioni». La sentenza più adeguata ai Templari. Il loro operato verte soprattutto sulla sfera militare. Si erano costruiti una solida reputazione bellica sin dalla fondazione dell'Ordine, prima di qualsiasi impresa. A quei tempi, non avevano assestato neanche un fendente!

Dalle nebbie della storia, che ne avvolgono gli esordi, emergono notizie delle prime scaramucce. I Templari sono intenti a fiancheggiare gli eserciti cristiani in Terrasanta durante la seconda crociata. Ma si tratta di vicende indegne di merito, in cui vengono battuti da tattiche militari inconsuete. Come quando una schiera di musulmani attraversò il Giordano per imperversare nella Giudea. E si fece beffe di loro. Simularono la ritirata, attirando la loro attenzione. I Templari caddero in trappola, e subirono una disfatta ignominiosa. Per scusarli, si osservò che gli occidentali non si avvalgono di tali espedienti. I Templari lo impararono a proprie spese: di lì a poco, ritorcevano contro il nemico le sue stesse strategie.

Un Cavaliere disponeva di tre cavalli e uno scudiero. Ben equipaggiato, niente da dire. Solo al Maestro si assegnava un cavallo in più. Svariati tipi di elmetto e di armatura, la spada a doppia lama, la lancia e la mazza turca, tre coltelli con punte di diversa lunghezza: questa la dotazione. I Templari, ma non sempre, costituivano la retroguardia dell'esercito. Questo era il ruolo più opportuno. «Erano crudeli e indomiti con i nemici di Cristo, ma gentili e disponibili verso i Cristiani». Lo sostiene Giacomo di Vitry, vescovo di Acri, rimarcandone il coraggio e la disciplina.

Entrambe le qualità si poterono ammirare al debutto della campagna militare della seconda crociata. Le truppe in marcia per l'Oriente subivano i frequenti attacchi del nemico, oltre a essere minacciate dal clima e dalle asperità del terreno. I Templari proseguirono l'avanzata a dispetto dei fiumi in piena o delle sferzanti piogge invernali. Pur mancando di provviste sufficienti, con il loro accanimento rappresentarono un modello per l'intero esercito. Si mantennero in fila compatti, esortando i compagni a superare le avversità.

Che le loro virtù risultassero inefficaci, in fin dei conti, non ne attenua la portata. In una crociata difficile, anche i Templari subirono la batosta.

Dopodiché, li si accusò di tradimento. Dietro a certe imprese deludenti si celava forse l'insidia, perpetrata dagli stessi cristiani? Qualcuno remava contro per biechi interessi personali? L'assedio di Damasco fu smantellato troppo in fretta, senza verificare le possibilità di riuscita. Perché? I Templari avevano accettato i favori o i beni del nemico? Lo spettro della corruzione poté allettarne la brama. Niente prove, però, solo sospetti. Alcune decisioni strategiche apparivano immotivate o dubbie. Ma l'accusa non logorò la reputazione dell'Ordine, e il supporto papale non venne a mancare. Solo un anno dopo, nel 1149 o 1150, fu affidata loro la fortezza di Ghaza a poche miglia da Ascalona, centro nevralgico dell'armata musulmana. Non era certo il modo per punirli!

Ne approfittarono per lanciare una violenta offensiva. Ritorsero contro i selgiuchidi le stesse tattiche con cui quelli li avevano umiliati. Ricorsero alla confusione e all'imboscata, trabocchetti classici dell'arte bellica orientale. Poi ebbe luogo l'incidente di Ascalona.

Una storia travagliata, costellata di smacchi e non solo di successi. Paradossalmente, furono i primi a conferire ai Templari una brillante reputazione militare. Un'arte della disfatta, diffusa anche in Occidente. Ma non era una prerogativa dei samurai? O i Cavalieri si erano orientalizzati, chissà...

Forse la colpa era da imputare alla strategia e al carattere dei Maestri. Si parlò di irruenza, di un furore bellico incontenibile, di un'angoscia della frenesia dettata dall'imprudenza. Di aggressioni incaute alle truppe del Saladino, per il mero gusto della lotta. Dove la consapevolezza dello scacco era accantonata in favore di una implacabile volontà di potenza. Come nel disastro militare di Marj Ayyun, imputabile al Maestro Odo di Saint Amand (1179). O alla carica suicida intimata da Gerardo di Ridefort nei pressi di Nazareth, dove novanta Templari osarono l'impossibile, e furono puniti (1187).

Il suicidio, va notato?, non rientra nell'etica monastica. Non certo in Occidente, a meno che non si prendano le distanze dalla tradizione cristiana. Forse l'Ordine del Tempio nutriva un'altra disposizione, come si evince da certe pagine della sua storia. Attraverso il suicidio i Templari si prefiggevano di controbattere l'arroganza di un nemico che immolava senza esitare i suoi soldati nei frangenti d'emergenza. Anche se le incursioni sbrigative e impulsive dei Templari non sembravano suggerite da tali frangenti.

Il giudizio degli storici è inappellabile, ancorché realistico: «I Templari hanno combattuto in Terrasanta senza grande entusiasmo né grande intelligenza strategica. Questi crociati volgari, però, furono dei buoni amministratori».[6] La conclusione allude ad altri aspetti della loro attività, come la gestione dei castelli o delle proprietà terriere, al ruolo di finanziatori o banchieri. I Templari sembrano più abili in politica, nelle alleanze strategiche e nella capacità di fornire un solido supporto economico, rispetto all'arte del combattimento. Lo si potrà dire anche dei samurai nella fase di declino. Ci si chiede se un guerriero non possa distinguersi anche e soprattutto nella sfera amministrativo-governativa, senza smarrire la propria connotazione militare.

Molti trionfi furono il risultato di una crisi delle forze islamiche. In assenza di un *leader*, si trovarono a mal partito e in condizione di inferiorità rispetto agli eserciti crociati organizzati. I Templari approfittarono della situazione, al pari di altri Ordini o contingenti cristiani. Appena il Saladino si fece garante dell'unità islamica il quadro cambiò. Si intuì quale sarebbe stato l'esito finale, e che Gerusalemme sarebbe tornata agli infedeli, vanificando i sogni di gloria.

La battaglia di Hattin, la mattina del 4 luglio 1187, resta memorabile. I Templari furono i primi a essere bersagliati dalle milizie del Saladino. Si trovavano nella retroguardia, e vennero travolti per mancanza di rinforzi. Fu un disastro, che trascinò nella sua scia i più poderosi reparti crociati. Ma il valore dei Templari, nonostante tutto, destò l'ammirazione del nemico. Lo si evince dai documenti in arabo che depositano un altro tassello in favore della loro temerarietà.

L'accanimento del Saladino non era immotivato: i Cavalieri, i suoi nemici più pericolosi, andavano puniti in maniera esemplare. Erano stati loro a criminalizzarlo, tratteggiando il condottiero come un avversario senza scrupoli e persino come l'Anticristo (!). Ora il capro espiatorio di ogni efferatezza musulmana si prendeva la rivincita, infierendo selvaggiamente sui suoi principali detrattori.

In genere, si considera il nemico più temibile colui che ci somiglia in parte: è diverso, eppure affine. In questo aspetto va riscontrata l'animosità reciproca tra cristiani e maomettani, i Templari e il Saladino.

Quest'animosità si incarnò in un'occasione significativa. Agli inizi dell'autunno 1187, il Saladino aveva conquistato i centri nevralgici della Terrasanta. Niente di meglio che rivolgersi a Gerusalemme, la preda più ambita, non solo per il suo valore simbolico. Dopo circa un mese di assedio, la città capitolò. Soltanto un pugno di Templari, con l'usuale coraggio e la forte determinazione, opposero resistenza. Anche qui, però, il valor militare conduceva al fallimento.

Talora le circostanze resero necessari stratagemmi assai poco strategici. Circa un anno dopo la presa di Gerusalemme, il castello di Darbsaq fu cinto d'assedio. Era una delle loro fortezze principali, e i Templari lo difesero con veemenza. Appena si aprì una breccia nelle mura, dovettero improvvisare una tempestiva linea difensiva: si disposero in successione, uno dopo l'altro, con i corpi a formare una muraglia. Ciascuno interveniva prontamente a sostituire i compagni abbattuti. Pur cadendo come birilli, i Templari cercavano di mantenere la sequela. Ma questa tattica si rivelò inservibile, e dovettero pagare un congruo riscatto per salvarsi la vita. Un gesto poco edificante, dettato dalla consapevolezza della loro fragilità militare.

Il guerriero si ritraeva, lasciando spazio al banchiere; i Templari non esercitavano forse entrambe le mansioni? Quella economico-amministrativa finì per prevalere sull'altra, allorché le operazioni militari furono rese superflue dagli smacchi dei crociati e un addestramento inadeguato.

È agiografica la caratterizzazione dei Templari come cavalieri eccellenti: individui che si muovevano disciplinati e senza clamore sul campo di battaglia, e che andavano a stanare il nemico per braccarlo senza mai tirarsi indietro; più vigorosi di qualsiasi altro Ordine o reparto; i primi a partire e gli ultimi a uscire dalla mischia, sempre agli ordini del Maestro per il benché minimo passo.[7]

I Templari lottavano su due scenari, in Terrasanta e nell'Occidente cristiano. Mentre, però, nel primo le risorse si affievolivano e loro si trovavano allo sbando, nel secondo, la madrepatria della Chiesa, godevano di una lusinghiera prosperità economica.

Non che mancasse il successo militare. Gli arrise in Spagna, poi in Portogallo. Ma fu compromesso da alcune violazioni dei princìpi dottrinali. Si infranse il divieto principale, secondo cui le mani dei Cavalieri non dovevano macchiarsi del sangue dei cristiani. Ciò li sconfessava, producendo una crisi di identità. Avvenne in Inghilterra, appena i Templari supportarono i membri dei fronti opposti nella guerra civile. Il Maestro inglese Adriano le Jay morì combattendo per la sua gente contro gli scozzesi.[8] Cosa restava dell'originario intento cristiano e antimusulmano? È sin troppo facile accusare l'Ordine di incoerenza, di fronte a eventi inequivocabili. Forse si preservava il valore nominale della *Regola* latina e francese, nei toni di un ideale irraggiungibile.

Per perseguire la loro duplice vocazione, cavalleresca e monastica, i Templari si trovarono esposti a laceranti conflitti interiori. Difficile, quasi impossibile, servire due padroni. In guerra si stringono alleanze, per scioglierle con noncuranza. Talora, per esigenze tattiche ci si può trovare al fianco del nemico: un soldato è disposto a prevederlo. Se, però, è anche un monaco, si chiederà se è lecito combattere gli adepti della propria religione. La risposta è scontata sul piano spirituale, ma la politica prescrive il contrario. Da ciò l'insolubilità delle incongruenze, a prescindere dall'opportunismo o dall'ambizione dei Templari.

La schiavitù non era ignota nel Medioevo. Ma è singolare che venisse praticata da un Ordine cristiano, sia pure guerriero, dai Templari spagnoli in lotta contro i Mori. Un'altra grave violazione. Nessuna filosofia della storia potrebbe giustificarla, in nome del relativismo culturale o adducendo che i Cavalieri ubbidivano all'etica del tempo.

Forse certe contraddizioni erano più marcate nell'Occidente cristiano rispetto all'Oriente latino, denominazione che designa gli Stati crociati e Cipro. Qui i Templari assursero al rango di milizia episcopale, o addirittura regale, favorendo i propositi dei sovrani d'Europa. Servirono gli egoismi e le mire di chi talora si trovava in contrasto o non in sintonia con la Chiesa. Cosa restava della spiritualità?

I Templari intervennero nella *Reconquista* della penisola iberica per recuperare i domìni conquistati dai musulmani. Come in Terrasanta, anche qui le armate cristiane si alleavano spesso con i musulmani ai danni di altre, cristiane ma rivali. Un monaco guerriero avrebbe dovuto avvertire la contraddizione, magari non fomentandola.

Era un fenomeno singolare, pur sempre conforme a ragioni politiche: il papato esentò dalle opere di penitenza le milizie delle imprese spagnole, laddove la guerra stessa era considerata opera di penitenza. La confusione contaminava larghe sfere della Chiesa, e non c'è da stupirsi che i Templari si sentissero disorientati.

Anche su questo fronte la frammentazione delle forze islamiche avvantaggiò gli eserciti cristiani. Al pari degli altri Ordini, i Templari godettero del fortunato esito delle campagne militari. I musulmani persero il controllo della penisola iberica, e ciò accrebbe la gloria dei Cavalieri. D'altronde, essi avevano dato un aiuto consistente.

Le donazioni che ne ricevettero, relative a castelli e signorie, li impegnavano a spendere energie per la difesa dei territori riconquistati. I musulmani potevano tornare, mossi da sentimenti di *revanche*. Per i sovrani che avevano usufruito dei servigi dei Templari, ricompense ed elargizioni erano doverose, nonché più economiche e convenienti della creazione *in loco* di istituzioni belliche similari.

In questo clima rilassato per il ridimensionamento delle armate musulmane, emersero tensioni tra gli Ordini guerrieri. In Aragona i Templari accumulavano ingenti proprietà, ed espandevano i loro domìni per interesse personale, non per favorire la causa di un sovrano. Ciò suscitò la rivalità degli Ospedalieri, l'istituzione analoga. Riapparvero antichi rancori, già serpeggianti nell'Oriente latino. Prendendosela soprattutto con i Templari, i sovrani d'Aragona deplorarono che gli Ordini non adempissero alla loro funzione originaria.

I Templari si inoltrarono nell'Europa orientale con una mansione lievemente diversa: proteggere i missionari nei loro spostamenti in territorio ostile, pagano. Ne fu favorita l'opera di proselitismo. I popoli di queste regioni erano propensi a convertirsi grazie alle manifestazioni di potenza. Il valor militare appariva persuasivo: stava a indicare che il vincitore era nel giusto, quale propugnatore della fede autentica. In realtà, in queste zone il compito fu svolto soprattutto dai Cavalieri Teutonici e in misura minore dagli Ospedalieri. Ai Templari spettava il terzo posto. Tuttavia, avevano tutelato i pellegrini in Terrasanta: era un modo per tornare alle origini.

In questa parte del vecchio continente, i Templari diedero il loro ultimo contributo militare rilevante nella guerra tra gli ungheresi e gli invasori mongoli. Anche qui riuscirono a suscitare un nugolo di critiche per la sconsideratezza degli interventi. Inoltre, non si trattava di una guerra di religione: i Templari difendevano le loro proprietà terriere. Ciò li fa scadere nella considerazione dello storico, declassandoli a una milizia come un'altra, animata da interessi politico-economici.

Con l'inasprirsi dell'ostilità tra gli Ordini, i Cavalieri Teutonici riuscirono a sbarazzarsi dei loro rivali, non solo dei Templari, ma anche degli Ospedalieri. I loro capi fecero appello al papato per essere consacrati gli unici militi legittimi della Guerra Santa in Prussia. Lo ottennero, sancendo un monopolio a scapito degli altri Ordini bellici.

Un atto formale faceva tramontare la stella dei Templari nell'Occidente cristiano. Qui si erano prodigati in favore dei monarchi, per farli insediare nei territori rivendicati. La loro reputazione militare ne risultò meno compromessa che in Terrasanta, ma anche le loro gesta sono meno appassionate. D'altra parte, si ampliò il tesoro dell'Ordine. Tanta fortuna attirò sui Templari gli strali degli invidiosi, di chi voleva impadronirsene. Per tacere dell'ostilità sviluppatasi nelle file della Chiesa, a causa dei privilegi accordati dal papato. I Templari si approssimavano al tramonto. Si mirava alla ricompattezza e alla fusione degli Ordini guerrieri, in vista di obiettivi più circoscritti. Come se, verso la fine del XIII secolo, si affievolisse la vocazione alla lotta.

Nell'Oriente latino, il periodo tra il 1187 e il 1292 fu pregno di amarezza. I Templari ne furono partecipi. Tracciando un bilancio della loro attività bellica, si osserva che sulle prime ci fu una schiarita, una ripresa: dopo Hattin era difficile fare di peggio, e si aspettava il declino della compagine crociata. Poi si allestì il processo che sigillò la loro storia. Sono vicende istruttive per quanti si interroghino sul connubio tra spiritualità e arte della guerra.

Si può conseguire la gloria attraverso la disfatta? Sembra di sì, nel caso dei Templari. Nonostante gli sforzi e il valor militare, altre pagine sanguinose e infeconde della loro vicenda si scrissero ad Acri, teatro di un lungo assedio e dello scacco finale (intorno al 1189).

Né il loro comportamento a Cipro risultò impeccabile. Grazie a una lunga serie di traffici e manovre, Riccardo I d'Inghilterra vendette l'isola all'Ordine. I Templari presero a maltrattarne la popolazione, come avevano fatto nei domìni in Terrasanta. Ne seguì una rivolta, che fu stroncata con il sangue. «I latini abbattevano i greci indiscriminatamente, come pecore».[9] Un tumulo fu eretto in memoria del massacro, mentre i Templari si abbandonavano al saccheggio seminando distruzione.

Anche quando Riccardo I ne richiese la tutela, il loro atteggiamento non risulta irreprensibile. Il re fu catturato nel lungo tragitto del ritorno in patria. Ne traspariva l'incapacità dei Templari di fungere da guardie del corpo.

D'altronde, i fallimenti si alternavano ai successi. Bastava poco per ritemprare la bellicosità dei Cavalieri. Ci pensò Innocenzo III, eleggendo i Templari a milizia personale della Chiesa. Il papa perseguiva un ideale teocratico, e volle impiegarli allo scopo. Chi meglio di loro si prestava? Anche perché le corpose casseforti dell'Ordine potevano finanziare nuove crociate.

ʿAtlit fu un trionfo, ancorché sofferto. Solo trecento templari, al comando del Maestro Pietro di Montaigu, resistettero all'impeto dell'armata di Al-Muʿazzam, governatore di Damasco. Ogni espediente strategico si mostrò vano, e dopo un mese fu tolto l'assedio alla fortezza. La decisione del sultano si doveva anche alla perdita di tre emiri nel corso dell'operazione. Si parlò della più robusta linea difensiva mai attuata nei castelli della Terrasanta. Qualche rovina rimane ancora oggi a rammentare le gesta dei Templari.

Anche la sorte di Damietta va annoverata, sia pure con riserva, tra i successi. Era un centro nevralgico di prim'ordine per il controllo del Medio Oriente. Si poteva ricominciare a sperare, se la città fosse caduta nelle mani dei crociati. Un robusto contingente, con i Templari in posizione determinante, fu inviato sulle rive del Nilo.

«Dopo un lungo assalto, i musulmani varcarono il fossato proprio nel punto dove si trovavano i Templari, travolsero con violenza le barriere e misero in fuga la nostra fanteria: l'intera armata cristiana era in pericolo. I franchi tentarono per tre volte, ma invano, di respingerli oltre il fossato. I saraceni all'interno dei nostri bastioni spezzarono le file dei cavalleggeri e dei fanti, sostituendovi le proprie compagini. Tra le risate di scherno, la moltitudine dei nemici si accinse all'inseguimento. Il timore e il disagio crebbero tra i cristiani. Ma lo spirito che avvolse Gedeone nel suo manto risvegliò l'ardore dei Templari. Il Maestro del Tempio, in compagnia del maresciallo e dei confratelli ivi radunati, si lanciò all'attacco attraverso uno stretto varco e mise in fuga gli infedeli con ardore. (...) Così la fanteria saracena fu distrutta e i suoi scudi restarono sul terreno, salvo quelli di coloro che fuggivano tanto rapidamente da seminare gli inseguitori».[10]

Anche qui i Templari si misero in luce, e il bottino di guerra ne arricchì il tesoro. Ma la capitolazione di Damietta, dopo più di cinque mesi di assedio, non soddisfece le aspettative. La postazione della città non fu sfruttata a fondo, ma la colpa, stavolta, non era dei Templari. Il loro prestigio fu corroborato da quella che, malgrado tutto, era una brillante impresa militare; i difensori di Damietta ammontavano a circa 80.000 uomini!

Non tutte queste peripezie furono liete, ma i Templari esibirono quasi sempre il coraggio e l'animosità che li contraddistinguevano. Accanto a ciò, non mancarono di scandalizzare con un comportamento sleale o poco ortodosso: maltrattarono le popolazioni sottomesse, violarono i trattati e non risultarono abbastanza energici contro i musulmani. In Terrasanta rivolsero la loro violenza contro gli altri Ordini guerrieri; bruciarono le chiese dei Cavalieri Teutonici, trasgredendo di nuovo l'assunto dell'intangibilità dei cristiani.

Il Saladino era morto nel 1193, e con questo si sventava una minaccia. Non che i nuovi *leader* musulmani fossero meno agguerriti, ma i Templari ne approfittarono per ricostruire o espandere i loro domìni e le proprietà terriere. Poi l'avvento al potere di Baybars, feroce anticristiano, assestò ai crociati il colpo di grazia. Niente più illusioni ormai: l'Oriente latino era dissolto. Nel 1260 Baybars aveva usurpato il trono dei mammalucchi, e sarebbe rimasto sultano per 17 anni, sino alla morte. Perseguitò i cristiani con tutte le sue forze.

A risentirne furono soprattutto i Templari. In seguito all'avanzata trionfale di Baybars, nel 1282 si trovarono quasi inermi di fronte all'armata del sultano al-Malik al-Mansur. Per sopravvivere dovettero accettare una tregua iniqua che, di fatto, li condannava all'inazione.[11] In cambio della vita, si impegnarono a non attaccare i possedimenti del sultano. In tal modo, misconoscevano la propria funzione bellica. Anche se Acri poteva rappresentare un'occasione di riscatto.

L'ultimo avamposto cristiano in Terrasanta andava preservato con cura. Così, i Templari e gli Ospedalieri andarono in cerca dell'aiuto papale e di rinforzi. Acri era un obiettivo troppo appetibile per lasciarlo sguarnito. L'assedio era imminente: solo questione di giorni, o di ore. Con forze soverchianti al-Ashraf, figlio di al-Malik al-Mansur, era deciso a completare l'operato di Baybars. Dal mare le navi dei crociati bersagliavano i musulmani. Ma le loro milizie tentavano imperterrite di invadere il fossato, senza sospendere i lanci degli arieti.

I Templari tentarono di disorientare il nemico senza posa, con scaramucce tempestive e una vigorosa difesa dagli spalti. Il merito andava condiviso con gli altrettanto tenaci Ospedalieri. Ma poi i musulmani sferrarono un attacco micidiale, di cui rimase vittima il Maestro del Tempio Gugliemo di Beaujeu. Furono respinti, ma si presagiva la fine. Si cominciò a evacuare la città con l'ausilio delle imbarcazioni veneziane.

Acri capitolò. Ma non del tutto, ancora. A sud-ovest si manteneva inespugnata la fortezza dei Templari, protetta dal mare su entrambi i lati. Dopo qualche giorno, si capì che la resistenza era disperata. I Templari accettarono una tregua, ma i mammalucchi furono inadempienti, indulgendo al saccheggio e allo stupro. Dapprima furono respinti, dalla reazione sdegnata del nemico. Ma poi ebbero l'ultima parola, e occuparono la postazione. Scamparono al massacro solo un pugno di Templari, ma ormai la Terrasanta era perduta.

«Eroici, ma inefficaci; coraggiosi, ma indisciplinati». Fu il giudizio sommario del biografo di Filippo il Bello. Compendia la strategia inefficiente di un Ordine che però riceveva l'onore delle armi e l'ammirazione, questa sì indefettibile, del nemico.

Nel bilancio impietoso della storia si pone con insistenza una domanda: i Templari furono abili guerrieri? In Occidente il quadro è torbido e confuso, ma come si comportarono i Cavalieri nell'Oriente latino? La replica non implica la condanna o l'assoluzione.

Si è detto del paradosso di un furore più ardente, qualora coronato da sconfitte anziché da vittorie. Lo mostra una vicenda militare che si chiude con Acri. Ma si può sempre imputare ai Templari la ragione del fallimento?

Si parla di atteggiamenti sospetti, di un impeto che sembrò spesso risparmiare ai musulmani il colpo di grazia o donare preziose *chances*, nella sconcertante ipotesi di una connivenza vantaggiosa.

Le perplessità si diffusero sin dall'inizio della storia dell'Ordine. Troppe facili tregue, armistizi dispensabili, quando una presa più salda avrebbe stroncato l'avversario. E sino alla fine: c'è un'ipotesi di tradimento ad Acri, malgrado la gran quantità di loro rimasti sul terreno.[12]

Si dice che i Templari talora combattessero per tornaconto, per rimpinguare il tesoro. Vista la loro ingente disponibilità economica, in virtù di un maggior dispendio in armi e risorse non potevano essere più efficienti nel combattimento?

Non erano molto collaborativi, anzi entrarono in conflitto con gli altri Ordini bellici. Qualcuno afferma che fossero interessati al mantenimento dello stato di guerra in Terrasanta per preservare la propria identità, il proprio utile; che le negoziazioni con i musulmani servissero a non inasprire la tensione più di tanto, per tutelare la sopravvivenza dell'Ordine.

A riguardo non è unanime il parere degli storici. Anche quelli ben disposti, però, ammettono che la prosecuzione moderata delle ostilità servì a farli prosperare. Un'accusa che si può rivolgere anche agli Ospedalieri nell'Oriente latino.

Chi servivano i Templari, loro stessi o la Chiesa?

Si avvalevano di un'arma a doppio taglio, dotata non a caso di due lame? Da buoni amministratori erano attenti a conciliare il loro profitto con quello delle autorità ecclesiastiche, evitando se possibile i conflitti. Cosa resta della loro spiritualità? Non ossequiavano interessi terreni e nulla più?

Un guerriero dello spirito si distoglie dalla religione tradizionale e può imboccare sentieri eterodossi. Rischia di essere osteggiato dalle alte gerarchie e bollato come eretico, ma per lui questo è un gesto inevitabile.

Alla luce di certe considerazioni, appare più comprensibile il processo con cui i Templari adempirono alla loro ultima funzione nello scenario medioevale dello scontro tra Oriente e Occidente.

Si vociferava che i Cavalieri fossero reclutati tra la nobiltà minore, a detrimento della loro formazione culturale. Li si ritenne rozzi e grossolani, unicamente dediti alle armi: un'accusa che pende sul capo dei guerrieri dello spirito. Spesso è infondata; l'arte e la letteratura sono le assidue compagne di certi combattenti.

Ma i Templari? Non erano forse analfabeti o semianalfabeti? È difficile negarlo: l'ignoranza del latino li costringeva ad attingere al francese e alle altre lingue d'Europa. Non potevano essersi istruiti su altri testi, e ciò rappresentava un *handicap* nel Medioevo.

Tuttavia, ricevettero un'educazione linguistica peculiare, dettata dall'esperienza. I Templari conversavano in arabo, un'idioma molto utile nell'Oriente latino. Che fungessero, all'occorrenza, da ambasciatori e interpreti è un dato confortante.

Ciò non ne scusa la disinformazione teologica; ma, dopotutto, erano dei soldati... Praticavano la preghiera e veneravano i santi, oltre a officiare messa. Il loro tenore di vita, per certi aspetti, non si discostava da quello dei religiosi.

Un'avanzata istruzione li avrebbe inorgogliti, esasperandone il narcisismo. Una prospettiva temibile: la perfetta combinazione di intelligenza militare e filosofica! Studiando la retorica o la dialettica potevano argomentare contro i superiori, contravvenendo agli ordini e minando la disciplina. A che pro lo studio per uno stratega? Preconcetti duri a cadere in ogni parte del mondo.

Della Bibbia lessero quel tanto che bastava a legittimare i loro intenti e la loro identità. Furono proprio due Templari a tradurre in francese il libro dei *Giudici*. Vi appresero del trionfo di Gedeone sui Madianiti alla testa di un piccolo esercito. Non si trattava forse di una lotta simile alla loro, di una difesa a oltranza della Terra Promessa? L'impresa mostrava il valore dei figli di Israele, e soprattutto che Dio era dalla loro parte, incitando loro stessi a non lesinare sforzi nell'Oriente latino.

Quella dei Templari fu una formazione sul campo. Anteponevano la pratica alla teoria, tracciando tra i due campi una netta distinzione. Ciò che appresero, lo appresero sul piano della pratica. Ci si chiede se riuscirono a far proprio il motto dei sufi: «Siate *nel* mondo, ma non *del* mondo». Li trattennero interessi materiali, ma è indubbio che essi vi *agirono*, nel cosmo del peccato e della sofferenza umana, non sapendo ritrarsene. Predicarono un messaggio da raccogliere, che tratteggiava un nuovo *identikit* dell'ecclesiastico ridimensionando alcune differenze rispetto ai laici.

Un Ordine guerriero dispone di una dottrina, magari implicita, che traspare nei frangenti d'emergenza. I Templari furono sottoposti a una prova. Li colpì l'accusa di eresia per smembrare la loro istituzione. Non era rivolta alle persone, bensì alle proprietà e a una struttura ambigua che univa la bellicosità all'esercizio della virtù.

Poco importa che li denunciasse un re piuttosto che l'autorità papale, benché a questa i Templari rispondessero. Quando li trascinarono davanti all'Inquisizione, le imputazioni furono formalizzate. Poteva trattarsi dell'ennesimo caso di sfruttamento del Tribunale per interessi personali, regali. Filippo il Bello era risoluto a cancellare un Ordine pericoloso, e troppo intraprendente.

Per convalidare le incriminazioni non si esitò a usare la tortura. Non a caso, laddove i Templari non vi furono sottoposti si riscontrarono confessioni incomplete, infirmando i capi d'accusa.

Una volta messasi in moto, la macchina da guerra non si poté bloccare. Clemente V dovette prendere atto della volontà del sovrano, e abbozzare. Poi unì la sua voce al coro delle critiche.

Di lì a poco, tutti i Templari furono arrestati nelle giurisdizioni dei sovrani cristiani. Era un ordine da eseguire sul momento. Ciò suscitò scandalo, ma non più di tanto. Si prevedeva come sarebbero andate le cose, appena ai Templari si accordò il privilegio di riferirsi direttamente alla autorità papale. I tesori accumulati non fecero che accrescere l'animosità di laici e monaci. Tanti beni facevano gola, e si era disposti a tutto pur di impadronirsene. I Templari coltivavano una vanità esasperata, sconfessando la definizione di «poveri cavalieri del Cristo». Era tempo di fermarli. Mentre si procedeva agli arresti, fu compilata la lista delle accuse. Una di esse, la più minacciosa e infamante, dominava il quadro: l'eresia.

Si distingue tra gli errori dottrinali e della pratica. Tra i primi, il ripudio del Cristo; tra gli altri, l'inospitalità. Come? I Templari erano ostili al Cristo? In realtà, occorreva comprendere i passi della procedura di iniziazione. All'inizio, si chiedeva al candidato di sputare sull'icona del Crocifisso. In ciò stava il segno di una prova, un'elezione. Il Messia muore tra gli spasmi, mentre un Cavaliere sovrasta il dolore. I Templari erano i servitori, vittoriosi, di un Cristo «sconfitto». I musulmani la pensavano così, opponendo il successo militare del Profeta alla condanna a morte di Gesù. O forse i Templari volevano che si ricusasse il Cristo per dar prova di un amore più elevato, inintelligibile alla massa. In caso di cattura un Templare doveva essere pronto a sconfessare il Salvatore per assecondare gli infedeli: solo a parole, però, non in cuor suo. Simulando, poteva salvarsi la vita. I riti di iniziazione furono preparatori a certi eventi.

I Templari contro le convenzioni. Si rivelavano anticonformisti per eccellenza. Sputando sulla croce proponevano una fede alternativa, non meno vincolante o profonda. Questo, però, chi lo comprese? Il ripudio si richiedeva sin dall'inizio, come rito preliminare o una pratica da reiterare nei momenti di crisi, a scopo di verifica spirituale.

Un'altra imputazione: nelle procedure di ammissione, i Templari si scambiavano baci osceni. Era un altro rito, che però poté preludere all'omosessualità. Non erano forse dei misogini, affetti da una insopprimibile avversione per l'altro sesso? L'omosessualità era l'esito dell'isolamento? In realtà, le donne non erano assenti dai chiostri. Ma lo sfoggio della forza fisica destava l'ammirazione dei Templari, esortandoli alla sottovalutazione della donna. La virtù bellica sembrava cementare un rapporto più sincero tra i maschi.

L'omosessualità poté non essere la prerogativa dell'Ordine. Gli inquisitori insistevano su un nesso: dal bacio lascivo alla sodomia, il passo è breve. Ma ragioni più plausibili si potrebbero ravvisare nella stretta intimità dei Templari. Spinti dalla necessità, si trovavano talvolta a condividere lo stesso letto. Come in altri casi, vale il motto: *honni soit qui mal y pense*!

Il capo d'accusa relativo alla segretezza morbosa, perversa, è insostenibile. Non che per le altre sia diverso, ma questo fraintende la riservatezza di un Ordine che si sapeva privilegiato o eletto, detentore di un'aristocrazia dello spirito. I Templari si chiudevano in sé per presunzione, occultandosi al mondo. Ma l'atteggiamento non legittima la veemenza degli interrogatori.

«I Cavalieri non credono ai sacramenti». Lo si deduceva dalla loro dedizione bellica? Non li si riteneva idonei a ricevere la comunione o celebrare messa? Eppure accettavano le copiose donazioni destinate ai riti sacri. Forse il rito era invalidato dalla loro mancanza di fede o dall'opportunismo politico?

«Il Maestro li assolve dai peccati». Un monaco guerriero usurpa una funzione pertinente al sacerdote. Ma persino gli affiliati laici se ne incaricano? Ciò rientra nella deprecata autonomia di un Ordine che, no, non aveva il diritto di reggersi da solo! Perdipiù, le assoluzioni risultavano sacrileghe; non le si deve ai preti, no? Ma allora i Templari cosa sono?

L'accusa di sodomia, una delle più gravi, torna tra le righe. Quasi a persuaderne colui che la proferisce, nella incomprensione dei rituali iniziatici.

E poi le imputazioni più inconsuete, laddove la storia non trasmette dati certi; la coltre di vaghezza, però, dà adito a ipotesi. La prima: «Adoravano i gatti»! Non si intende se ciò dipenda da preferenze personali, la zoofilia di un Gran Maestro, o un retaggio orientale – la venerazione degli egizi per i felini. Niente evidenze, ancora, a suffragare il crimine.

Forse è l'idolatria per gli animali...

Ma c'è di peggio, sempre nella rubrica «idolatria». I Templari avrebbero riverito una testa maschile barbuta, assegnandole poteri magici. Ne deriva un mistero. Il dibattito storiografico si anima sulle supposizioni.

La più agevole: che il nome della testa, Bafometto (*Baphomet*), alluda o sia il nome di Maometto nel francese antico. E ciò irrita, per l'aderenza dei Templari al costume islamico. Certo, se fosse la testa del Profeta... Ma non c'è traccia di queste attitudini presso i musulmani; essi, a differenza dei cattolici, deplorano il culto delle immagini.

Altri ritengono, con non minore ingenuità, che la testa appartenga a un santo venerato nell'Ordine. Forse san Giorgio, che fu anche un guerriero? Ma l'ipotesi non regge, e peggio ancora sarebbe addurre il culto *delle* martiri, santa Eufemia o sant'Orsola. Per tacere del ridicolo: le sante hanno il mento glabro.

L'accostamento al magico si deve alle esigenze e alla problematica del tempo. L'accusa di magia, non solo di eresia, poneva l'imputato in pericolo di morte. In assenza di ritrattazione, la pena capitale ne era imprescindibile.

Questa è la versione essoterica, solare, degli eventi. Ma i Templari potevano dedicarsi alle arti magiche, o esporsi al fascino di verità iniziatiche. Non sarebbe stato il primo caso di guerrieri dello spirito che aderiscano a una disciplina esoterica. Non ce ne sono prove, ma ciò non scongiura l'imputazione di idolatria o devozione. Si ignorano i dettagli del culto della testa; perché, però, misconoscerlo *a priori*? All'ombra dei loro chiostri i Templari potevano votarsi all'insolito, forse all'occulto. Questa è la versione *yin* degli eventi, al riparo da dubbi o perplessità.

Non sembra, tuttavia, di poter dilatare l'interpretazione richiamandosi alla leggenda del Graal, il vaso con il sangue di Gesù. Si sconfinerebbe nella letteratura, attraverso una rete di corrispondenze immaginarie tra i Cavalieri della Tavola Rotonda e i Templari. Chi ceda a tali suggestioni, scivolando nella fantastoria, si appoggia ad appigli inadeguati. Fu Wolfram von Eschenbach nella sua narrazione sul Graal a presentare i Templari come i custodi del vaso; è sufficiente?

I Templari agivano in funzione del gruppo, degli ideali di una comunità ristretta cui erano fieri di appartenere. Ciò nonostante, vi attecchì anche l'individualismo come retaggio della tradizione guerriera. Ciascun Cavaliere della Tavola Rotonda disponeva della propria via d'accesso al Graal, quindi alla verità. Ma la sua posizione era molto più egocentrica e dipendente dalle risorse individuali, rispetto a quella dei Templari e persino dei loro Maestri, accentratori di potere dalla personalità carismatica.

Forse anche il culto della testa costituisce una prova d'accesso, come il ripudio verbale e gestuale del Cristo, in ossequio all'ipotesi di Jules Michelet. Legato a un rito di passaggio, il culto mostrava chi fosse degno di essere accolto in un Ordine anticonvenzionale.

Oppure dietro a esso non c'è alcun mistero, e potrebbe trattarsi proprio del culto di un cranio dalle capacità magiche, di cui restano tracce nei testi dell'epoca, quali il *Picatrix*.[13]

Il rito può riallacciarsi a una versione arcaica dello gnosticismo, oggi ignota: gli gnostici non praticavano l'idolatria. La testa barbuta poteva appartenere a un dio sciocco o invece autentico, sia pure più caricaturale, di quello biblico. Chi lo smentisce, presentando i Templari come cattolici ortodossi, ne dimentica la vocazione esoterica o militare. Può non sentirsi obbligata al conformismo una linea di condotta ispirata alla forza e alla violenza.

Gli errori della pratica appaiono più o meno contestabili. «I Templari non sono ospitali, né fanno la carità». In realtà, pare offrissero riparo ai pellegrini o ai viandanti, benché non vi fossero tenuti. Si procuravano beni e possedimenti in modo illecito? Come esigenza precipua si prefiggevano di incrementare il tesoro dell'Ordine? Accuse che sarebbe arduo impugnare, vagliando l'operato dei Templari in Terrasanta e nell'Occidente cristiano. Talora i loro interessi e quelli della Chiesa o dei sovrani che servirono erano nettamente divergenti.

I capi d'accusa furono illustrati nella bolla papale del 12 agosto 1308. L'istruttoria non si concluse con la condanna, né definitiva né risoluta, dell'Ordine. Ciò attesta qualcosa? I Templari erano innocenti, o occultarono le prove a regola d'arte? Chi confessò lo fece per salvarsi la vita, o rivelò come stavano le cose? Nella quasi totalità dei casi le confessioni furono estorte dalla tortura e per impulso dell'Inquisizione, ma... Permangono dei dubbi sull'operato dell'Ordine. Ammessa e non concessa l'innocenza, si apre un ventaglio di ipotesi.

È noto che la Chiesa voleva unire gli Ordini guerrieri per motivi economici, ma i Templari non lo accettarono. L'Ordine non fu soppresso in seguito a una condanna: secondo alcuni, ciò basta a scagionarlo. I Templari confessi di eresia furono tenuti agli arresti. Gli altri si consacrarono alla preghiera, tornando alle mansioni originarie. O entrarono in altri Ordini, per esempio negli Ospedalieri, come le alte sfere pretendevano.

Giacomo di Molay ritrattò. Aveva mentito, dichiarò, per timore del dolore fisico. Non gli si credette. Dopotutto era un povero vecchio, che dopo circa sette anni di prigione sproloquiava! Fu arso al rogo, la punizione infame che condivise con Goffredo di Charney, dall'analogo *iter*. I Templari poterono vantare le loro vittime, rinfocolando la leggenda. Ormai erano entrati nel folklore.

Come i samurai, perirono di morte naturale in un'epoca che non ne aveva più bisogno. Erano solo degli anacronisti sublimi? A suffragio dell'ipotesi, la distruzione del loro quartier generale orientale, il convento di Cipro, in seguito alla vendetta del re dell'isola, Enrico II, per incaute alleanze. Agli inizi del XIV secolo i Templari vennero a mancare di una sede principale, e ciò li disorientò. Ci si azzarda a dire che alla luce di certi eventi il processo risulti persino irrilevante. L'Ordine non poteva sottrarsi al declino.

Un granello di verità si cela in questa interpretazione. L'*homo bellicosus*, affermatosi in Oriente e in Occidente per gran parte del Medioevo, non era più al centro della scena, o avrebbe perso le sue prerogative per assumere forme più consone allo spirito del tempo.

I Cavalieri del Tempio si mantenevano fedeli all'ambiguità. Non solo sul piano di una duplice laboriosità, nel campo dello spirito e delle armi. Ma soprattutto di due verità o livelli di realtà: nel primo si combatte per un ideale, con la sfrontatezza dell'anticonformismo; nell'altro si conosce la vacuità di tutto, il velo di illusione che si stende sugli eventi.

I Templari emularono l'attitudine di Arjuna nella *Bhagavad Gita*. L'eroe esitava a combattere, ma il dio Krishna gliene fornì la ragione. «Gli uomini non sono reali, bensì solo ombre». I Templari recepirono l'assunto a modo loro: pretesero che la battaglia fosse sempre interiore, anche e *soprattutto* sul campo di battaglia. Non sapevano di glossare un *hadith* di Maometto. Eppure, chissà, forse furono loro a coglierne l'essenza.

II
L'Ospedale dei poveri di spirito

«Perché sebbene camminiamo nella carne, non combattiamo secondo la carne; infatti le armi della nostra guerra non sono carnali, ma potenti nel cospetto di Dio a distruggere le fortezze.»

2 Corinzi 10, 3-4

«Questa è la fine, allora?».

Villiers de l'Isle-Adam aveva ponderato a fondo la questione. Con il sudore sulla fronte, si accingeva a compiere il passo che avrebbe mutato una volta per tutte la storia dell'Ordine.

«Avrete salva la vita, ma dovete lasciare Rodi».

Le condizioni erano indiscutibili. Gli ambasciatori del Solimano attendevano la firma del Gran Maestro. Si poteva tornare indietro?

L'assedio si era protratto a lungo, mettendo a dura prova la resistenza degli isolani. L'armata ottomana era molto più numerosa di quella che, circa quarant'anni prima, aveva osato la stessa impresa. Rodi, con la sua postazione nevralgica, rappresentava un obiettivo allettante, inoltre l'arroganza dei Cavalieri di San Giovanni andava punita.

La prima volta, i musulmani si erano sbagliati. Attaccarono via mare, mentre ora colpivano dalla terraferma. Un cambiamento di tattica che faceva la differenza. Rodi inespugnabile? Questo era da vedere, con tutte le mine a disposizione! Gli artiglieri turchi si accingevano a utilizzare ogni risorsa.

Neanche gli isolani, però, stavano a guardare. Il veneziano Gabriele Tadini, ingegnere militare, conosceva le più recenti strategie di artiglieria. Ma poteva fare qualcosa, si poteva fare qualcosa contro la massa urlante, la quantità di guerrieri soverchiante?

Alla metà di luglio del 1522, l'armata turca era sbarcata sull'isola. Ma ci vollero due o quattro mesi perché riuscisse a mettere in crisi gli assediati. Le mine fecero tremare le mura di Rodi, schiudendovi varchi minacciosi. Ma ogni volta, puntualmente, gli invasori venivano respinti. In seguito a queste operazioni entrambi i fronti subirono gravi perdite.

Né mancarono momenti di nervosismo. Come quando si vociferò di un tradimento, perpetrato dall'acerrimo rivale di Villiers de l'Isle-Adam, il portoghese Andrea di Amaral. Si scoprì un messaggio compromettente, che accennava al comportamento da tenere nell'assedio. Un episodio di collusione? È un caso che i sospetti si incentrarono sul candidato sconfitto alle elezioni, messo in ombra dal Gran Maestro francese?

Amaral fu giustiziato, o ucciso. Se fosse un capro espiatorio, come è probabile, o il colpevole non è dato di sapere. Rimangono molte perplessità sulla vicenda, e il clima di tensione dello stato d'assedio non contribuisce a dissiparle.

Dicembre. La situazione resta disperata. Le guarnigioni delle isole più piccole si sono arrese, mentre il nemico incede verso il quartier generale dell'Ordine guerriero, verso il centro dell'isola. Si può continuare un assedio in inverno? Ciò non indica forse che si è pronti a tutto, pur di piegare l'avversario? Niente possibilità di tregua: il Solimano assaporava il trionfo finale.

Del resto, neppure il Gran Maestro accettava un armistizio. Mai perdere l'onore! Si continuava a combattere, ma il destino dell'isola appariva segnato.

Di rinforzi dalla Chiesa o dai sovrani cristiani compiacenti, neanche a parlarne! Era una settantina d'anni che gli Ospedalieri mantenevano la presa su Rodi a caro prezzo, pronti a lasciarsi andare da un momento all'altro. Niente possibilità di soccorso, mentre i turchi guadagnavano terreno.

Era inutile, controproducente, continuare a difendersi in inverno. L'assedio si sarebbe inasprito nella stagione sfavorevole. Il 1° gennaio del 1523 si arrivò alla decisione. Villiers de l'Isle-Adam lo fece per gli isolani. Ogni resistenza era impraticabile.

Arrivò al porto con i suoi uomini, la nave pronta a salpare. I Cavalieri avrebbero trovato una nuova patria, lasciandosi Rodi alle spalle. Qui avevano conosciuto giorni felici, segnati da battaglie vittoriose. Persino il Solimano si sentiva rattristato. Era desolato per aver costretto gli anziani membri dell'Ordine ad abbandonare la loro dimora: una violazione del principio musulmano dell'ospitalità.

Poi la flotta veleggiò alla volta di Candia.

Tempi duri per i pellegrini sulla via di Gerusalemme. Erano proprio tanti, e alcuni piuttosto malmessi, poveri e anche malati. Ma li sorreggeva una robusta energia spirituale, che i sufi chiamano *baraka*, trascinandoli sugli impervi sentieri della Terrasanta.

Nella seconda metà dell'XI secolo, il dominio dei selgiuchidi aveva aggravato la loro condizione. Molte strade erano divenute impraticabili, tortuose. Nel 1065 una banda di arabi infierì su una carovana di pellegrini tedeschi, e li massacrò. Occorreva tutela o sorveglianza. Si costruì una serie di ospizi per accogliere la massa dei fedeli in cammino.

A molte esigenze provvedettero i Templari. Altre furono soddisfatte da un Ordine neonato, all'inizio dedito a compiti assistenziali. Fu istituito qualche decennio prima delle crociate, quindi dell'Ordine del Tempio. Sulla sua genesi, i dati sono oscuri e controversi.

Sembra che alcuni amalfitani chiesero al califfo d'Egitto un luogo idoneo per accogliere i loro correligionari. Questi gli accordò la chiesa del Santo Sepolcro di Gerusalemme. L'ospedale che vi fiorì, dedicato a san Giovanni l'elemosiniere, era riservato ai poveri e ai malati.[1] Qualcuno afferma che il patrono dell'Ordine fosse, sin dall'inizio, san Giovanni Battista.

Si parla di *ospedale*, ma il termine indica una sorta di ospizio. Vi si prestava servizio sociale, prodigandosi per gli altri. Un po' d'amore per i malati gravi, nient'altro. Ciò contrastava con la prospettiva medioevale del religioso contemplativo, testimone passivo del reale. Il personale aveva preso i voti, ma forse non includeva monaci infermieri. In fondo, si sa ben poco di questo periodo. È certo che si soccorrevano i seguaci di ogni fede, non solo i cristiani.

L'ospedale era attivo prima del 1070. È questa la data di nascita dell'Ordine, a scapito di voci leggendarie: che un ospedale simile, e l'Ordine, esistesse ai tempi degli apostoli o che i genitori del Battista vi avessero accudito i poveri (!).

Neanche il fondatore dell'Ordine ha un nome preciso. Per tradizione ci si richiama a Gerardo, un personaggio semisconosciuto. Tra il 1095 e il 1099, ai tempi della prima crociata, costui soccorreva i poveri mosso da un carattere virtuoso, e fu torturato dai musulmani per il sospetto di ingenti proprietà. Altri lo ritengono un buon amministratore. Il suo epitaffio, nel 1120, ne consegna i tratti ai posteri.

Era «il più umile tra gli uomini d'Oriente», amico degli stranieri e dei viandanti, servo degli indigenti, modesto e di cuore nobile, accurato e zelante in ogni attività. Molto operoso, si prodigò per sfamare il popolo.[2] L'Ordine lo venera come un santo, titolo che la Chiesa gli negò.

Anche i pilastri dottrinali dell'Ordine restano abbastanza vaghi. Per i Templari esistono due *Regole*, la latina e la francese. Riguardo ai Cavalieri di San Giovanni, si sa che l'ospedale di Gerardo aveva adattato al caso suo le prescrizioni di san Benedetto. Ben poco, per vagliarne l'etica con precisione. Nel 1113 una bolla papale, dovuta a Pasquale II, accordava all'Ordine numerosi privilegi, nonché la tutela della Chiesa. Il ruolo di Gerardo era riconosciuto e apprezzato. Come i Templari, anche gli Ospedalieri furono svincolati dalle autorità ecclesiastiche locali, e del loro operato rispondevano soltanto al papa. Il Maestro era scelto dai membri dell'Ordine.[3]

Più tardi gli Ospedalieri furono esentati dal tributo della decima, e ottennero l'immunità dalle sanzioni ecclesiastiche. Niente scomuniche per loro! Modalità già applicate ai Templari, con qualche distinzione, e che suscitarono la stessa ostilità in larghi strati della Chiesa. Perché questi privilegi? Si replicò che i possedimenti dell'Ordine erano destinati al sostegno dei poveri e alla cura dei malati, quindi non andavano assoggettati a imposte.

Ma le esenzioni esponevano i loro detentori al narcisismo e all'ambizione. Come i Templari, pure gli Ospedalieri si sentivano gli Eletti, latori di una nobiltà dello spirito. Anche loro furono accusati di aver tradito la vocazione originaria. Non si preoccupavano più di malati e bisognosi, bensì di arricchirsi e del proprio tornaconto. Costituivano una milizia internazionale incontrollata, che rispondeva unicamente a se stessa. Grazie alle donazioni dei sovrani cristiani avevano accumulato territori e beni immobili in Oriente e in Occidente, disponendo di una numerosa servitù. Le elargizioni, come per i Templari, non erano immotivate: ci si aspettava da loro una contropartita o l'impegno bellico; in apparenza in difesa del cristianesimo, in pratica per la salvaguardia delle dinastie occidentali.

L'Ordine fu presto coinvolto in progetti e imprese militari. Ciò risentiva dello spirito del tempo, come nel caso dei Templari. Tra il 1139 e il 1143, gli Ospedalieri impiegarono soldati mercenari per l'azione di tutela dei pellegrini sulle vie d'Oriente. La donazione di una serie di castelli nella contea di Tripoli corrispondeva a un'esigenza precisa: difendersi dai musulmani, e attaccarli all'occorrenza.

Alcuni sostengono che la conversione militare degli Ospedalieri fu un'emulazione dei Templari. Sono ipotesi tardive, frutto di una ricostruzione *a posteriori*. Meglio credere che corrispondeva a una naturale estensione della vocazione iniziale, quasi non si potesse fare altrimenti per la condizione minacciosa dell'Oriente.[4]

Il connubio tra lo spirito e le armi rappresentava le esigenze dell'epoca. La via scelta dai Templari era battuta dagli Ospedalieri. Nelle sfere ecclesiastiche, gli Ordini guerrieri furono dapprima bersagliati dalle critiche. Bernardo di Chiaravalle legittimò i Templari, e una vocazione bellica imbarazzante.

Le stesse obiezioni si mossero agli Ospedalieri, rinfocolando la polemica. Si tornò a dire che la violenza, ancorché monastica, violava il quinto comandamento. Si frugò il Nuovo Testamento in cerca di condanne senza appello. Ma anche gli Ospedalieri attinsero agli stessi testi per suffragare le ipotesi contrarie. Ogni ermeneutica ha i suoi diritti, e la Bibbia si presta a varie chiavi di lettura.

Perché criminalizzare il combattente? Mancano brani testamentari che ne biasimino la figura in quanto tale. Se ne citano molti dovuti a un medico, Luca, vicino per vocazione agli Ospedalieri, dove un centurione risulta migliore di tanti devoti. Si valorizza l'ammonimento di Gesù agli apostoli di andarsi a comperare una spada per predicare indisturbati in zone pericolose (*Luca* 22,36).

Si trovò conforto in brani ambigui, da cui non trasparivano riprovazioni. Si chiamò in causa Agostino di Ippona. La via della violenza non è certo paragonabile alla contemplazione. Tuttavia, e in questo consiste una perniciosa ipotesi, è giusto combattere per la pace. Alcune pagine della *Città di Dio* sembrano enfatizzare l'idea della guerra santa, già vagheggiata nei testi biblici: quando Israele ha assaporato i suoi trionfi, e va in cerca dell'identità nazionale.

L'ultimo passo fu compiuto da papa Gregorio VII. Le crociate si legittimano in virtù della guerra santa. Da qui, l'indulgenza plenaria per i soldati cristiani. Se si tratta di difendere gli interessi della Chiesa, la guerra non solo è consentita, ma persino meritoria. Chi perisce nel corso del conflitto è un martire. La crociata equivale a un pellegrinaggio: è una sublime operazione spirituale, non solo militare.

Non era tartufesco, con queste premesse, deplorare la violenza degli Ospedalieri? Senza notare la funzionalità dei loro atti, i servizi resi alla Chiesa? Le stesse obiezioni nei confronti dei Templari furono rintuzzate con motivazioni teologiche. La crociata non comporta la lotta fisica, bensì spirituale. Una volta ammesso questo, gli Ordini guerrieri hanno la porta aperta.

Gli Ospedalieri mantennero la loro autonomia. Si batterono al fianco dei crociati, pur rappresentando una potenza differente. Come i Templari, avevano preso i voti religiosi: di povertà, castità e ubbidienza. Li si potrà accusare di incoerenza, di occasionali trasgressioni, ma la loro fede non è in discussione: essa suggeriva loro che la morte in battaglia comporta una ricompensa ultraterrena inestimabile. Tra i due mondi, quello fisico e lo spirito, gli Ospedalieri scelgono senza esitare. Ma occorre passare attraverso la materia e la lotta. Tutto ciò è sopportabile in vista di una realtà ben più appagante, l'*unica* appagante.

La militarizzazione dell'Ordine si svolse sotto gli auspici di due Maestri. Il primo, successore di Gerardo, era Raimondo di

Puy, un cavaliere della prima crociata. Da guardie armate, adatte a un ruolo difensivo, gli Ospedalieri si trasformavano in guerrieri veri e propri. Adempirono a questa funzione in Spagna. Raimondo morì nel 1160, siglando il più lungo periodo di magistrato nell'Ordine. Il processo di militarizzazione fu ultimato dal suo successore, Gilberto di Assailly, uomo molto generoso, ma instabile e impulsivo. Sotto la sua egida gli Ospedalieri acquisirono un numero considerevole di castelli.

L'atteggiamento della Chiesa era mutevole. Verso il 1180, il papa richiamava l'Ordine all'originaria vocazione assistenziale, deplorandone il ricorso alla violenza. Neanche dodici anni dopo le alte gerarchie di Roma ne ammiravano l'abilità bellica, combinata al soccorso di poveri e malati.[5]

La potenza militare non si dispiegò subito in tutta la sua veemenza. Non si hanno notizie della partecipazione dell'Ordine all'attacco di Damasco nel 1148. Una decisione che, pure, fu presa alla presenza di Raimondo di Puy. Né resta testimonianza, nello stesso periodo, del diretto coinvolgimento degli Ospedalieri nelle battaglie della penisola iberica.

Come se il ricorso alla forza dovesse farsi strada gradualmente. Nel caso dei Templari, ne caratterizzò presto fasti e rovesci storici. Nel 1153, durante l'assedio di Ascalona, i Cavalieri di San Giovanni fornirono la loro consulenza; forse spirituale, perché cosa dovevano saperne di aspetti militari? In merito, ci sono dati controversi. Dopo 10-20 anni circa, il quadro cambia.

Gli Ospedalieri appoggiano l'invasione dell'Egitto da parte del re Amaury, quantunque il loro debutto sia tutt'altro che felice. La campagna militare si rivela disastrosa, mentre l'Egitto e Damasco si coalizzano ai danni dei crociati. Papa Alessandro III non perde occasione di bersagliare l'Ordine: i Cavalieri dovevano attenersi alla loro inclinazione assistenziale, anziché scendere in campo! Anche i Templari subivano critiche analoghe, nel caso di un intervento militare inefficace.

Ma gli Ospedalieri rappresentano ormai una potenza non trascurabile, che dai propri castelli osa infierire contro i musulmani o sa integrarsi nelle campagne militari, come a Tripoli. I musulmani, estimatori del valor militare, tributano loro lo stesso rispetto che ai Templari.

Poi il Saladino intralciò la strada degli Ospedalieri, che lo demonizzarono meno dei Templari. Lo combatterono invano con la stessa irruenza. Lo attestano la disfatta delle fonti di Cresson (1187) e, un paio di mesi dopo, il massacro di Hattin. Le armate musulmane si accanirono con ferocia contro di loro e i Templari. Occorreva umiliare e distruggere gli avversari temibili. Le teste dei monaci guerrieri furono esposte allo scherno.

Neanche nella terza crociata mancarono agli Ospedalieri occasioni per mettersi in risalto. Né a loro né ai Templari si lesinarono critiche. Nel settembre 1191, durante l'attacco alle piane di Arsuf, si lanciarono alla carica contro il Saladino. Con troppo slancio, però! Li si accusò di impulsività, come i Templari, e di eludere la strategia globale dell'esercito. Nel giugno dell'anno dopo, la stessa imputazione pendeva sul capo di uno di loro: era uscito dalle righe per avventarsi, da solo, contro il nemico! Insubordinazione e frenesia: di questo li si incolpava.[6]

Ciò diede luogo a una serie di considerazioni negative. Gli Ospedalieri venivano meno alla loro vocazione e ai loro compiti. Le loro azioni non erano più improntate all'ospitalità o all'assistenzialismo. Il peccato più grave: contravvenivano alla loro stessa denominazione. Non solo in Occidente si osserva la necessità della corrispondenza perfetta tra il nome e la cosa. Confucio l'aveva detto: «Il re si comporterà da re, il suddito da suddito, il padre da padre, e così via». Colui che disattende la propria funzione non merita di conservare il nome.

Nel luglio 1191, l'Ordine stabilì il suo quartier generale nella riconquistata città di Acri, cui fu subito annesso un ospedale. Così, i suoi adepti poterono continuare a esercitare la loro occupazione originaria. Ma quella militare fu tutt'altro che trascurata, come mostra la quinta crociata tra il 1217 e il 1221. Campagne belliche, fortificazione dei castelli, consulenza e assistenzialismo: queste le sfere di attività dei Cavalieri di San Giovanni.

L'Ordine subì nuove critiche durante l'attacco a Damietta. Si sospettò che gli Ospedalieri e i Templari osteggiassero l'assedio della città. Papa Onorio III ne prese le difese, esaltando entrambi i gruppi quali autentici difensori della fede, niente affatto timorosi di accogliere sul capo la croce del martirio, in quanto «infiammati dall'ardore dello Spirito Santo». Una menzione speciale meritavano gli Ospedalieri per la loro tutela dei derelitti.

Poi Damietta fu espugnata, e gli eserciti del re di Francia, Luigi IX, si prepararono a spingersi alla volta di Mansurah. Tra le file dei cristiani, però, regnava il disaccordo. Templari e Ospedalieri erano contrari ad attaccare la città. Nuove esitazioni, e strane perplessità! I monaci guerrieri furono ritenuti dei codardi che fuggivano davanti al pericolo. Si ventilò l'accusa di tradimento. Il conte di Artois fu categorico: «Se non fosse per Templari e Ospedalieri, l'Oriente sarebbe già capitolato da tempo». A suo dire, essi non potevano essere dei religiosi autentici, in quanto interessati al proprio tornaconto. Non a caso, non volevano intromissioni da parte della Chiesa: si sarebbe scoperto da dove provenivano le loro proprietà, e ne avrebbero perso il controllo.

Le critiche sortirono l'effetto sperato. I membri dei due Ordini guerrieri si sentirono oltraggiati, e intimarono l'attacco, sia pure con scarsa convinzione. Solo per scagionarsi dall'imputazione di vigliaccheria! È una fiacca motivazione per combattere, e l'intera armata andò incontro alla batosta.

Non sempre gli Ordini guerrieri si scagionavano agevolmente dai capi d'accusa. D'altra parte, non facevano nulla per rintuzzare le critiche. Talvolta combattevano su fronti opposti, dando un cattivo esempio alla cristianità. Come quando Templari e Ospedalieri appoggiarono i candidati di fazioni rivali, nella successione al principato di Antiochia. Gli Ospedalieri parteggiavano per la causa «sbagliata», perdente. Impiegarono nella campagna militare i fondi con i quali avrebbero dovuto aiutare i poveri. Si difesero pretendendo di stare dalla parte dei veri cristiani, ma la guerra contribuì a minare le risorse del principato.

Si verificò un altro dissenso a causa di Federico II, l'imperatore scomunicato. Gli Ospedalieri ne appoggiarono la causa per rappacificarsi con l'Egitto; nel frattempo, si mantenevano in guerra con Damasco. I Templari adottarono la posizione opposta, e ciò determinò nuove ostilità.

Come quando, nel difficile gioco di equilibri e alleanze, Genova e Venezia entrarono in conflitto. I Templari si schierarono dalla parte dei veneziani, mentre i genovesi, sino alla disfatta, furono supportati dai Cavalieri di San Giovanni. Come mai questa propensione per i perdenti?

A posteriori, il coinvolgimento militare degli Ospedalieri in queste operazioni suscita biasimo e perplessità. Alcuni storici, con impietoso realismo, sembrano giustificarli: era inevitabile aderire a certi intrighi o contrarre alleanze. Il fine era sempre lo stesso: la difesa dell'Oriente latino. Gli Ospedalieri, come potenza bellica, non potevano eludere gli impegni.[7]

L'ideologia sottesa a certe imprese, però, resta discutibile. È giusto che gli Ospedalieri o i Templari abbiano rinnegato la dottrina primitiva per adeguarsi a uno spirito del tempo gretto e opportunistico? Chi pone l'interrogativo enfatizza la vocazione monastica, più che quella bellica, degli Ordini.

Poi la situazione precipitò, e nacque una nuova coalizione musulmana, guidata dai mammalucchi, governanti d'Egitto. Sarebbero restati al potere per circa tre secoli, opponendo alle armate cristiane un elemento ideologico possente: l'unità del mondo islamico. Si era pronti a tutto pur di annientare il nemico: la «guerra santa» diveniva una realtà. Su entrambi i fronti si combatteva, almeno a parole, per lo spirito. Ciascuno di loro si vantava di aderire a una Ragione Sacra, garante di trionfo. Il vincitore si sapeva nel giusto, oltre a guadagnarsi i benefici ultraterreni promessi dal culto. Gli islamici si avvalevano delle stesse risorse teologiche dell'avversario. Difficile dire chi vi attinse per primo.

Tra il 1260 e il 1290, si fece sentire l'effetto di certe convinzioni. I mammalucchi si impadronirono di quasi tutto l'Oriente latino, respingendo gli «invasori» cristiani. Il colpo di grazia in Siria e in Palestina sarebbe arrivato poco dopo. Baybars fu uno dei *leader* più accreditati del nuovo schieramento (cfr. cap. I).

Riuscì dove tutti gli altri avevano fallito. Espugnò la famosa fortezza *Crac des Chevaliers* nella contea di Tripoli. Era il vanto degli Ospedalieri, e la si riteneva imprendibile. In passato, gli eserciti musulmani avevano persino paura di avvicinarvisi! D'altra parte, Baybars si avvalse di un trucco: non fu una conquista militare.

T.E. Lawrence la definì «probabilmente, il castello più mirabile del mondo». Fu costruito secondo un disegno concentrico, come la fortezza di Belvoir. Per quest'ultima, la definizione di uno scrittore arabo suonava ancora più lirica: «È un posto tra le stelle, quasi un nido d'aquila e una dimora lunare». Costruzioni del genere implicavano una novità architettonica. Il centro della fortezza era circondato da una seconda linea di mura, che costituiva una replica della prima. Ciò corrispondeva a una duplice esigenza: gli strati di mura simboleggiavano la chiusura dell'Ordine al mondo esterno, oltre a risultare efficaci contro le nuove tecniche d'assedio musulmane. Belvoir si era arresa nel 1189, dopo aver scongiurato svariate aggressioni. Venne meno la sua reputazione di «donna inviolabile» o «fanciulla che non si chiede in matrimonio», secondo la metafora araba.

Le cause delle disfatte erano molteplici, né si dovevano soltanto alla furia di Baybars. Molti problemi finanziari aggravavano la condizione degli Stati crociati, e le dispute continue per la successione facevano il resto. Quella al trono dello Stato di Gerusalemme scoprì di nuovo su fronti opposti i Templari e gli Ospedalieri: i primi al fianco di Carlo I d'Angiò, re di Napoli e di Sicilia; gli altri con re Ugo III di Cipro. Ma gli eventi presero un'altra piega alla morte di Carlo I, e l'altro pretendente salì al trono indisturbato. Per una volta gli Ospedalieri non soccorsero il perdente! Il clima di tensione contribuì a indebolire l'esercito crociato. L'ostilità tra gli Ordini fu pregiudizievole.

Una volta ad Acri, si era pronti a scrivere la parola «fine» alle imprese crociate. La città, ultimo baluardo cristiano in Terrasanta, fu attaccata dalle armate musulmane il 6 aprile 1291. Ne seguì un estenuante assedio (cfr. cap. I).

La difesa della doppia cinta di mura fu assegnata ai Templari e agli Ospedalieri; i primi a nord-ovest, gli altri alla loro destra. Dopo sei settimane, gli aggressori si aprirono un varco dalla parte degli Ospedalieri, ma entrambi gli Ordini reagirono. Riuscirono a bloccare con fermezza gli invasori, e a espellerli.[8]

Poi le circostanze peggiorarono. Giovanni di Villiers, Maestro degli Ospedalieri, ricostruisce in una lettera le ultime ore di Acri.

«Una quantità imponente di truppe musulmane aveva fatto irruzione in città. Di mattina presto, irruppero da ogni porta. Ce n'erano talmente tanti da non riuscire a contarli. Resistevamo come potevamo alla porta di Sant'Antonio, ma proprio lì erano numerosissimi. Che fare? Li respingemmo, una, due, persino tre volte. I nostri uomini non lesinarono sforzi in nome della città e dello Stato. A poco a poco, però, perdemmo il controllo del convento. Tra i caduti, il nostro illustre Maresciallo, Matteo di Clermont. Era nobile e audace, versato nelle armi. Che Dio lo abbia in gloria, e gli sia misericordioso! Anche il Maestro del Tempio morì nello stesso giorno, in seguito alla ferita mortale di un giavellotto. La pietà di Dio scenda anche su di lui!

Nelle stesse ore, anch'io fui quasi colpito a morte da una lancia. Le spalle mi dolevano. Ancora oggi, la ferita mi rende ardua persino la scrittura di questa lettera. Nel frattempo masse di saraceni imperversavano per le strade, giungevano da terra e dal mare, si infiltravano nei muri, ormai perforati e logori, e vennero a stanarci. I nostri sergenti, i mercenari e gli accoliti, i crociati e tutti gli altri abbandonarono ogni speranza e fuggirono alle navi, sgravandosi del peso di armi e corazze. Le navi l'ultima speranza! Quanto a me e ai nostri fratelli, resistemmo ancora un po', Dio solo lo sa! Eravamo a terra, distesi; alcuni erano morti, altri no, tra cui io. Ci credettero spacciati. Qualcuno venne a salvarmi, caricandomisi in spalla. Ero ferito a morte, e avevo perso conoscenza. Molti feriti, per i quali non c'era nulla da fare, restarono sul terreno. Io e altri fummo trasportati all'isola di Cipro. Oggi sono ancora qui, e provo una grave tristezza; siamo tutti prigionieri di uno strazio indicibile, opprimente».

La sortita a Cipro provocò aspre reazioni. I Templari e gli Ospedalieri furono accusati di viltà, di inefficienza e trascuratezza. «Avrebbero dovuto morire tutti, per la causa di Nostro Signore!». Forse. Difficile predire l'esito di una difesa all'ultimo sangue. Poteva anche non cambiare nulla, e le armate musulmane avrebbero esibito alcune teste in più dei monaci guerrieri, loro nemici acerrimi. Altri riconobbero che l'ardimento degli Ordini bellici non scemava neanche nei frangenti disperati. Il merito della difesa di Acri fu parimenti distribuito tra Templari e Ospedalieri.

Mentre i Cavalieri si insediavano a Cipro, tramontavano le illusioni sull'Oriente latino. Come i Templari, anche loro furono attivi nell'Occidente cristiano, fruendo di cospicue donazioni in Spagna e in Portogallo. Alcuni territori erano ancora da conquistare, e a ciò concorse l'impegno militare. Rispetto ai Templari, gli Ospedalieri avevano maggiore intimità con i sovrani di Aragona. Questi si mostrarono generosi e munifici con loro, ma esigevano una contropartita. Così, gli Ospedalieri si prepararono a scendere in campo per tutelarne gli interessi. Si dice che fossero sempre pronti a dare battaglia, senza rifiutare un sostegno o la consulenza militare. Ma le loro ambizioni rimasero contenute, poiché le dinastie europee non ne vedevano di buon occhio l'espansione territoriale e politica. Ciò valeva per tutti gli Ordini guerrieri: li si tenne a freno, per poi utilizzarli senza esitare alla minima occasione.

Di altre attività belliche degli Ospedalieri nell'Occidente cristiano è appena il caso di far menzione, non essendo particolarmente eclatanti. La guerra contro gli invasori mongoli nel 1241 in Polonia e in Ungheria si doveva più alla difesa dei loro interessi come proprietari terrieri che a una causa ideologica o religiosa. Furono anche i problemi finanziari nell'Oriente latino a sventare una partecipazione più impegnativa degli Ospedalieri alle guerre di religione in Occidente.

Nel frattempo, si delineava un nuovo assetto politico per l'Ordine. Nei primi mesi del 1292, la Chiesa pensò di unificare gli Ordini guerrieri. Voleva impedire che i singoli gruppi divenissero troppo potenti. Anche i sovrani d'Europa cominciavano a temerli, e fa testo l'atteggiamento di Filippo il Bello nei confronti dei Templari (cap. I). Ma il progetto di aggregazione degli Ordini suonò anacronistico, dopo il rifiuto e il declino dei Templari. Gli Ospedalieri non furono assoggettati a un analogo processo. Forse avevano sollevato minori ostilità, con proprietà meno vistose. Ma anche il loro futuro si mostrava incerto, all'inizio del XIV secolo.

Si trattava di costruirsi una nuova identità. Un'occasione per cancellare antiche ostilità o scrollarsi di dosso la polvere delle sconfitte. In un primo tempo, l'aura sfavorevole nei confronti degli Ordini guerrieri circondò anche i Cavalieri di San Giovanni. Si imputò a loro e ai Templari la responsabilità dello scacco in Terrasanta: la caduta di Acri, episodio determinante della campagna militare. Più in generale, di non saper utilizzare le risorse economiche e militari. Accuse che già pesavano sul capo dei Templari.

Anche gli Ospedalieri furono interpellati sulla fusione degli Ordini guerrieri. I dati storici non sono limpidi, ma sembra che Folco di Villaret, loro Maestro, diede un parere analogo a quello dei Templari: meglio continuare come Ordine indipendente, qualsiasi attività non potrà che guadagnarne. Giacomo di Molay fu più categorico, ma lo spirito della replica è affine.

Occorreva reinventarsi una carriera. I Templari stavano per essere travolti dal pugno del re di Francia, e la Chiesa stava a guardare. No, gli Ospedalieri non avrebbero dovuto subire la stessa sorte! Si sussurrava che Filippo il Bello avesse in serbo qualcosa anche per loro... I tentativi di riforma dell'Ordine caddero nel vuoto. Nessuno dei suoi membri, in realtà, li caldeggiava. Si presagiva che un possibile futuro si trovava sul mare, più che nelle imprese militari in terraferma.

Folco di Villaret era la persona giusta. Geniale e senza scrupoli, doveva agire in tempo per consentire la rinascita dell'Ordine. La sua abilità di ammiraglio favorì la svolta marittima auspicabile. Occorreva una sede adatta per le nuove operazioni.

A nord di Cipro, si trovava l'isola di Rodi: in posizione strategica, poteva fungere da trampolino di lancio per interventi navali in Asia minore o sull'Egeo. Rientrava tra i possedimenti dell'imperatore bizantino, che l'aveva data in gestione a pirati del calibro di Andrea Moresco. All'inizio del XIV secolo lo zio Vignolo de' Vignoli, anche lui corsaro, accampò pretese sull'isola. Trovò in Folco un interlocutore attento, disposto ad assecondarlo nel progetto di conquista. Nel 1306, i due siglarono un patto che assegnava all'Ordine la quasi totalità dell'isola, riservando a Vignolo il possesso dei suoi manieri a Rodi e diritti sulle altre isole.

Folco preparò il terreno, mirando all'appoggio della Santa Sede. Allestì l'abbozzo di una nuova crociata, tentando di ingraziarsi papa Clemente V. Poi si avvalse di tutta la sua capacità diplomatica per farsi cedere l'isola dall'imperatore di Bisanzio. Il tentativo fallì, ma Folco fu molto abile nel prospettare al papa la conquista di Rodi come un'impresa militare a scapito dei musulmani. Clemente V scomunicò l'imperatore, e lo appoggiò. Presumibilmente nel 1309, l'isola fu conquistata dagli Ospedalieri. Anche le isole limitrofe rientrarono, di lì a poco, tra i possedimenti dell'Ordine. Come era prevedibile, la crociata non fu mai realizzata, e le armate preposte servirono a Folco per consolidare il dominio dell'isola. Il piano era riuscito.

Con perfetto tempismo, il Gran Maestro era riuscito a preservare la sua istituzione dalla crisi degli Ordini guerrieri. Poco tempo prima i Templari erano stati annientati. Le loro proprietà furono confiscate, e assegnate proprio agli Ospedalieri! Questi godevano di una nuova identità e reputazione: l'opinione pubblica li inquadrava diversamente. L'attimo di disorientamento era passato. Il potere dell'Ordine, ormai vanificato negli Stati crociati, si rafforzava nell'isola.

Tuttavia, Folco non godette del brillante esito della sua politica. Governò Rodi con metodi da despota, attirandosi antipatie persino all'interno dell'Ordine. Le stesse persone che lo avevano acclamato come un eroe lo gettarono nella polvere. Attraverso una serie di manovre cui si prestò il papato, fu costretto ad abdicare. Una fine ingloriosa per l'uomo che tanto si era prodigato per l'Ordine.

Le critiche agli Ospedalieri, ancorché numerose, furono messe a tacere. Clemente V appoggiò con fermezza la ripresa dell'Ordine guerriero, presentandolo come l'unico in grado di proseguire l'impresa in Terrasanta. E lo fece in un periodo difficile, quando i sovrani di Aragona prendevano le distanze da un Ordine troppo espansionista, o il clero francese ne invocava la riforma, deplorando che le donazioni fossero impiegate per abbellire i saloni, anziché per combattere gli infedeli. Molti si chiedono, senza trovare risposta, perché il papa supportò gli Ospedalieri, mentre aveva abbandonato i Templari al loro destino.[9]

Intorno alla metà del XIV secolo, le voci di altri pontefici furono meno indulgenti. Ci si rammaricò che i Cavalieri non si impegnassero a fondo nelle crociate e contro i musulmani, mentre Innocenzo VI arrivò a metterne in piazza le «perversioni sessuali», alludendo alla sodomia. Ai Templari si rivolse la stessa accusa.

L'attività militare e le risorse degli Ospedalieri a Rodi erano piuttosto limitate. D'altra parte, molti di loro versavano nella mezza età. Non li si poté biasimare per non aver profuso maggiori energie contro i musulmani! Per un certo periodo appoggiarono la politica del papato o dei sovrani crociati, senza prendere iniziative belliche. Ciò malgrado, continuarono a combattere gli islamici anche in questo periodo, contraendo con loro le solite alleanze strategiche. Poterono vantare un certo numero di trionfi navali sui turchi. Intese e conflitti si riscontrano anche nei confronti dei greci, cristiani ortodossi. Gli Ospedalieri parteciparono alle leghe navali ostili ai turchi. In una di queste occasioni si impadronirono del porto di Smirne, per poi doverlo cedere all'irresistibile Tamerlano.

Talora, insicuri della loro potenza bellica preferirono approfittare delle rivalità interne dei turchi, anziché impegnarsi in battaglia. Poi compirono atti di pirateria ai danni delle navi musulmane. Si trattava di iniziative individuali finalizzate alla spartizione del bottino, le quali, però, godevano del beneplacito dell'Ordine. Avrebbero accondisceso a questa tattica per gran parte della loro esistenza militare.[10]

Il periodo di Rodi può essere compendiato da un affresco del Pinturicchio, ora nella cattedrale di Siena. Un giovane cavaliere, inginocchiato, prega a mani giunte. Ha deposto l'elmo accanto a sé, ed è circondato dalle palme. Si intravedono città fortificate in lontananza. E poi il panorama dell'isola, con un uomo che cavalca in salita. Il giovane è al centro della scena, ha un aspetto efebico, androgino, e indossa l'uniforme degli Ospedalieri. Il mantello è reclinato, il suo sguardo si posa verso l'alto. Si percepisce l'alone cavalleresco, arturiano, della fase di Rodi. Egli simboleggia un candore adolescenziale che però sa ricorrere alle armi e battersi per i propri ideali. Il nemico, qui solo vagheggiato, è ancora una volta il musulmano.

Maometto II assurse al trono dei turchi nel 1451. La presa di Costantinopoli, con il conseguente tramonto dell'impero bizantino, fu opera sua. Egli vantò altri meriti, tra cui la deposizione del principe Dracula, l'Impalatore. Poi rivolse la sua furia contro gli Ospedalieri, nell'intento di distruggerli. Preparò a lungo i dettagli dell'operazione, per debuttare nel maggio 1480. Circa un anno di programmazione avrebbe dato i suoi frutti? La fama dei Cavalieri di San Giovanni era nota, e Rodi sembrava inespugnabile.

La guarnigione della città ammontava a circa 600 cavalieri e sergenti, e quasi 2000 soldati. Gli abitanti dell'isola si aggiungevano al novero. Al comando dell'Ordine, il Gran Maestro Pietro d'Aubusson. Nel trentennio precedente, l'uomo aveva sempre rintuzzato le massicce orde dei turchi. Vi sarebbe ancora riuscito?

L'ammiraglio Mesih Pasha comandava la flotta ottomana. Si prefiggeva di espugnare la città dal lato nord. Il punto debole, almeno in apparenza, era la torre di San Nicola. Dieci giorni di bombardamento incessante: era questo il compito delle galere. La strategia: un attacco via mare. Tanti errori, errori di valutazione. Gli isolani erano restii ad arrendersi, e opponevano una resistenza più ardua di quanto ci si aspettasse. Gli slanci degli invasori erano respinti, e li si mandava ad annegare tra le acque. La torre non cedeva.

Poi si bombardò la parte sud. Neanche qui, però, si raggiunsero risultati di rilievo, benché qualche palla di cannone riuscisse a infiltrarsi nelle cantine dell'Ordine. Qualche bicchiere o bottiglia rotti, niente di più. Al calare dell'oscurità, per un nuovo assalto si usò il ponte levatoio. Nonostante la rapidità dei musulmani, anche questo fu sventato, e una lotta senza quartiere imperversò tutta la notte. Le luci dell'alba diedero il responso: un altro scacco ai turchi!

L'offensiva dalla terraferma parve più promettente. Altre sei settimane di cannoneggiamento per la città, sempre sotto tiro. Finalmente, Pasha trovò il punto debole all'estremità orientale della cinta delle mura. Alla fine di luglio, questa parte rovinò tra le macerie.

Gli invasori riuscirono a innalzare il loro vessillo su una torre della città. Tutto sembrava perso. Perdipiù, d'Aubusson zoppicava per una ferita alla coscia. Nonostante ciò, urlò di non mollare, continuando a dirigere i suoi uomini. Un gruppetto di Cavalieri riuscì a respingere i turchi, già intrufolatisi nelle mura. Nel fragore della battaglia, d'Aubusson fu colpito da una lancia e condotto al sicuro.

I turchi esultavano, ma non si accorsero che la resistenza degli isolani si inaspriva più che mai. Forse per la disperazione, o la vista del Maestro ferito, gli Ospedalieri riuscirono a dar loro scacco matto. Gli infedeli «venivano abbattuti come porci». Se ne catturò il vessillo, che fu esposto sugli spalti in segno di trionfo.

Finiva così un assedio di 89 giorni. I turchi dovettero fuggire in disordine, prendendo atto della tempra degli isolani. Molti anni sarebbero trascorsi prima di un nuovo assalto. Per il momento, Rodi era al sicuro. Una sconfitta avrebbe comportato la perdita di un centro nevralgico di prim'ordine, e «nulla si sarebbe frapposto tra il conquistatore di Bisanzio e il cuore della civiltà latina».[11] Difficile sopravvalutare la portata della vittoria.

L'agiografia, si sa, è dura a cedere. Il mito si intrufola tra le pieghe della storia. Con convinzione, alcuni affermano che i turchi sarebbero stati indeboliti in una fase determinante dell'assedio per un evento soprannaturale. Avrebbero scorto in cielo le sagome, nitide, della Vergine Maria e del Battista: icone dell'Ordine, poste a tutela dei cristiani. Ciò li avrebbe scoraggiati, frenandone l'impetuosità.

Molto tempo dopo, un secondo assedio fu favorevole ai musulmani. Gli Ospedalieri dovettero lasciare Rodi in cerca di nuove terre e nuovi domìni. Nel 1530, a sette anni di distanza dall'espulsione dall'isola, l'imperatore Carlo V accordò loro l'isola di Malta, nonché Gozo e Comino. Il mandato era questo: difendere l'arcipelago maltese dagli infedeli. Villiers de l'Isle-Adam fu ben lieto di accoglierlo. L'Ordine si manteneva fedele al compito del periodo aureo. Anche la città di Tripoli rientrava nelle zone da proteggere. Si apriva una nuova fase nella storia degli Ospedalieri.

A Malta, tutto debuttò secondo la tradizione. In un'ala del castello di Birgu si inaugurò l'infermeria. Il periodo maltese fu caratterizzato da un marcato interesse per la chirurgia e i progressi della medicina dell'epoca, cui gli Ospedalieri seppero adeguarsi. Ma le operazioni militari non vennero meno, al pari dell'altro motivo ispiratore: la guerra santa contro gli infedeli.

D'altra parte, l'Ordine aveva contribuito a difendere Vienna dai turchi nel 1529. E dire che gravi problemi finanziari si frapponevano all'esercizio indisturbato dell'attività bellica! Gli Ospedalieri, ora Cavalieri di Malta, non si dedicavano più a grandi imprese, ma si incaricavano di molestare il nemico con raid e scaramucce marittime. Neanche questa, però, era un'impresa da poco. Si recuperarono le tattiche che furono feconde a Rodi. E così la pirateria, ormai un contrassegno dell'Ordine, le cui vittime non erano soltanto i turchi, ma i cristiani stessi. Memorabile, il conflitto con Venezia. I corsari tollerati dall'Ordine infierivano contro i navigli di qualsiasi bandiera, e ciò suscitò la reazione del papato.

Un episodio significativo riportò i Cavalieri ai loro antichi fasti. Il 19 maggio 1565 la flotta del Solimano si avvicinò a Malta per lanciare un attacco in grande stile. L'Ordine era da distruggere a tutti i costi. Il comandante in capo, secondo alcune fonti, era Mustafa Pasha. L'impatto dell'aggressione fu mitigato dalla sua rivalità con Piali Pasha, l'altro ufficiale al comando. Poco dopo alla flotta si aggiunse Dragut Reis, governatore di Tripoli, con una quantità impressionante di guerrieri.

Si potevano tracciare dei paralleli con l'assedio di Rodi del 1480? Il Borgo di Malta si trovava in posizione più precaria rispetto all'isola greca. Le possibilità di vittoria erano inconsistenti. Si poteva solo sperare di resistere.

Il Maestro, Giovanni della Valletta, aveva un piano ingegnoso. Si rendeva conto che l'esito dell'assedio dipendeva dalle capacità di resistenza del forte di Sant'Elmo. La sua cattura garantiva l'accesso al porto. Quanto più a lungo si manteneva la postazione, tanto più si poteva auspicare il successo. Inoltre, si attendevano rinforzi dalla Spagna. Così, metà dell'artiglieria pesante fu concentrata nell'avamposto di Sant'Elmo.

I difensori sapevano il loro destino. Chiesero di potersi arrendere e di abbandonare il forte, ma il Maestro non sentì ragioni. Andavano immolati per il buon esito della campagna. Sorprendentemente, Sant'Elmo resistette quasi quattro settimane. Poi i turchi fecero scempio degli occupanti, crocifiggendone i cadaveri e mettendoli bene in vista. I Cavalieri, per tutta risposta, decapitarono i prigionieri e ne cannoneggiarono le teste nell'accampamento nemico![12]

Sant'Elmo era caduto, e niente traccia di rinforzi. Ma l'organizzazione dei turchi lasciava a desiderare: avanzarono troppo lentamente da Sant'Elmo al Borgo. Il 29 giugno, giunse un piccolo soccorso: non proprio le forze da Toledo, ma era qualcosa. Dragut fu vittima del fuoco dell'artiglieria, e ciò depresse il morale dei turchi. Per gli assediati era una boccata d'aria.

Luglio trascorse senza eventi di rilievo. Il 7 agosto il castello di San Michele stava per cadere in preda ai musulmani, ma un raid della cavalleria li bloccò. La solita speranza dell'arrivo dei rinforzi.

Settembre. Ai turchi cominciavano a scarseggiare acqua e viveri; in più, avevano subìto gravi perdite. Ma il peggio doveva ancora arrivare. Il 7 settembre irruppe sulla scena l'attesa flotta spagnola. Almeno in parte. Ma bastava a far retrocedere i turchi a Sant'Elmo. Poi le forze del «grande soccorso» impressero la svolta decisiva. Garcia di Toledo colse il nemico di sorpresa. I musulmani si videro persi, impreparati al confronto con truppe soverchianti. Si precipitarono alle navi, confidando in una fuga dignitosa.

Era la fine. Dopo quattro mesi, grazie alla resistenza e alla strategia dei Cavalieri di Malta, l'impero ottomano subiva una cocente umiliazione. L'ennesimo caso del gigante sconfitto dal pigmeo. Nessuno avrebbe scommesso sui Cavalieri, neanche loro... Invece ce l'avevano fatta, e il loro prestigio tornò alle stelle! Come se la perdita di Rodi ne venisse attenuata.

Ancora oggi si discute sugli effettivi meriti delle forze in gioco. Fu proprio determinante l'arrivo di Don Garcia? Alcuni sono pronti a giurarlo, mentre altri danno per sconfitti i turchi già il 7 settembre. La questione è controversa. Ma è innegabile che la candidatura di Sant'Elmo a postazione strategica si rivelò felice. L'esercito turco dovette concentrarsi sul piccolo forte, sprecando tempo prezioso; nel frattempo, i Cavalieri poterono organizzare la linea difensiva.

Visto in prospettiva, l'assedio di Malta ebbe un significato morale più che militare. Servì a far capire ai cristiani che i turchi non erano invincibili. Ma Malta si poteva riconquistare facilmente, in caso di disfatta... Una storiografia fatta di *se* e *ma* non risulta persuasiva. È innegabile che il mantenimento della presa su Rodi, nel 1480, fu più rilevante. La caduta dell'isola avrebbe aperto ai turchi la via per l'Italia. E comunque, niente da eccepire: i Cavalieri di Malta compirono un lavoro eccellente.

Si può parlare di una dottrina degli Ospedalieri? Talvolta i singoli capitoli, od organizzazioni locali, agivano in virtù di principi peculiari, non condivisi da tutti. Qualche papa deplorò una difformità che non dà adito a generalizzazioni. Anche la frammentazione dell'Ordine nell'Oriente latino e nell'Occidente cristiano generò atteggiamenti differenti a seconda delle circostanze.

Malgrado ciò, si riscontra la continuità di alcuni tratti: la cura dei malati e l'assistenza ai poveri. Ciò legittima il titolo del presente capitolo: l'Ospedale, più propriamente l'ospizio, era il luogo idoneo ai poveri di spirito, per dotarli di una consulenza religiosa, oltreché cura e tutela. Talvolta la funzione spirituale prendeva il sopravvento sul trattamento terapeutico. Man mano che ci si avvicina all'età moderna i Cavalieri possono vantare un certo numero di progressi in campo medico, come nel periodo maltese. L'infermeria era una sezione imprescindibile del convento, a rammentare una vocazione mai sopita, talora subordinata.

L'Ordine aveva la sua gerarchia. Il Maestro, poi chiamato Gran Maestro, ne era al vertice, come per i Templari. Il suo potere era mitigato dalla necessità di consultarsi con il convento prima di qualunque decisione. Inoltre, era obbligato a uniformarsi agli usi e ai costumi dell'Ordine, non potendo emanare disposizioni contrastanti. Tutto questo in teoria. In pratica, molti Maestri andarono fuori dalle righe, assurgendo a figure carismatiche cui si tributava il culto della personalità. L'esempio più evidente riguarda Juan Fernandez de Heredia, Maestro dal 1377 al 1396, accusato di aver abusato della carica a fini di lucro. Anche che un Maestro disponesse di un reddito personale, una misura per impedire che le sue stravaganze influissero sull'economia dell'Ordine, finì per rivelarsi un pericoloso privilegio. Ciò ne alimentava l'individualismo e l'ambizione.

I conventi erano divisi a seconda della collocazione geografica, o della *langue*. Tra quelli più autorevoli nel periodo aureo dell'Ordine, il provenzale, riconducibile alla *languedoc*, quello di Auvergne, nella Francia centro-orientale, e quello di Francia. Di questo predominio si risentirono i capitoli di altre lingue.

Tra le tante figure dell'Ordine, subito dopo il Maestro venivano gli ufficiali principali, il priore del convento, il gran comandante, l'ospedaliero propriamente detto. Il maresciallo provvedeva all'arsenale e alle cavalcature nel periodo medioevale. L'ammiraglio si rivelò determinante nella svolta navale. Ci si serviva spesso di truppe mercenarie, dalle esorbitanti richieste in caso di pericolo. Tra gli altri spicca il tesoriere, incaricato di gestire i fondi delle donazioni o elemosine. C'erano anche delle sorelle, che alloggiavano in case separate.

Questa struttura complessa dava adito a critiche. La presenza di un tesoro non contrastava con il voto di povertà? Le obiezioni nei confronti dei Templari colpirono gli Ospedalieri, ancorché con minore veemenza. Dopotutto non si poteva indulgere all'idealismo, e la prosperità economica era indispensabile per la sussistenza dell'Ordine.

Restava in piedi l'imputazione del peccato di avarizia, in quanto i Cavalieri si prodigavano infaticabilmente per rimpinguare le loro casse. I membri a tempo pieno avevano formulato i tre voti monastici: povertà personale, castità e ubbidienza al Maestro. L'etica vincolava tutti, laici e religiosi, con i primi in maggioranza. Ma la si violava spesso, come accadde ai Templari. La *Regola* di Raimondo di Puy permetteva di esigere soltanto pane, acqua e abiti modesti. Non se ne tenne conto, tranne che all'esordio. Uno storico affermò: «Lo spirito dell'Ordine pose sempre una maggiore enfasi sulla carità, piuttosto che sull'austerità».[13] Considerare i poveri come propri signori e padroni... Anche qui, ci furono incongruenze.

In seno all'Ordine, la categoria più rilevante era quella dei «fratelli cavalieri». Questi si dividevano in cavalieri e sergenti. Fu lo Statuto di Margat, compilato nel 1206, a introdurre la distinzione. Un cavaliere combatteva con la lancia o la spada. Aveva un'armatura e un elmetto. Si guadagnava il suo *status* sul campo, grazie a imprese meritorie. Erano i princìpi dell'etica cavalleresca del Medioevo. L'Ordine li condivideva in generale, aggiungendovi la funzione monastica. Certo, un Cavaliere di San Giovanni non partecipava a tornei né si batteva per una dama, bensì per il Cristo. Talora si disattese l'impegno della guerra santa, e gli Ospedalieri lottarono contro altri Ordini o altri cristiani; in tali casi, seguivano il proprio tornaconto. Una critica da estendere ai Templari.

Si verificava un conflitto psicologico. Da un lato, il Cavaliere acquistava fiducia in sé trionfando sul nemico, per poi inorgoglirsene e compiacersene. Dall'altro, in quanto monaco doveva essere umile e sottomesso. Niente da stupirsi che ne fosse disorientato, in preda a crisi di identità irresolubili. Si pretendeva dai monaci guerrieri una sorta di schizofrenia, o di scissione, che non sempre poté essere lucida. Templari e Ospedalieri vi furono considerevolmente esposti.

Anche dal punto di vista sociale si generarono incongruenze. Nel XIV secolo, un cavaliere faceva parte della nobiltà. Ciò segnò la conversione dell'Ordine dell'Ospedale a Ordine nobiliare, qualità che mantiene tuttora. Non si era più in sintonia con la povertà degli esordi.

Anche i «fratelli sergenti» erano votati al combattimento, ma con una dotazione inferiore a quella dei Cavalieri, o fungevano da semplici servitori, in qualità di artigiani, falegnami, fabbri o pastori. Nel primo caso, condividevano la stessa uniforme dei Cavalieri: sul campo di battaglia, mantello rosso con la croce bianca. Nei conventi, gli Ospedalieri indossavano un mantello nero con la croce bianca. Queste disposizioni furono adottate nel 1278. Gli Ospedalieri si regolavano diversamente dai Templari, dove la divisione gerarchica imponeva uniformi differenti.

Tra loro e i Templari, al di là delle affinità, sussistono profonde differenze. Innanzitutto, il ruolo era diverso: i Templari, quasi sin dall'inizio, assurgono al rango di guerrieri; gli Ospedalieri esordiscono come assistenti sociali, e solo dopo un certo periodo si fanno Cavalieri. Rispetto ai Templari, la loro funzione religiosa si contamina di più con la laicità. I contorni delle due sfere sono più sfumati. Per questo i Cavalieri poterono dichiararsi non appartenenti al clero, e persuaderne i francesi che volevano confiscarne le proprietà durante la Rivoluzione.

Si consideri anche il diverso rapporto dei due gruppi con l'Oriente. Nei modi e nello stile, nonché nella strategia, i Templari sembrano subire l'influsso dei musulmani. Gli Ospedalieri restano occidentali, e si attengono ai princìpi della guerra santa, che cercano di replicare in tutti i modi. Sino al XVII secolo, nella veste di Cavalieri di Malta, continuano a credere che un principe cristiano possa incaricarsi di una crociata contro gli infedeli!

Entrambi i gruppi impostano in maniera simile il complesso rapporto tra individuo e comunità. Predicano la formazione dello spirito collettivo, ma poi alimentano il carisma dei Maestri. Difficile precisare in quale Ordine questi ultimi abusassero di più dei loro poteri. Si potrebbe dire tra gli Ospedalieri, pensando a tante figure corrotte della loro storia. Ma occorre insistere sul più forte senso di democrazia che aleggia al loro interno. Le decisioni del Maestro sono sempre in attesa di ratifica da parte del convento. Alcune misure sono volte a contenere i soprusi o le ambizioni individuali.

La critica sociologica sottopone a una raffica di interrogativi lo stile di vita e le scelte dei monaci guerrieri. Perché si dovrebbe diventare Ospedalieri o Templari? La sua risposta è cruda, grossolana: perché un rampollo dello strato inferiore della classe dei Cavalieri, qualora dotato, ha modo di farvi una rapida carriera, mentre i tradizionali ordini monastici o cavallereschi gli sono preclusi. Vuoi per mancanza di fondi, della «tassa di accesso» o dotazione necessaria, vuoi perché non si è primogeniti, e così via. Inoltre, la mancanza di cultura è tutt'altro che deleteria per il reclutamento negli Ordini guerrieri.[14]

Gli Ospedalieri, come la maggior parte dei Templari, ignorano il latino, né sono alfabetizzati a dovere. Nessun problema! Tra le loro file è determinante il duro addestramento cavalleresco, la pratica del combattimento. Nessuno chiederà a un Ospedaliero di tradurre la Bibbia, o di sottoporne i passi a una meticolosa esegesi.

Il quadro si modificherà nello sviluppo dell'Ordine. Mancano teologi di rilievo nel Medioevo, salvo rare, ancorché significative, eccezioni. Ma poi ci saranno grandi storici, studiosi dell'Ordine stesso, avvocati e medici. Migliora il grado di educazione umanistica o scientifica, e alla classe dei cavalieri si richiede un più elevato *standard* culturale. Ma non si può certo dire che gli Ospedalieri brillino per la loro cultura. La stessa accusa, rivolta ai Templari, sarebbe meno fondata.

La storia militare dell'Ordine, dopo l'assedio di Malta, declina. Difficile stare al passo, e mantenere la reputazione cavalleresca di stampo medioevale nello sviluppo dell'età moderna. Il periodo maltese testimonia di molte scorrerie e incursioni ai danni dei musulmani, non sempre vantaggiose. E di aspri conflitti con Venezia, giustamente irritata dalla sfrontatezza dei pirati maltesi. I corsari sono legittimati dalla guerra santa? Ciò, al minimo, offre spazio a obiezioni. Non è un pretesto? La giustificazione dei Cavalieri non appare persuasiva: che la politica di Venezia ledesse gli interessi della cristianità. I corsari avallati da Malta combattevano i cristiani alleati dei turchi... Non è forse una posizione discutibile, per un Ordine incaricatosi della difesa della fede? Oltre a suonare ipocrita: gli stessi Cavalieri non esitarono ad allearsi, all'occasione, con i musulmani.

Si pensi al risentimento dei maltesi. L'arrivo dei Cavalieri era parso provvidenziale, per mitigare le pretese della nobiltà locale. Ma poi loro stessi si presentarono come nobili, o potenti. Nel XVIII secolo, il Gran Maestro Pinto da Fonseca si atteggiava a sovrano di uno Stato indipendente, non distanziandosi dai monarchi cristiani dell'epoca.

Il declino, favorito dallo spirito del tempo, non tardò a sopraggiungere. All'accensione dei fuochi della Rivoluzione Francese, l'ideale ospedaliero della guerra santa apparve anacronistico e reazionario. Non c'era spazio per l'ardore delle crociate.

Durante il sequestro dei beni della Chiesa, i Cavalieri replicarono sdegnati ai rivoluzionari che non appartenevano al clero e quindi non potevano essere colpiti dal provvedimento. Che strano! L'identità religiosa, chiamata in causa nel periodo aureo, diviene un fardello imbarazzante.

Infine, il colpo di grazia. Napoleone volle impadronirsi dell'isola, e Malta dovette rinunciare alla sua splendida autonomia. Il Gran Maestro e i Cavalieri partirono nel 1798, separandosi dal passato: l'archivio e il tesoro restavano a disposizione degli invasori. Gli fu consentito di portar con sé alcune reliquie, che troveranno spazio sulla nave ammiraglia *L'Orient*. Sarà affondata dalla flotta inglese, trascinando con sé il prezioso carico. Un evento funesto in cui molti vedono un segno del tramonto dell'Ordine.

La sua prosecuzione, dall'800 a oggi, non riveste alcun significato militare, quindi alcuna rilevanza per questa trattazione. Si individuano alcuni elementi di continuità: la vocazione cattolico-romana, cui mai si abdicò, malgrado alcuni capitoli protestanti; la dipendenza diretta dal papato, anziché dall'autorità secolare. Oggi i membri dell'Ordine appartengono a una classe sociale piuttosto elevata.[15] Si invalida il rapporto tra il servo e il padrone, vagheggiato nella cristianità medioevale. Dove il servo è il Cavaliere, mentre il padrone dovrebbe essere il povero. Decisiva, e scontata, la rinuncia alla funzione militare: la gloria delle imprese belliche è residuo del passato.

Se ne discuterà, allora, la spiritualità. Raggiunsero l'illuminazione o l'autorealizzazione i Cavalieri di San Giovanni? Si dedicarono al perfezionamento di sé, come qualcuno pretende? La spiritualità. Non la si potrebbe mettere in questione, poiché i sovrani cristiani, nel corso dei 900 anni circa di storia dell'Ordine, furono assai munifici in elargizioni. Ciò non sarebbe avvenuto, in mancanza dell'effettivo valore spirituale dei suoi membri. È un'ipotesi sostenibile?

La reputazione degli Ospedalieri fu compromessa da vari scandali. Ma suore incinta, stupratori o frequentatori di prostitute possono trovarsi in ogni Ordine; di solito, sono casi eccezionali. Può essere indizio di alta spiritualità la venerazione dei santi o delle loro reliquie? Forse. Tuttavia, se è vero che queste abbandonano i possessori immeritevoli, va preso atto della loro dispersione in mare per l'affondamento della nave che le trasportò da Malta. Una mentalità illuminista non terrà conto dell'episodio, scartandolo come irrilevante.

Se proprio ci si interroga sui meriti spirituali si tornerà a dibattere l'impegno militare dell'Ordine, l'unico sulla cui disamina non si indulge al moralismo. I bilanci, si sa, sono sempre ardui. Tuttavia, è innegabile che i Cavalieri di San Giovanni ritardarono la caduta degli Stati crociati nell'Oriente latino. E che furono altrettanto abili nel mitigare il controllo navale dei musulmani nelle aree d'azione successive, Rodi e Malta. D'altra parte, l'avanzata islamica non fu arrestata da loro, bensì da un diverso equilibrio politico, secondo cui la Turchia assurse al rango di interlocutrice delle grandi potenze europee. La guerra santa dovette essere rinfocolata, perché apparisse plausibile nell'età moderna. Molti sovrani in Europa non la tenevano più in conto, non fosse stato per i Cavalieri.

«Al servizio dei poveri e dei malati»: un programma che doveva mantenersi immutabile. Ma le cause militari, è noto, cambiano destinazione. I Templari perirono nel pieno della loro attività bellica. Gli Ospedalieri sopravvissero loro di oltre sei secoli circa. Tanta longevità poté nuocere a un Ordine che, per forza di cose, finì per rinunciare all'ideale guerriero. Un altro esempio di incompatibilità tra lotta e religione? I Cavalieri rincorsero un ideale, la guerra santa, a rischio di estinzione. Li si dirà, per questo, degli illusi? Rinunciarono all'identità bellica, pur potendo preservarla. Restano le loro imprese, indipendentemente dal giudizio che se ne può dare. Rispetto ai Templari, sembrarono combattenti più riflessivi e meno irruenti. Ciò non ne tradiva, però, una più profonda ideologia. Il maggior successo militare non parve il corrispettivo di una spiritualità più ardente. Ma i poveri di spirito attendevano assistenza, e loro la fornirono, con o senza le armi in pugno.

III

La Germania al servizio della Croce

«Gott mit uns!»
Grido di battaglia dei Cavalieri Teutonici

Incedere sul ghiaccio, tra la neve. Un Cavaliere Teutonico sa che dovrà spingersi nel cuore della zona selvaggia. Come uno *stalker*, per guidare gli altri sulle sue tracce: un apripista senza esitazioni. Incontrerà i pagani, e dovrà domarli con la forza delle armi. «Domarli» non è esatto; li converte, benché ciò suoni improprio. Solo una accentuata convinzione nella bontà della sua causa, supportata dalla Bibbia e dalla tradizione ossessiva e germanica lo istiga a proseguire.

Si troverà più a suo agio tra i boschi congelati d'Europa che alla calura intollerabile della Terrasanta, foriera di morbi micidiali. La morte non smette di pedinarlo, ma nella *Wildnisse* egli confida di non perdersi. Avanzerà sino a un certo punto, timoroso dell'ignoto. Intuisce che la cadenza delle sue mosse è dettata da una devozione incrollabile per la Madonna. L'unica donna cui si vota, l'unica che amerà profondamente e a cui gli è permesso di accostarsi, di pensare. Dovrà conciliare esigenze diverse, e come potrebbe non risentirne il suo equilibrio? Si manterrà immacolato, casto, nel corpo e nella mente?

Intanto avanza nel freddo, senza intravedere accampamenti. Continua ad avanzare... In attesa di un'immagine sacra che, ancorché allucinatoria, orienti il suo cammino, perdonandogli le occasionali scivolate e le soste di stanchezza. Improvvide, in un paesaggio desolato e scoraggiante.

Un cavaliere cristiano si impegna a combattere, non a predicare il Vangelo. Soggioga i pagani per convertirli. Altri provvederanno a istruirli nella dottrina. Questi princìpi ispirarono l'Ordine dell'Ospedale di Santa Maria dei Tedeschi a Gerusalemme. All'inizio, non si distingueva dai Templari o dagli Ospedalieri, da cui traeva ispirazione. Anche i suoi adepti si incaricarono di soccorrere i missionari in Terrasanta, di proteggerli. Dall'assistenzialismo alla vocazione militare, come per gli altri due Ordini. Anche qui è relativizzato, disatteso, l'ammonimento di Gesù a Pietro per aver sguainato la spada. Nell'epoca di lotte, il Medioevo cavalleresco, un monaco imbraccia le armi e combatte per la religione. Gli spetta un duplice compito, spirituale e bellico. Come al solito. La crociata assurge a mandato interminabile. Egli si incarica di ravvivarlo, appena le ostilità sembrino languire. E può persino distogliersi dalla Terrasanta, qualora gli infedeli deponessero le armi o non si riesca più a combatterli. Si spingerà nell'Europa orientale, dove il paganesimo attecchisce ancora. Le crociate, è noto?, avvennero anche in quelle zone; l'indulgenza papale non fu mai negata. I seguaci dell'Ordine sono celebri con un altro nome, più inquietante: «Cavalieri Teutonici».

Gli esordi della loro storia sono avvolti nell'oscurità, il che dà adito al mito, alla leggenda. Chi ipotizzi un'origine nobile dell'Ordine non può essere smentito. La realtà però, come sempre, è più cruda. Si debutta dal nazionalismo, dai disagi dei soldati tedeschi in Terrasanta; non avvezzi al clima, al cibo, persino all'acqua di Gerusalemme. Che si trascinano disperati contro un nemico che non sanno combattere, poiché si avvale di strategie inusitate, di cavalli leggeri, in un contesto estraneo e inintelligibile. Certi militi non sanno neppure seppellire i morti, e li gettano nei fossati, scenario di battaglie, ma i cadaveri diffondono i germi di nuove malattie. Quasi fossero incolleriti per aver sospeso la lotta anzitempo!

Gerusalemme: dove ogni nazione sembra preoccuparsi dei suoi cari, per trascurare gli altri. La crociata, fino a che punto era un'impresa internazionale? Gli Ospedalieri vanno dietro ai francesi e agli inglesi, membri dell'Ordine, ma dei tedeschi sembra che non si curi nessuno. Per i Cavalieri Teutonici, il nazionalismo attecchisce persino quando non hanno ancora una denominazione. Sono guerrieri allo sbando, malati e disorientati; trascurati?

Un ospedale di recente istituzione accoglierà solo loro. La loro vocazione differisce da altri Ordini, «internazionalistici». Poi si chiederà al papa la legittimazione; né Celestino III la negherà, poiché le esigenze del momento rendono necessario un altro Ordine. La quantità di Templari e Ospedalieri in Terrasanta risulta insufficiente. Perdipiù, i due gruppi polemizzano tra loro. Lo spazio disponibile sarà riempito da un'istituzione neonata, di cui si tramandano le regole.

«Consuetudini», era questa la parola. I Teutonici allestiscono un codice, rigorosamente nella loro lingua. Prescrizioni semplici, chiare e brevi, per memorizzarle meglio. Il solito voto di castità, povertà e ubbidienza, secondo l'abitudine monastica. Poi la definizione dei compiti; l'aspetto militare assurge presto a fulcro. Si indica la funzione assistenziale; un proforma, o che? La adempiranno, ma talora passerà in secondo piano.

L'abito è essenziale negli Ordini guerrieri. I Cavalieri ne indossano uno dal colore ecclesiastico – nessun dubbio, quindi –, coprendolo con un mantello bianco dalla croce nera. Li si chiamerà anche, con scarsa immaginazione, Cavalieri della Croce.[1] Qualcuno si chiede il motivo dell'altra denominazione, Cavalieri Teutonici, prevalentemente usata nei Paesi di lingua inglese. Una domanda retorica, banale?

Loro vivranno nel mondo, non nel chiostro, o meglio *più che* nel chiostro. Come i Francescani, ma in senso diverso. Sono cavalieri, disponendo dell'attrezzatura e dell'equipaggiamento bellico. Hanno a disposizione scudieri e personale di servizio, dieci servi per ciascuno! Gli scudieri se ne differenziano anche per l'uniforme: un mantello grigio, opaco. Ai Cavalieri si chiede che agiscano come i loro corrispettivi laici, con le debite differenze. Praticheranno la caccia per necessità e non come passatempo; si asterranno dalle donne. Cavalieri, ma singolari! Non è detto che si attengano al divieto. Dovrebbero evitare gli incontri misti, le riunioni tra i sessi: le donne giovani sono tabù. Non possono neppure rivolgere loro la parola, né abbracciare la madre o le sorelle. Come ci rammenta Freud, il divieto nasce da un forte desiderio, una irrefrenabile inclinazione pulsionale. Altrimenti, non ha ragione di essere.

Scorrendo la storia dei Teutonici, si scorgono modelli di virtù che rasentano il parossismo. Come Conrad von Jungingen (?), il Gran Maestro che nel 1407, prossimo alla morte, rifiutò l'unica cura naturale che, secondo la medicina dell'epoca, poteva salvarlo dagli spasmi del calcolo biliare: il rapporto eterosessuale.[2]

O Berchtold Bruhave, il comandante di Königsberg, che, verso la fine del XIII secolo, scelse di sottoporsi a un severo *test* di ammissione all'Ordine di propria invenzione. Scelse la ragazza più bella della città, e le dormì accanto per un anno per vagliare la propria resistenza alla lussuria. Dopodiché, capì di poter rispettare il voto di castità richiesto.[3]

Gli altri Cavalieri Teutonici si aiutarono come potevano: con pesanti e tormentose cotte di ferro poste a contatto con la pelle per inibire gli appetiti sensuali. La flagellazione della carne era pratica tipica. Non tutti, però, si adeguarono alle regole. Ne sanno qualcosa i soldati polacchi che si scontrarono con loro tra il 1329 e il 1332: riferirono di un numero di stupri persino superiore a quello dei barbari prussiani! I Cavalieri spingevano le donne nelle loro tende come bestie da macello. Ora, gli storici faziosi possono anche esagerare, ma...

Le punizioni erano severe. Queste le trasgressioni inammissibili: fuggire davanti al nemico, passare dalla parte degli infedeli, e la sodomia. Ma per le prime due ci si limitava all'espulsione, mentre la terza era punita con la morte o l'ergastolo. Anche qui, secondo il motto freudiano, doveva celarsi una forte inclinazione alla pratica interdetta.

I Cavalieri Teutonici sottoponevano il candidato a una serie di domande rituali. Gli chiedevano se non fosse già impegnato con un altro Ordine, con una donna, o in servitù; se non avesse debiti da estinguere che potessero gravare sull'Ordine, e se fosse in buona salute. Una serie di risposte negative gli permetteva di accedere alla seconda fase. La prima era comune ai Templari.

«Sei pronto a combattere in Palestina? O altrove? A curare gli ammalati? A esercitare le tue abilità secondo gli ordini che ti si impartiranno? A ubbidire alle Regole?». Una serie di risposte affermative determinavano l'ammissione. Da quel momento in avanti, l'adepto avrebbe svolto un duplice ruolo con lo stesso impegno: monastico e guerriero.

Il *Corpus* delle prescrizioni era assai articolato. Ci si richiamava alla *Regola*, approvata prima del 1245, alle *Istituzioni* e alle *Consuetudini maggiori*, d'ispirazione mista: Templari, Ospedalieri e Ordini minori fornivano lo spunto. La liturgia, cui si doveva partecipare in battaglia e in convento, derivava dai Domenicani.

La recluta pronunciava il giuramento solenne, con cui entrava nell'istituzione:

> Prometto di mantenere casto il mio corpo, di essere povero e ubbidiente verso Dio, la Vergine Maria, verso di lei, Maestro dell'Ordine Teutonico, e verso i suoi successori, secondo le prescrizioni e la regola dell'Ordine: ubbidiente sino alla morte.[4]

Lo stile di vita era frugale, «monastico». Molti i giorni di digiuno e di astensione dalla carne. Questa la dieta: uova, latte, pappa d'avena e acqua. Scarsi i possedimenti personali: due camicie, un paio di calzoni, due coppie di stivali, la tunica, una coperta, un sacco a pelo, un breviario e un coltello. Il resto, le armi, ecc., apparteneva al convento. Povertà francescana.

Ciò malgrado, erano proverbiali le bevute e le sbornie. Uno stereotipo le correla a una tradizione nazionale.

Nell'Ordine si distinguevano tre categorie: i cavalieri propriamente detti, i sacerdoti e i sergenti; questi ultimi, come in altri Ordini guerrieri, anche in qualità di servitori. C'erano delle sorelle o infermiere.

La funzione del Gran Maestro (*Hochmeister*) era simile a quella delle figure analoghe nei Templari o negli Ospedalieri. Come in questi ultimi, la decisione era collegiale. Il Gran Maestro non aveva pieni poteri, e doveva consultarsi con i suoi ufficiali, e spesso con il grande capitolo, cioè l'assemblea dei membri.[5]

Per certi versi, era un'impostazione democratica. Ma l'Ordine manteneva una evidente vocazione aristocratica: l'origine altolocata era quasi indispensabile per fare carriera. I nobili potevano utilizzare le proprie parentele per procurare all'istituzione vantaggi e privilegi. Ciò malgrado, sino a un certo punto i Cavalieri Teutonici di origine blasonata erano pochi. La nobiltà definiva un ideale, che rafforzava la credibilità e la reputazione dell'Ordine.

Difficili, le generalizzazioni. Alcuni Gran Maestri provenivano da famiglie di *ministeriales*, dedite a incarichi amministrativi per conto di un signore. Altri erano figli di proprietari terrieri, di origine cavalleresca o borghese. Solo dal 1340 si insistette sulla qualifica di *Wolgeboren* per ogni candidato. Il termine, alla lettera «nato bene», si riferisce all'estrazione aristocratica. Nessuno dei Cavalieri Teutonici poteva dirsi d'origine contadina. Quasi tutti, a partire da questo periodo, erano tedeschi. Si ribadiva la componente nazionalistica dell'Ordine.

E la figura del tesoriere? Anche qui, come per i Templari e gli Ospedalieri, si arrivò a giustificare il possesso di ingenti beni per soddisfare le esigenze dell'istituzione, il suo mantenimento e le campagne militari. Come se la povertà, alla lunga, apparisse un fardello! Ma il tenore di vita dei Cavalieri Teutonici restava spartano. Anche il mantello di pelliccia, necessario ai climi severi, era a buon mercato, tutt'altro che lussuoso: di pelle di capra, o di pecora.[6]

Il commercio non era scoraggiato, qualora esercitato per il benessere del monastero. Una indicazione innovativa, in contrasto con lo spirito dell'epoca.

Ogni attività si espletava in silenzio: nel chiostro, e durante la marcia. Negli ospizi od ospedali si provvedeva al malato come era d'uso nei primi Ospedalieri: offrendogli il ricavato dell'elemosina, dandogli asilo o con messe di suffragio. I Cavalieri Teutonici non professavano la medicina.

Man mano che ci si discosta dal Medioevo, la severità di norme e restrizioni tende a diluirsi. All'inizio, il Maresciallo incitava i suoi uomini con un bastone sul campo di battaglia!

C'è un libro fondamentale per capire la dottrina dei Cavalieri Teutonici: la Bibbia, loro fonte di ispirazione. La leggevano a ogni pasto, prendendo spunto dai brani militaristi. Molti poterono identificarsi in Giosuè, il *leader* che arringava la sua gente, ma sembrava rivolgersi a loro: «Preparate dei viveri, perché in capo a tre giorni varcherete il Giordano per andare a conquistare il Paese che l'Eterno, il vostro Dio, vi dona perché lo possediate» (*Giosuè* 1,11). Giosuè, che si accinge a espandere il dominio di Israele, legittimato dalla guerra santa e dal favore di Dio. E l'Eterno gli dice: «Vedi, io ti consegno Gerico, il suo re, i suoi prodi guerrieri» (*ibid.* 6,2). E ancora: «Prendi con te la popolazione bellica, e insorgi contro Ai. Guarda, io ti consegno il re di Ai, la sua gente, la sua città e il suo paese» (*ibid.* 8,1). Giosuè, che arse Ai riducendola a un mucchio di rovine, in ossequio alla volontà di Dio. Giosuè, che appende a un albero il re e ve lo lascia sino al tramonto, per poi gettarne il cadavere alle porte di Ai, dove sarà tumulato. Le gesta dei Cavalieri Teutonici non saranno meno efferate.

Dall'Antico Testamento si recepisce l'idea del martirio, che permette di degradare le più ardue privazioni al rango di futilità. Ma un Cavaliere Teutonico ha occhi anche per il Nuovo Testamento, inebriandosi al culto di Maria e votandosi al Figlio. Ci si richiama a fonti discordanti: l'una incita alla lotta, l'altra ne dispensa. Dopotutto, i Cavalieri Teutonici non erano teologi, o forse sì, ma nello sviluppo della loro storia: un anonimo monaco di Francoforte, nel XV secolo, compilò la *Theologia Germanica*, indebitandosi con le dottrine e il nazionalismo dell'Ordine.

Lo storico non si presta alla trivialità della generalizzazione: non si sente di assolvere, né di condannare i Cavalieri Teutonici. Né santi, né criminali, dunque. È vero che alcuni delinquenti trovarono riparo nell'Ordine per i loro reati, ma... «Dalle loro azioni, li giudicherete!». Un assunto biblico da tenere in conto, che rende necessaria l'esposizione della loro vicenda umana. Non esistono ideologie innocenti, è la strumentalizzazione a trascinarle, tra il merito e il demerito, dinanzi al tribunale della storia.

Il nazionalismo dei Cavalieri li situa in una posizione a sé, rispetto ai Templari e agli Ospedalieri. Non erano né migliori né peggiori di loro, ma questa qualità ne indica la vocazione aggiuntiva, oltre a quelle usuali per lo spirito e le armi; quasi i seguaci dell'Ordine auspicassero la necessità di una terza componente, etnica.

Qualcuno, inopinatamente, li assimila ai membri di un moderno *team* di atleti. Al pari di questi, i Teutonici si dedicarono alla forma fisica, a una causa, agli eccessi della festa e a uno *humour* terreno. Una visione americana, pregiudiziale, riduce un fenomeno remoto ai propri parametri, sovrapponendogli uno spirito alieno.

Dei tre Maestri d'esordio sappiamo solo i nomi. Un piccolo dominio a nord di Acri è ceduto ai Cavalieri Teutonici nel 1200: ne ricaveranno un ospedale. Poi la nebbia si dirada, per lasciar trasparire la figura del primo maestro di rilievo, Hermann von Salza. Proviene da una famiglia di *ministeriales*, niente affatto nobili. Non poteva farsi strada come cavaliere: entrerà nell'Ordine guerriero che aveva bisogno di lui. Compie la scelta adatta: l'ambiente è circoscritto, più angusto di quello dei Templari e degli Ospedalieri; gli si offrono maggiori possibilità di carriera. Hermann è eletto Gran Maestro nel 1210. Milita nelle file crociate contro l'Egitto nel 1217. La maggior parte dei militi proviene dagli Ordini guerrieri, e la Germania dà alla spedizione un notevole contributo. Da qui, il ruolo di spicco di Hermann, che gli permetterà di affiancarsi ai Maestri del Tempio e dell'Ospedale. Non mancherà di approfittare della situazione per raccogliere donazioni e accrescere la popolarità dei Cavalieri Teutonici.

In seguito, la disgrazia: l'esercito crociato viene sconfitto, e Hermann si trascina nella polvere. È catturato, poi riscattato: i Cavalieri non possono lasciarselo sfuggire! Ne trarrà un monito: non bisogna concentrare tutte le risorse crociate in Terrasanta. È un terreno elusivo, e può frustrare le più brillanti speranze di vittoria.

Hermann diviene amico di Federico II. Gli starà accanto, pronto a consigliarlo nei frangenti critici. Nessuno gli sarà mai altrettanto intimo. Una relazione nel segno della germanità, non priva di complicazioni. Alla scomunica di Federico, pure Hermann, come i Maestri degli Ordini guerrieri, appare disorientato, in conflitto con se stesso. Ma sarà uno dei pochi a mantenersi fedele all'imperatore. Quello non lo dimenticherà, e terrà in palmo di mano i Cavalieri Teutonici.

In Terrasanta, la situazione precipita. I tedeschi ne risentono più degli altri crociati: questione di clima. Restano ad Acri, ma l'atmosfera della città è intollerabile: il caldo-umido smorza l'entusiasmo di chi è assuefatto ai venti gelidi della *Mitteleuropa*. I castelli rimangono isolati per la sapiente strategia dei musulmani. È difficile mantenere la presa in certe zone, e a poco a poco i Cavalieri si ritirano; di fatto, ciò avverrà nel 1309. Nel frattempo il Baltico sarà teatro di nuove crociate, ben più promettenti.

In retrospettiva, queste le date principali della fase d'esordio. Nel 1127 è fondato l'Ospedale di Santa Maria di Gerusalemme; secondo altri, nel 1118. Nel 1190 si erige un ospedale da campo durante l'assedio di Acri. Nel 1198 si decide di istituire l'Ordine, il cui primo Gran Maestro è l'oscuro Heinrich Walpot. Nel 1210 una campagna in Cilicia si rivela un disastro, e vi perisce il terzo Gran Maestro Heinrich Bart, con la maggior parte dei seguaci. I Cavalieri, in questo periodo, non sono più di venti. Dall'intervento di Hermann von Salza il resto è storia nota.

La grande occasione si presentò in Transilvania. Hermann è convocato da Andrea, il re d'Ungheria, per dirimere un'annosa questione. Le frontiere dello Stato erano minacciate dalle continue incursioni dei cumani, pagani e «barbari». L'intervento dei Cavalieri Teutonici avrebbe avuto una connotazione religiosa. Il re fu elargitivo, e concesse loro l'immunità fiscale e il possesso delle zone conquistate. Hermann non se lo fece ripetere, e allestì un nutrito contingente. La regione, detta delle «Sette Fortezze» (*Siebenbürgen*), era ancora selvaggia, e i Teutonici vi eressero palizzate e fortificazioni d'emergenza. L'impatto con i cumani si rivelò favorevole: si riusciva a rintuzzarli facilmente, infliggendo loro tremende batoste. Dopotutto, non erano così temibili!

Ma questo lo si pensò anche in Ungheria, e alcuni nobili cominciarono a contestare l'Ordine. Anche perché i Cavalieri Teutonici non si limitavano alla linea difensiva, ma aggredivano i cumani per espugnare nuovi territori. Intorno al 1220, disponevano di cinque castelli. Se ne dedusse che, bramosi di potere, avevano oltrepassato il limite.

Gli aristocratici ungheresi pensavano di poter fare a meno di loro, e premettero sul re affinché li esonerasse dall'impresa. Anche il clero si schierò tra i detrattori, poiché i Cavalieri Teutonici calpestavano i diritti dei vescovi locali.

Dapprima re Andrea si rifiutò di assecondare le richieste, ma una mossa sbagliata dei Cavalieri, con un'improvvida petizione al papato, li fece cadere in disgrazia. Gli fu mandato contro un reparto militare, e li si espulse dalla Transilvania. I cumani si ripresero presto, mostrando i denti. Dopo quest'esperienza il re non ricorse ad altri Ordini guerrieri.

Ma la vicenda era ugualmente istruttiva. L'Ordine prosperava solo attraverso le crociate, ma perché limitarle alla Terrasanta? Dalla Germania piovevano donazioni ed elargizioni. I Cavalieri Teutonici dovevano approfittarne, lasciando capire ai loro simpatizzanti di essere pronti a combattere i pagani per convertirli. Questi, poi, abitavano regioni non tedesche d'Europa! Non va sottovalutata la componente nazionalistica del progetto. Le altre potenze sarebbero forse state ostili, ma l'appoggio dei tedeschi era garantito: così pensò Hermann. L'opera di Giosuè tornava attuale.

L'esempio della Transilvania, malgrado il fallimento, rivelava una antica vocazione germanica? Come alcuni storici ritengono, soddisfaceva una brama ancestrale di profitto e l'ossessiva pretesa di domìni sempre nuovi.[7] Ora erano i Cavalieri Teutonici a incarnare certe qualità, tentando di conciliarle con la fede. Ma l'intento originario si manteneva «puro»: diffondere il cristianesimo attraverso l'espansione della Germania, anziché l'inverso.[8] Per quanto tempo, però, non è lecito sapere.

Le mire di Hermann von Salza si spostarono su una popolazione della costa tra la Vistula (?) e il Niemen. Di una etnìa differente dai polacchi o dai russi, non era germanica né slava. La sua lingua si avvicinava al lituano. I suoi membri si chiamavano *prusiskai* («prussiani»). Prendevano le distanze dall'area più ampia della cultura europea. Né sposavano il feudalesimo, nelle sue svariate forme. Se ne stavano isolati, appartati, senza dar prova di una forte compattezza. Ciascuno dei loro undici distretti rappresentava una tribù. Per attaccarli occorreva un pretesto, e lo forniva la religione: ma certo, erano *pagani*!

Uno storico dell'Ordine, Peter von Dusburg, ne descrive gli aspetti dottrinali. «I prussiani non hanno alcuna cognizione di Dio», e ciò gli appare inconcepibile. «Il sole, la luna, le stelle, il tuono, gli uccelli, persino animali come le rane, tutto insomma, dalle foreste ai campi, alle acque, per loro è sacro». Si sospetta un culto animistico o di venerazione della natura, di stampo celtico o scandinavo.

Ma esiste anche una guida spirituale, che per lo storico somiglia a un papa: un certo Criwe, custode del fuoco sacro. Forse era solo uno sciamano più potente di altri. Dusburg ne è affascinato, poiché può intenderne il ruolo; beninteso, dopo averlo assimilato a qualcosa di già noto.

I prussiani credono nella vita dopo la morte, «ma non secondo la giusta concezione». Inclinano alla reincarnazione, prendendola alla lettera: si torna a essere ciò che si è già stati. Il ricco rinasce ricco, e così via.

Ciò che lo storico cattolico non accetta è il rito della sepoltura. Come gli egizi, i prussiani seppelliscono insieme al morto i suoi averi, perché siano usati nell'altra vita. Si celebra la cerimonia della cremazione. Un guerriero non viene separato dalla sua cavalcatura: il fuoco arde entrambi. Anche quando i prussiani si saranno «convertiti», si tenterà di vagliarne la profondità della fede constatando se indulgano ancora a certi riti.

In questa religione c'è spazio anche per le divinità di natura personale, o superuomini come Perkunas, patrono della guerra. Niente da stupirsi: i guerrieri rappresentavano la nobiltà o la classe dominante prussiana, che viveva di caccia, saccheggi e schiavismo.

Sembra che i prussiani praticassero anche sacrifici umani, e costringessero le vedove a impiccarsi; una mentalità non dissimile dal *sati*, il rogo indiano delle donne. Neanche il disprezzo per gli anziani, i ciechi e i malati, tutti destinati al massacro, deponeva in loro favore. Ce n'era abbastanza per gettare in discredito questo popolo, e avanzare la pretesa di una crociata per dotarlo della vera religione.

Conrad von Landsberg guida la prima compagine dei Teutonici in Prussia, che annovera soltanto sette Cavalieri. Esteriormente non li si distingue dai guerrieri, ma nell'intimo posseggono una peculiarità: sono *anche* monaci.

Conrad penetra in Prussia dal lato meno pericoloso della frontiera. Vi costruisce in breve tempo un castello, dal suggestivo nome di *Vogelsang* («canto d'uccello»). Pare che gli uomini della spedizione si lamentassero delle ferite come cigni al macello, non proprio come usignoli! Una punta di *humour* nero.

Dopodiché, si lascia spazio all'opera di ricognizione. Si tenta di capire gli usi e i costumi, ma anche la tattica militare dei prussiani. Perciò, si dovrà impararne la lingua. I Cavalieri Teutonici si mostrano all'altezza del compito. Qui e altrove, non si esprimeranno con padronanza di linguaggio, fluentemente, ma si districheranno nelle lingue locali, per esempio il lituano, cogliendone sfumature e sottigliezze. Somigliano ai Templari, i quali acquistarono familiarità con l'arabo e altre lingue orientali per negoziare con i musulmani. Ciò depone a sfavore dello stereotipo del guerriero vigoroso ma incolto.

Con l'arrivo dei rinforzi, nel 1230 entra in scena Hermann Balk. Era *Landpfleger*, comandante provinciale. Famoso per una cortesia che rivolgeva soltanto ai cristiani; con pagani o infedeli si mostrava intollerante e spietato.[9] Come i Templari, intuì presto di dover ritorcere contro il nemico le sue stesse armi. Non lesinò imboscate. Diede subito una prova della sua natura, infierendo contro una fortezza adibita a tempio, e impiccandone il signore o sommo sacerdote ai rami di una quercia sacra. L'Ordine lo ritiene un eroe.

Pur avvalendosi di una piccola milizia, Balk riuscì ad atterrire i prussiani. I Cavalieri Teutonici vagavano nei boschi e nelle lande con i loro mantelli bianchi atteggiandosi a fantasmi. Si mimetizzavano tra la neve, da cui sembravano sbucare all'improvviso. Alla strategia della tensione psicologica fece seguito la dimostrazione di forza. Le balestre e gli arieti inculcarono nei nativi un sacro terrore per gli invasori. Avevano sbagliato a sottovalutarli.

Balk era astuto, e congegnò un sapiente gioco di alleanze per affrontare i suoi nemici uno alla volta, ponendo un gruppo contro l'altro e incentivando le conversioni con le donazioni di terreni o la promessa di un ben retribuito ingaggio mercenario.[10]

I Cavalieri Teutonici misero a segno altre imprese e nuove crociate in Prussia. Nel 1233 riportarono una grande vittoria, mietendo un migliaio di vittime. Nel quinquennio successivo si insediarono in un dominio prussiano dando luogo all'*Ordensstaat*, alla lettera: «lo Stato dell'Ordine». Nobili, borghesi e contadini cooperarono per mantenerne la struttura. Nel frattempo Ordini guerrieri minori, quali i Fratelli della Spada e i Cavalieri di Dobrin (Dobrzyn), si fusero con loro.

Come in Terrasanta, i Teutonici potevano garantire una presenza costante nelle zone di lotta. Potevano permetterselo, a differenza dei cavalieri di ventura o dei mercenari di passaggio. Occorreva restare in Prussia sia d'inverno che d'estate, in ogni stagione. Ogni volta che le loro armate si spingevano in nuovi territori, espandevano il raggio di conquista. I primi anni trascorsero senza problemi.

Ma poi Balk e von Salza morirono, lasciando un vuoto incolmabile nell'Ordine. Quasi per coincidenza, scoppiarono le prime insurrezioni. I prussiani non tolleravano il giogo, la violenza degli oppressori. Tentavano di scrollarseli di dosso, ma l'impresa era tutt'altro che facile. La prima rivolta si verificò intorno al 1240, e i prussiani erano coadiuvati da Sventopelk, duca di Pomerelia. Debuttò sotto i migliori auspici, ma i ribelli incontrarono una salda resistenza, e dovettero negoziare la pace, per poi arrendersi.

Una breve parentesi si dovette all'impulso dei samogitiani. Nel 1259, questo popolo pagano combatté per preservare la sua fede e i suoi costumi. I suoi successi incitarono altre etnìe ad affrontare i tedeschi, per sloggiarli dai loro insediamenti. Si trattava di una vera e propria guerra santa su basi religiose. Paganesimo contro cristianesimo: il trionfo militare avrebbe decretato quale religione era nel giusto, cioè autentica. Era la stessa logica ad animare le imprese dei Cavalieri Teutonici. Nel frattempo, essi furono impegnati in Terrasanta, dove ancora infuriava la lotta, e distolsero le loro energie dal Baltico. Furono riportati alla realtà dalla seconda insurrezione, che si protrasse per una quindicina d'anni, dal 1260 al 1275.

Von Dusburg enfatizza lo sforzo dei Cavalieri Teutonici, rievocando una duplice esigenza: «Lavoravano con una mano, e con l'altra combattevano». Erano anni difficili: mancava il pane, né si poteva trascurare l'agricoltura o le occupazioni quotidiane. Altri popoli premevano alla frontiera, creando ulteriori problemi. I sudoviani, guidati dall'intrepido *leader* Scumand, erano guerrieri nati e si sentivano a loro agio nel regno naturale: un intrico di foreste e paludi. Uno stato di lotta continuo.

Mentre si placavano i fuochi della seconda insurrezione, Conrad von Thierberg, Maestro di Prussia, volse le armi contro gli scaloviani, vicini dei samogitiani. Loro si vendicarono della violenza teutonica, ma Conrad, a sua volta, operò una ritorsione, dando prova di una ferocia senza limiti. Uno storico dell'Ordine coglie i passi salienti della campagna: «I Cavalieri abbatterono una quantità imponente di non battezzati, facendoli annegare nel loro stesso sangue. Catturarono uomini e donne, andandoli a stanare dai loro nascondigli. (...) Il capo degli scaloviani, con una enorme armata, si lanciò all'inseguimento dei nostri fratelli. Appena il Maestro lo venne a sapere, schierò un forte manipolo e si nascose in attesa del nemico. Nel corso dell'imboscata i nostri uccisero molti scaloviani, mentre il resto si dava alla fuga».

Nello stesso anno della fine dei tumulti, scoppiò una terza insurrezione. Stavolta Scumand chiese l'aiuto dei lituani. Evidentemente, il dominio dei Cavalieri Teutonici era intollerabile. Riportò un certo numero di successi, tenendo in cattività molti cristiani e procurandosi un ricco bottino di guerra. Alcuni prigionieri furono offerti in sacrificio, mentre le donne erano adibite a concubine. Per la colonizzazione di certe zone c'era un alto prezzo da pagare, e gli invasori dovevano saperlo. Talora entrambi i fronti esibivano le stesse atrocità. Un dato emblematico: alla fine del 1283, la popolazione prussiana risultava di gran lunga ridotta.[11] Si può alludere a un genocidio?

Dopo tanti anni ci si chiese se lo sforzo era legittimo, o ripagato dal successo. Dopotutto molti prussiani, ancorché convertiti, persistevano nelle loro pratiche, la cremazione e la sepoltura di uomini e oggetti o animali. Era faticoso mantenersi *in loco* per garantire la sicurezza di coloni e istituzioni. Ma il bilancio era positivo. Al termine della terza insurrezione, nel 1283, si concluse la crociata in Prussia. Pochi gruppi insistevano a resistere, e ad alcuni si offrirono territori e domìni. Le roccaforti nemiche cedevano. Gli antichi *leader* come Scumand, ormai anziani, deponevano le armi senza vergogna. Gli si perdonava il passato, lasciandoli morire con dignità.

Ma l'area selvaggia, *die grosse Wildnisse*, rimaneva inespugnata. Dalle sue foreste impenetrabili, gli scarsi superstiti lanciavano occhiate intimidatorie ai crociati. Sarebbero rimaste inviolate ancora per qualche tempo, opponendo una barriera all'ulteriore espansione dei Cavalieri Teutonici o dei cristiani.[12]

Una domanda non va elusa: la civiltà prussiana, che i Teutonici si trovarono a conoscere, era inferiore rispetto a quella musulmana? L'antropologia odierna ridimensiona la portata dell'interrogativo. Non esistono civiltà superiori o inferiori; si può invece constatare che una civiltà è spinta a prendere se stessa come parametro di misurazione delle altre. Le esalterà o svaluterà, a seconda dei propri usi e costumi. A prescindere dai sacrifici umani e altri elementi cultuali ancestrali, i riti e la religione prussiana indicano un substrato celtico. Questi «barbari» non sono molto diversi dagli stessi Cavalieri Teutonici, che possono vantare un'ascendenza simile o la fede in credenze analoghe nel passato. La civiltà musulmana, progredita quanto o più della nostra nei secoli delle crociate, si presta a una valutazione più benevola, ma, ancora una volta, solo perché è l'Europa a fungere da metro di confronto. Oggi si preferisce accogliere l'ipotesi di culture *diverse*, accantonando l'eurocentrismo e i pregiudizi. Mancherà sempre una civiltà superiore, la Civiltà, cui paragonare le altre per trovarle lodevoli o deprecabili. Quanto all'aggressività prussiana, talora enfatizzata per mostrare il contrasto con i Cavalieri, non è un argomento probante: permette di vagliare le affinità, più che le differenze, tra un presunto popolo inferiore e uno superiore.

Le crociate in Livonia hanno un significato polivalente, né possono essere ridotte alla mera lotta dei pagani contro i cristiani. I livoni furono molto abili. Capirono che dovevano insistere sull'ostilità interna delle grandi potenze cristiane che miravano ai loro domìni. I russi li detestavano, ma non tenevano in miglior considerazione la Chiesa cattolica. Un conflitto tra cristiani ortodossi e cattolici si delineava all'orizzonte. I livoni ne sarebbero stati tutt'altro che affranti, anzi, avrebbero potuto avvantaggiarsene! E così, veniva meno la vocazione dei Cavalieri Teutonici: combatterono i cristiani senza remore. Questa non fu certo un'opera di conversione, né di proselitismo.

I Cavalieri avevano già conquistato alcune zone della Livonia. Ma il Maestro provinciale (*Landmeister*) era bramoso di potere. L'area di influenza si poteva ampliare, ai danni degli scismatici russi. Nel 1240, una compagine teutonica mosse contro Pskov. Aveva ambizioni più ampie: occupare Novgorod, centro di grande ricchezze, e saccheggiarla. Il conflitto rinfocolava ostilità di antica data su entrambi i fronti.

Novgorod era governata dal principe Alexander Yaroslavovitch, che fu soprannonimato Nevsky dopo il trionfo del fiume Neva. Pskov era stata occupata. Gli abitanti si accorsero di non poter contrastare i Cavalieri Teutonici. Così, chiesero l'aiuto di Nevsky, che non li fece attendere. Nell'autunno del 1241, gli invasori furono respinti. Ci volle ancora qualche mese per assestare loro il colpo finale.

Il 5 aprile 1242, Alexander scelse con cura il terreno della battaglia. Secondo Sun-tzu, è una mossa determinante in qualsiasi campagna bellica.[13] Poi optò per il lago Peipus. Perché? Le pesanti cavalcature dei tedeschi vi si sarebbero trovate a disagio, mentre le armate leggere russe potevano spostarvisi in libertà. Un vantaggio non da poco.

A causa delle acque gelate del lago, si parlò di «battaglia sul ghiaccio». Una superstizione non scritta pretendeva che ai tedeschi fosse favorevole l'elemento glaciale, il freddo. Ciò ne condizionò le aspettative. Tuttavia, c'era un *handicap* evidente: essi mettevano in campo circa duemila uomini contro i seimila russi. Le *Cronache* della Livonia esagerano: il rapporto delle forze in gioco non poteva essere 60 a 1, a scapito degli occidentali. D'altronde, l'equipaggiamento dei crociati era più avanzato e agguerrito. Ciò rendeva incerto il pronostico. L'impatto psicologico poteva rivelarsi determinante. I Cavalieri Teutonici sfoggiavano un'armatura da incubo: elmetti ben serrati sul viso, scudi dalla croce nera, tuniche bianche fluttuanti sulla neve.[14]

La battaglia si concluse con la loro disfatta clamorosa: venti Cavalieri restarono sul terreno, sei furono catturati.

A posteriori, la portata dell'evento va ridimensionata. Non fu così rilevante come lo si dipinge. Nel secolo scorso la leggenda della battaglia sul ghiaccio è stata ravvivata dal film di Eisenstein, che trae il titolo dal nome del principe. Nel 1938, la guerra mondiale è imminente. L'opera cinematografica si incarica di un lavoro di propaganda. La musica di Prokof'ev, pur conservando la sua grandezza, è strumentalizzata a fini politici. Difficile separare questo significato dell'opera dalla sua estetica. Nelle intenzioni del regista va colto il conflitto tra i nazisti, *ossia* i Cavalieri Teutonici, e i comunisti, *ossia* le truppe di Alexander Nevsky. Da qui un'interpretazione fuorviante, prevedibile. Il film si giudica bello, ancorché inaccurato. È un *reportage* storico, o serve a mettere in luce la superiorità dei sovietici? Parla del passato o del presente? I costumi e le strategie sono rese alla perfezione. Come dire che la storia si fonde con il mito: il mito del XX secolo e le sue propaggini. Cosa pensava Hitler dei Cavalieri Teutonici? E Stalin esaltò forse il principe Alexander al rango di eroe nazionale? Oppure: i tedeschi sono tutti uguali, e somigliano perciò, già dal fisico, alle «bestie bionde» delle SS? In merito occorrerà una postilla, perché il nesso tra i Cavalieri Teutonici e il nazismo non fu notato solo da Eisenstein a fini propagandistici. Il film si rivelò profetico: prefigura l'avventata invasione nazista della Russia. Proprio così: Eisenstein aveva visto giusto!

Lo sguardo scettico degli storici del nostro tempo tende a togliere spessore a un altro aspetto della battaglia: non si sarebbe svolta sul ghiaccio, contrariamente alla definizione. Ma ciò fa parte di un intento demitizzante che non sempre coglie nel segno, e talora verte su considerazioni semplicistiche, banali.

Erano dei ferventi cristiani i Cavalieri Teutonici? Ce lo si chiede perché talora sembrano più intenzionati a mantenere le quote dei terreni conquistati che a verificare le conversioni, i battesimi o le mutazioni comportamentali delle genti soggiogate. Certo, persuasero i pagani che il Dio della Bibbia, garante del successo militare, era più forte dei loro. Anche le genti della Lituania, notoriamente bellicose, finirono per crederlo. Ma le perplessità restavano, insieme al coro di critiche che, come per i Templari e gli Ospedalieri, si levò contro i Cavalieri Teutonici. L'arcivescovo di Riga voleva riprendere il controllo della città, e fu categorico: li accusò di lussuria, cioè di sodomia, ingiustizia e crudeltà, magia e stregoneria; osò chiedere al papa, Clemente V, di sopprimere l'Ordine. Non fu ascoltato, ma l'imputazione fece nascere gravi sospetti: c'era forse qualcosa che non andava?

Be', i Gran Maestri si atteggiavano a sovrani nelle zone conquistate. Una brama di potere che si poté riscontrare pure nei Templari e negli Ospedalieri. Ostacolavano l'opera di proselitismo per interessi personali, pur di mantenere la presa in Livonia e in Prussia, o erano veramente minacciati dalle continue rivolte di chi si rifiutava di essere convertito con la violenza? Un'altra imputazione può apparire più o meno grave: non si prodigavano abbastanza per «tedeschizzare» le etnìe sottomesse. Forse i sacerdoti nativi potevano svolgere un lavoro più accurato.

Come al solito, si poneva una replica scontata: non era compito dei Cavalieri Teutonici provvedere ai bisogni spirituali. Essi fornivano le basi della conversione: la conquista e l'occupazione; il resto spettava a coloro che erano solo-monaci, e non guerrieri. Questi i limiti di una duplice vocazione, cui non sempre si era all'altezza. Strano, però, che si sacrificasse più facilmente la spiritualità, anziché la vocazione militare. La prima languiva, mentre l'altra si rafforzava.

Che i convertiti non adottassero uno stile di vita germanico o indulgessero ancora alle pratiche native oggi non scandalizza. Ogni religione è un coacervo di credenze di varia provenienza: niente da stupirsi che le popolazioni del Baltico stentassero a staccarsi dai loro riti, sovrapponendoli alla cornice cristiana. Li reinterpretavano, dotandoli di un nuovo significato.

Le donne potevano risultare più impermeabili alla conversione, ma si è detto del rapporto problematico, a dir poco, dei Cavalieri con loro. Non poteva instaurarsi un dialogo fecondo con chi veniva scansato per principio o degradato a un mero corpo, atto a soddisfare il richiamo della carne.

Il dogma della trinità, di ardua penetrazione per tutti, fu innestato su concetti «alchemici» preesistenti, giocando sulla relazione tra il tre e l'uno. Anche questo non dovrà colpire più di tanto, nell'ambito di una comparazione religiosa.

Per svariate ragioni, indipendentemente dall'esercizio della violenza, le conversioni trovarono un terreno migliore in Prussia che in Livonia. Qui l'attività dei missionari fu molto ridotta e la lingua presentava maggiori difficoltà, mentre in Prussia i contadini e i coloni si amalgamarono di più con la popolazione.[15] Ma i successi o i fallimenti in questo campo non erano imputabili ai Cavalieri Teutonici.

Loro posero al primo posto l'addestramento cavalleresco e militare, perché si rivelava efficace e garantiva brillanti risultati. Tra il 1350 e il 1400, quest'attitudine rifletteva lo spirito del tempo. La virilità era un valore, mentre il femminile veniva denigrato. Il codice cavalleresco era seducente per il suo miscuglio di virtù: buone maniere, disponibilità al servizio e audacia militare. Vi si aggiungevano i benefici religiosi: la Chiesa riservava ai crociati del Baltico lo stesso trattamento di quelli in Terrasanta. Ciò implicava le indulgenze.

Poi imperversò la peste o morte nera, che decimò le popolazioni europee. Qualcuno reagì con sfrenato lassismo, edonisticamente, altri rifugiandosi negli Ordini, magari guerrieri. Nei Cavalieri Teutonici si riscontrano entrambi gli atteggiamenti. Li dominava una spiritualità terrena, dubbiosa del domani.

In seno all'Ordine fiorì una letteratura che non poteva ispirarsi, se non con cautela, a quella laica. Entrambe trattavano della cavalleria, in modalità ben distinte. Si esaltava il combattimento, incuranti degli effetti estetici che ne derivassero. Marienburg, la roccaforte dei Cavalieri Teutonici, ospitò la più ampia biblioteca del Nord Europa. Libri che plaudivano al valor militare e all'eroismo furono divorati da lettori inconsueti. Questi, però, non trascuravano la Bibbia.

Gli ideali cavallereschi erano manipolabili. Non ci si votava a una dama, ma la Vergine Maria faceva eccezione! Rappresentava l'eterno femminino, cui offrire i propri servigi. L'ospedale da cui debuttò la storia dell'Ordine era proprio dedicato a lei. Un Cavaliere si manteneva casto, ma la Madonna era oggetto di una corretta sublimazione degli impulsi: disattesi dalla mèta sessuale, si orientavano a una sfera più elevata, la devozione spirituale. Nessuna donna concreta poteva competere con lei. Un Cavaliere dedicava alla Vergine le sue gesta, pronto a immolarle la vita sul campo di battaglia.

C'è sempre da imparare dalle opere letterarie. Fanno riflettere su una questione: perché mai, nonostante la giusta causa, Dio concede la vittoria solo in certe occasioni? Anche qui la Bibbia fornisce un materiale utile, ma un Cavaliere doveva trovare la risposta da sé, per essere disposto ad accettare il corso degli eventi. Ogni occasione poteva fungere da sfida, quale stimolo alla realizzazione delle proprie capacità.

Verso la fine del XIV secolo gli ideali cavallereschi, promossi da figure come Winrich von Kniprode, cominciarono a declinare e non solo nell'Ordine. Le crociate erano sempre più ardue, e molti cercavano il bottino, più che la gloria. I valori si mantenevano vivi sulla carta: lì, almeno, non potevano tramontare. Certo, la Spagna o la Prussia offrivano ancora un campo idoneo all'autorealizzazione del guerriero dello spirito. Ma talora la schizofrenia lucida che si richiedeva a questa figura, tra i Cavalieri Teutonici o altri Ordini guerrieri, appariva un grave fardello. Difficile dire se la dissoluzione della vocazione interiore riflettesse il fallimento militare, o viceversa.

Si doveva essere umili e arroganti, modesti e sicuri di sé: ciò generava incongruenze. Anche i Cavalieri Teutonici si avviavano al loro destino, e la crisi d'identità rischiava di acuirsi.

Quali parti del loro animo soddisfece la battaglia di Tannenberg? Da guerrieri, furono delusi dalla disfatta. Da monaci, non avrebbero potuto ricavarne una lezione d'umiltà, soffocando il loro narcisismo? Certo è che, per loro, *dopo* niente fu lo stesso. Talora la storia, la realtà materiale, ha il potere di trasformarci, dileguando le nubi dell'illusione.

Eh già, Tannenberg fu un disastro. Da lì prese le mosse il crollo inarrestabile dei Teutonici, ormai distanti dagli antichi fasti, da una gloria spesso frutto di violenza e crudeltà. Tannenberg, la città dalle molte denominazioni, a seconda delle etnìe o delle lingue. Così la chiamavano i tedeschi, mentre Grunwald i polacchi, e Zalgris i lituani. Spazio della metamorfosi storica, di una rete di eventi che ne fu influenzata *a posteriori*, gradualmente ma senza possibilità di scampo. La storia risultò diversa, dopo questo scontro.

Forse era vero, i giorni degli Ordini guerrieri erano trascorsi. Non tutti, neanche i Cavalieri stessi, se ne erano accorti. Il 15 luglio del 1410 si respirava un'aria diversa, meno favorevole alla vocazione duplice per lo spirito e la lotta. La Polonia si manteneva ostile, e i tedeschi potevano soltanto rinviare, non scongiurare, il momento della disfatta. Di connivenza pacifica, poi, neanche a parlarne! Troppe diversità, nelle affinità, separavano i due ceppi, mentre il varco si allargava.

Non bastò neppure che, dopo Tannenberg, i Cavalieri Teutonici riacquistassero terreno. Respinsero polacchi e lituani, sì, ma neanche questo ne ritardò la fine. Agli occhi della storia, lo scacco era infamante, né lo si poteva riscattare.

Jogaila, o Jagiello, l'aveva capito. Se solo si fosse convertito al cristianesimo, la corona della Polonia sarebbe stata sua. Senza problemi. Parigi val bene una messa. Agì con meticolosità, con premeditazione. Travolse tutti gli ostacoli, formali e non, pur di realizzare i suoi intenti. Vi riuscì. L'aveva favorito una anziana inimicizia nei confronti dei Cavalieri Teutonici? Perché quelli erano il nemico comune, suo e dei polacchi.

Ritenne di poter contare su Vytautas, malgrado un passato non proprio ineccepibile; questi non si era forse schierato al fianco dei Cavalieri? Ma era acqua passata, e ora gli interessi del granduca di Lituania convergevano con i suoi. Lo nominò vicerè, e basta così!

Jogaila schierò un esercito imponente. A dir poco. Diciottomila polacchi, tra cavalieri e scudieri; qualche fante; una quantità imprecisata di mercenari dalla Boemia e dalla Moravia; undicimila lituani; la cavalleria tartara, i russi, i moldavi, i samogitiani.[16] Tutti concorrevano al proposito finale: sbarazzarsi dei Cavalieri Teutonici.

Sul fronte avverso una milizia altrettanto determinata a rinfocolare l'odio, nei toni di una rivalità inestinguibile. Il Gran Maestro Ulrich von Jungingen e i suoi ventimila uomini. Si discute sull'effettiva quantità di militi, in quella insignificante postazione della frontiera prussiana. Ma non della proporzione, di tre a due in favore di Jogaila. Come nella battaglia sul ghiaccio del 1242, l'equipaggiamento e l'organizzazione favorivano i Teutonici. Si poteva contare sull'appoggio di fortezze limitrofe per approvvigionamenti e risorse. O puntare sul fatto che i nemici non avevano ancora unito le loro truppe, e si potevano affrontare gruppo per gruppo. I guerrieri di Ulrich lottavano compatti, in ossequio a una strategia più disciplinata. Sarebbe bastato, tutto questo, per strappare la vittoria all'avversario? Anche al lago Peipus c'era qualche vantaggio, ma visto com'era finita...

Il combattimento iniziò con un martellamento implacabile su entrambi i fronti. In palio una posta in gioco elevata, e per circa un'ora non si risparmiarono colpi. Le tattiche degli slavi, erano troppo diverse da quelle teutoniche per passare inosservate: i polacchi procedevano a file, ben cauti a non spezzarle, mentre i lituani caricavano selvaggiamente, manovrando all'impazzata le unità leggere. I Cavalieri Teutonici si mantennero a lungo sulla difensiva, sconcertati dal furore dell'avversario. Ma aspettavano l'occasione propizia per cambiare ruolo. Occupavano la postazione centrale dell'esercito, davanti ai polacchi e ai loro mercenari.

L'inganno, al solito, si rivelò efficace. I tedeschi si accorsero che una porzione consistente dell'armata nemica si dava alla fuga. I cavalieri tartari sembravano abbandonare la presa, mentre i lituani e i russi si ritiravano velocemente, in apparente difficoltà. Quale migliore occasione? I tedeschi cantarono vittoria anzitempo, e si misero a inseguirli. Nessun problema, a spezzare le file per un'azione d'emergenza. Ma i polacchi arrivarono loro alle spalle, e non fu difficile seminare il terrore tra gli imprudenti inseguitori.

Sono gli storici a dibattere sulla strategia, formulando mille ipotesi. Quella dei lituani fu una mossa improvvisata, o rispondeva a un ben preciso intento, di cui i polacchi colsero subito il senso e la direzione? La perplessità, per lungo tempo, si ritenne insolubile. Oggi il recupero di una lettera dell'epoca sembra far pensare al calcolo, escludendo la casualità. Un documento simile è sufficiente a fugare i dubbi?

C'è chi preferisce puntare il dito su un altro errore, forse conseguente. Di fronte al disastro, di cui fu impotente testimone, Ulrich avrebbe dovuto suonare la ritirata. Ma il suo mondo culturale e il suo stile di vita glielo impedirono, aggravando la situazione. Si poteva riparare alla prima svista, ma la seconda? L'ambizione e l'audacia eccessive potevano condizionare a tal punto l'esito della battaglia? Procurandosi la sconfitta, senza possibilità di appello?

L'ostinato Jungingen fu visto cadere al suolo. Era il castigo per la sua imprudenza, e i suoi uomini ne convennero che la catastrofe era completa. Forse egli poté persino suonare la ritirata, ma troppo tardi! Mentre spargevano il panico tra le file nemiche, i polacchi capirono che la distruzione della risorsa principale dell'armata apriva la via al trionfo. Le unità superstiti, disordinate, non potevano opporre una salda resistenza, e furono travolte a una a una. Più tentavano la fuga, più i polacchi infierivano contro di loro. Neanche la retroguardia tedesca riuscì a scamparla.

Eppure i Cavalieri Teutonici avevano lottato con vigore, riportando addirittura dei piccoli successi, a detta degli stessi avversari. Ma il bilancio generale era terribile, e contava quello, più che gli ultimi sfoghi di un Ordine al tramonto e la soppressione di qualche ala ostile.

Le critiche furono spietate. La battaglia stessa non era forse il confronto personale tra Ulrich e Jogaila? Quando una campagna è impostata in questi termini, si è sempre sconfitti, in qualche modo; chi è abbattuto, sembra patire ancora di più lo scacco. L'errore di Ulrich era a monte: voler trascinare l'avversario in battaglia, pur sapendo di avere scarse probabilità di riuscita. Altri affermano che i Cavalieri Teutonici non dovevano tentare di stanare Jogaila dalla sua postazione appartata sul campo di battaglia, commettendo l'unico vero errore che portò al fallimento.

Le perdite erano inestimabili: su ogni fronte, caddero circa ottomila soldati. Metà dell'intera dotazione degli uomini in armi, per i Cavalieri Teutonici. Difficile riprendersi. Dettagli agghiaccianti: la morte del Gran Maestro, del Maresciallo, del gran comandante, del tesoriere, di parecchi comandanti e di 400 confratelli laici.[17] Si infierì sui prigionieri: molti dei Teutonici furono passati a fil di spada, e il riscatto valeva soltanto per gli ufficiali e i cavalieri laici.

Dopo una battaglia si aprono polemiche interminabili, e lo sconfitto tenta di giustificare il risultato, magari di attenuarlo, con razionalizzazioni e alibi di dubbio gusto. I Cavalieri Teutonici imputarono il fallimento al tradimento; ma si ignora di *chi*. La quantità soverchiante di nemici e le loro tattiche avventate quanto inconsuete avrebbero fatto il resto. Come dire che l'esito della lotta era prevedibile, predeterminato.

Una questione molto più rilevante, però, si imponeva. Sino a quel frangente, i Cavalieri Teutonici affermavano di aver combattuto i pagani, nemici della Chiesa. Potevano ancora sostenerlo, nel caso dei polacchi? «Chi combatte l'Ordine, combatte Gesù Cristo». Oppure «Dio è con noi» (*Gott mit uns*). Restavano in piedi certe asserzioni? Si poteva invocare il martirio, se erano i polacchi o i non più pagani lituani a infliggere il colpo mortale? Era sempre il diavolo a congiurare ai danni dell'Ordine, come nelle battaglie sfortunate alle crociate del Baltico? Niente scismatici o saraceni tra le file dei nemici; solo qualche eccezione, che però non faceva testo, su cui era pretestuoso insistere.

Altri giunsero a conclusioni differenti, sconcertanti: la sconfitta dei Cavalieri Teutonici era la punizione divina per un atteggiamento sfrontato, violento e irriverente, del tutto estraneo ai veri monaci, ancorché guerrieri. Erano troppo orgogliosi, e infierivano sui loro sudditi.[18] Nel giorno della disfatta, la loro ferocia era sulla bocca di tutti.

Sulla china, la velocità di caduta tende a crescere. Molti problemi afflissero i Cavalieri Teutonici per il disgraziato esito di Tannenberg. Ci si mise anche l'economia, con la drastica riduzione della domanda di frumento, materia prima su cui si incentrava la fortuna dell'Ordine, per lo spopolamento e la peste.[19] Non si trovò il denaro sufficiente per versare alla Polonia l'indennizzo di guerra. Aumentarono le ostilità nei confronti dei polacchi, nonché le tensioni interne a causa dei nuovi Gran Maestri. Uno di loro, di tendenze dispotiche, fu deposto nel 1413. Se l'Ordine, ciò nonostante, parve riprendersi e riacquistare persino una parziale gloria militare, lo si doveva alla solidità della sua roccaforte; anche il nemico, inoltre, aveva subìto a Tannenberg ingenti perdite. Ma poi nuovi conflitti tra i polacchi e i Cavalieri Teutonici insorsero con una veemenza, se possibile, superiore al passato. Il prestigio dell'Ordine, dopo Tannenberg, era ormai compromesso e appariva evidente l'estraneità di certe lotte alle crociate. Niente più vocazione spirituale, nel ricorso alle armi!

Dopo alterne vicende, l'esito della guerra dei tredici anni (1454-1466), che li opponeva ai polacchi e alle città prussiane, si rivelò sfavorevole per i Cavalieri Teutonici. Persero persino Marienburg, la fortezza simbolo del loro potere, e si avviarono alla fine. Nell'agosto del 1462 un loro reparto fu travolto da una quantità nettamente inferiore di soldati, e ciò segnò un punto di svolta nel conflitto. Dopo la resa ci furono umilianti cerimonie, e il Gran Maestro Teutonico dovette rendere omaggio al re della Polonia. Da allora circa la metà dei Cavalieri furono polacchi.[20] Tramontava il segno distintivo dell'identità teutonica: il nazionalismo esasperato.

Ciò nonostante, l'Ordine non era ancora allo sfascio. Verso la fine del XV secolo si notò persino la direzione intelligente di un Maestro provinciale quale Wolther von Plettenberg. Durò circa mezzo secolo, e la benevolenza di questo personaggio fu una piacevole meteora in un cielo plumbeo, opaco. Poi le strade dell'Ordine si incrociarono con il protestantesimo, imprimendo nuove direzioni.

Le parole di Martin Lutero al Gran Maestro Albrecht von Hohenzollern suonavano ambigue, ancorché realistiche, nella descrizione dell'ideologia dei Cavalieri Teutonici. «Il vostro Ordine è proprio uno strano Ordine, specialmente perché fu istituito per combattere gli infedeli. Per questo deve ricorrere alla spada mondana e agire in maniera mondana; eppure dovrebbe essere al contempo di natura spirituale, votarsi alla castità, alla povertà e all'ubbidienza, rispettando questi voti come fanno i membri di altri Ordini monastici». Lutero fu convincente, e Albrecht finì per convertirsi.

Il suo esempio fu seguito, con esiti diversi in Prussia e in Livonia. Alla schizofrenia lucida si aggiunse l'asprezza della frammentazione dottrinale. In Prussia alcuni Cavalieri, impreparati ad accogliere la secolarizzazione o la Riforma, si distribuirono tra conventi e ospedali. Altri rimasero in Prussia a svolgere incarichi amministrativi o governativi. Altri si sposarono, in virtù della nuova ondata religiosa, e rappresentarono una fazione della classe degli Junker.[21] In Livonia, in un ambito quasi del tutto protestante, la fazione cattolica riuscì a prevalere. Almeno sino all'arrivo di Ivan il Terribile.

Per comprendere il gesto di Albrecht, valgano alcune considerazioni. Dopotutto, la Chiesa di Roma non aderiva a un ineccepibile canone di moralità negli ultimi tempi, e perdipiù la Riforma simboleggiava il progresso delle forze tedesche, attraverso la liturgia e un culto celebrati nella loro lingua. Questi aspetti non potevano lasciare indifferenti i Cavalieri Teutonici. Lutero si era pronunciato sulla loro «falsa castità», inducendoli a sposarsi.[22] Nel 1526 le nozze di Albrecht scandalizzarono i cattolici, ma parvero un gesto o un ossequio doveroso. Una svolta, rispetto agli esordi dell'Ordine.

Il colpo finale, nella storia militare dei Teutonici, fu inferto da Ivan il Terribile. Nel 1557, si levò il grido di dolore del condottiero russo: questi avevano rinnegato la fede cristiana, ed erano rei di aver dato alle fiamme le sacre icone russe. Era il preludio al massacro e alla carneficina, appena successivi. Il supplizio diede luogo al supplizio. L'anno dopo, le guarnigioni russe si ritirarono per l'inverno. Solo una tregua, dettata dalle stagioni. All'inizio del 1559 ritornarono in massa, ancora più spietate. Se all'inizio si infieriva con ferocia sulle donne e sugli uomini al seguito dei Teutonici, stavolta non furono risparmiati neppure i bambini. La neve si macchiava di sangue, ed era il presagio della fine. Poi fu la volta della Livonia, da riassorbire, per antiche rivendicazioni, nel grande impero russo. L'Ordine si trovò allo sbando, né poté resistere. L'economia era in bancarotta, e le fortezze risultavano sguarnite.

Ironicamente, la sorte concesse un'ultima, insperata vittoria: duemila tedeschi contro trentamila russi! La storia militare dei Cavalieri Teutonici si concludeva gloriosamente, ma neanche questo servì a ritardarne il declino.

Treitschke, filosofo della storia, imputa loro l'accusa di «prussianismo», che suona «sciovinismo». I Cavalieri Teutonici potrebbero pure assurgere a precursori del Terzo Reich, un nazionalismo brutale che non si interdice il genocidio. Ma oggi si tende a rivalutare l'Ordine, giustificandone gli eccessi. Si parla di un governo *decente*, esercitato nelle zone conquistate. Il nazionalismo, però, sembra di antica data. Si confonde con gli esordi dei Cavalieri, ed è arduo stabilire se non degenerasse già nel Medioevo. La ragione storica sembra suggerirlo: in certi tempi e in certi luoghi, essi non potevano che agire così. È un alibi, che oggi si fornisce alla quasi totalità degli eventi del passato.

Ma come si può legittimare una conversione a opera della violenza? Talora i popoli «barbari» del Baltico lo fecero capire: li si poteva persuadere con la predicazione, ma non *costringere* ad abbracciare la nuova religione. Che senso avrebbe avuto, altrimenti, un cambiamento di fede? Si crede, solo perché qualcuno ce lo impone? Più che l'indubbio nazionalismo, è la modalità dell'azione dei Cavalieri Teutonici a restare in predicato. Si spinsero più avanti di altri Ordini, come i Templari o gli Ospedalieri: convertire il nemico e, in caso di insuccesso, distruggerlo. Una logica spietata ne animava gli intenti.

La loro storia ebbe un rigurgito, se non proprio uno strascico, attraverso un «eterno ritorno delle cose» nietzschiano o «ricorso» vichiano. Ma qui si abbandona lo scenario dell'Europa del XVI secolo per recarsi nel XX, in un contesto altrettanto sconcertante. I protagonisti sembrano, a prima vista, i medesimi: tedeschi contro russi, in nome del nazionalismo; stavolta perverso, fanatico e intollerante. Nazismo: è questa la parola che i Cavalieri Teutonici non poterono conoscere, ma i loro epigoni sì, supposto che lo fossero.

Su questo si resta in dubbio. La storia può intersecarsi con l'esoterismo e la leggenda?

Fu Hitler, o furono i suoi accoliti, a chiamare di nuovo in causa i Cavalieri Teutonici. Horbiger, l'astronomo-profeta, iperbolicamente definito «il Copernico del XX secolo», azzardò una teoria che appassionò il nazismo. *Welteislehre*: «dottrina del ghiaccio cosmico». Dei suoi risvolti, tra le allusioni alle epoche geologiche, ne interessa uno: i Cavalieri Teutonici avrebbero testimoniato gli ultimi segni della manifestazione del fuoco, l'elemento ostile. E preparato l'emersione del ghiaccio, l'elemento opposto; nessuno dei due va confuso con il suo corrispettivo fisico. Chi lo possiede, e lo controlla, in virtù del lascito teutonico, governerà il mondo, oltre ad assecondare il corso naturale degli eventi. Si farà portavoce dei diritti degli uomini autentici, affatto differenti dai loro pallidi, insignificanti epigoni: zingari, neri e giudei, «neppure uomini nel vero senso della parola».[23]

Il quadro è completo, per un'accoglienza in grande stile della dottrina tra le ideologie occulte del Reich. Al nazismo il compito di rappresentare questa umanità «vera», indicando la Via. Come vi riuscirà? Grazie all'alleanza con il freddo o il ghiaccio, l'elemento legato ai Cavalieri Teutonici, come pare di evincere dall'interpretazione, forse non dalla lettera, della teoria di Horbiger. La campagna di Russia è inaugurata con questo spirito, e ciò ci riporta ai remoti tempi del lago Peipus. Ma lì, proprio lì, il ghiaccio non recò la sconfitta? Appunto. Si attende la riscossa, la riabilitazione da un evento ignominioso, imputabile a una imperfetta confidenza con il freddo. La neve è amica; ma questo lo pensarono anche gli avversari di Alexander Nevsky? Il gelo non può ritardare la marcia. Questa convinzione sorregge l'invasione nazista della Russia. Occorre propiziarsi il sostegno del freddo, da cui dipende il dominio dell'universo.

L'Ordine Nero, in seno al nazismo, si incarica del compito o, il che è lo stesso, di realizzare quella che appare un'opera di proselitismo. I membri delle SS sono monaci guerrieri, di una causa laica, alchemica ed esoterica. Tra i nazisti stessi, regnano perplessità sul loro ruolo; si prendono le distanze, talvolta per paura. Ma quelli intendono con serietà la loro funzione: sono i soli a capire, perciò monaci (*monos* = «unico», «solo»). Li si designa, indifferentemente, pure Cavalieri Teutonici. Una denominazione che rievoca altri tempi, forse non meno efferati. Soggetti a una iniziazione, formulano anche loro un triplice voto, che rammenta quello medioevale degli Ordini guerrieri: credere, ubbidire e combattere. La duplice vocazione dei Teutonici in forma nuova, malgrado la tripartizione: spirituale e militare al contempo.

SS come «teste di morto». SS come samurai Teutonici, fautori di una tanatologia che non trascurano neanche per un attimo. Una morte alchemica, morendo a se stessi e al particolarismo, nonché fisica, impartita o subìta. Disprezzo della morte, come facoltà ad accoglierla. Forse la dignità consiste nell'evitare il colpo fatale, lasciando trionfanti il campo di battaglia.

Marienburg ritorna, nelle stanze segrete di un Ordine iniziatico nazista? Anche qui sarebbe pur sempre la venerazione della Croce a stimolare la vocazione? Rischioso spingere il pedale in questa direzione. Come se nei Cavalieri Teutonici ci fosse già, *in nuce*, il nazismo. Non si osa dirlo, ma si indica una connessione, che impiega i nomi come moneta corrente, destinandoli a nuove accezioni.

Nei due casi, la consapevolezza di una missione da adempiere. Troppo poco. Generico. Sì, però, si passa anche qui dallo spirito alle armi. Esiste una causa, imprescindibile. Ma il cristianesimo dei Cavalieri Teutonici si differenzia da quello dei reparti hitleriani: quelli credono alla realtà concreta delle cose, questi a un mondo di ombre dove l'assassinio è lecito.[24] SS in prossimità del Krishna della *Bhagavad Gita*. Non tanto dei seguaci di Alamut, per i quali la Legge è finzione, ostacolo al reale.

Mai i Cavalieri Teutonici avrebbero potuto condividere la fede nell'uomo-dio, cara all'Ordine Nero. Non tanto perché Hitler non possedeva il carisma necessario a incarnarlo, bensì perché essi tracciano una distinzione netta tra l'uomo e Dio. Di più, i Cavalieri Teutonici combattono lo sciamanismo, o i suoi residui, nelle popolazioni soggiogate; respingono gli effluvi protoalchemici, che puzzano di esoterismo. Si inoltrano nel misticismo, ma su una base dottrinale convenzionale, che non si libera del cristianesimo. Sono sempre pronti a invalidare qualsiasi rito che, nei popoli del Baltico, rievochi l'animismo. Distinguono tra il cristianesimo e gli altri culti, mentre l'Ordine Nero sembra assorbire da tante, troppe fonti. Un sincretismo pernicioso, talora confusionario, in debito con tendenze tra loro inconciliabili.

Forse sappiamo poco, dopotutto, della componente magica dei Cavalieri Teutonici. Li si accusò di stregoneria, chissà se a torto... L'Ordine Nero si alimenta al magico, imperniandovi quasi tutta la dottrina. È questo, più che l'obiettivo militare o politico, a sedurre i suoi adepti. I Cavalieri Teutonici volevano restare ancorati alla realtà, o a ciò che ritenevano tale.

Morire a se stessi, soffocando l'egoismo. Un aspetto in comune tra i due gruppi. Forse disatteso da entrambi, a causa di una normativa rigida, troppo angusta. Era questa la posta in gioco, ma l'Ordine Nero è più vicino al nulla, rispetto ai Teutonici: questi lo rigettano, optando per l'essere; quelli gioiscono del suo abbraccio, ricercandolo. La sconfitta li accomunò. Né Tannenberg né il lago Peipus furono mai riscattati.

IV

Morte al nido dell'aquila

«Un credente non deve commettere omicidio di un altro credente, a meno che si tratti di uno sbaglio.»

Corano IV, 92

«Dio ha collocato qualche gradino più in su, nella scala dei valori, coloro che combattono a differenza di coloro che non si cimentano.»

Corano IV, 95[1]

Corrado sembrava irritato, fuori di sé. Erano stati giorni di tensione, e lui aveva finalmente raggiunto il suo obiettivo. I franchi lo avevano designato come nuovo sovrano di Gerusalemme. L'incoronazione era imminente.

Passeggiava nelle sue stanze, in attesa della cena. Ma la moglie sembrava tardare a preparargliela. Non era solo quello a preoccuparlo: presagiva che qualcosa stava per accadere.

Pensò di andare a far visita all'amico, il vescovo di Beauvais. Ma certo! L'avrebbe rinfrancato lui, alleviandone il cattivo umore.

Attraversò la strada a passo veloce, senza celare il nervosismo.

Lungo il tragitto, incontrò i due monaci arrivati in città di recente. Erano giovani, e parlavano benissimo il francese. Con loro si era intrattenuto in piacevoli conversazioni. Affabili e cortesi, erano entrati presto in intimità con lui.

«Come sta, marchese? E dove se ne va con tanta fretta?».

«Ah, sì. Va tutto in fretta, pare. La mia vita... Vogliono farmi re, lo sapete».

Corrado sembrava rinfrancato. Aveva proprio voglia di parlare con loro.

Come altre volte, toccarono argomenti interessanti. Grazie all'atmosfera garbata, il marchese del Monferrato riuscì a rilassarsi.

Anche troppo.

All'improvviso, quando aveva ormai abbassato le difese e si lasciava prendere dalla conversazione, gli eventi assunsero una piega inattesa.

Corrado impallidì. Ecco qualcosa che non si immaginava. Sul volto dei suoi due interlocutori apparve un'espressione di ferocia, del tutto sconosciuta. Trasecolò. Fece appena in tempo ad accorgersi dei pugnali materializzatisi dal nulla. In una frazione di secondo, una gragnuola di colpi infierì sulla vittima stupefatta.

Corrado ebbe il tempo di capire con chi aveva a che fare?

Ruzzolò da cavallo, e rimase steso al suolo ferito a morte.

Tutto si era svolto in pochi istanti. Ma qualcuno era già accorso, e le grida invocavano vendetta.

Uno dei falsi monaci fu subito travolto dalla folla. Fu quasi linciato, per il grande amore che il popolo di Gerusalemme nutriva verso il marchese.

L'altro corse a rifugiarsi nella chiesa vicina.

Ma era tutt'altro che al sicuro. Andarono a stanarlo senza dargli tregua, finché lo trascinarono per le vie della città. Quello, stremato, stava per esalare l'ultimo respiro.

Intanto, per Corrado non c'era niente da fare.

Poco prima di morire, il sicario confessò:

«Sono... stato inviato da Sinan, il Vecchio della Montagna. Ma... l'istigatore del gesto è...». L'uomo parlava a stento, però riuscì a concludere: «Riccardo, il re d'Inghilterra».

Era una rivelazione inattesa!

Poi si vociferò che il vero mandante fosse il Saladino. Non era forse lui il nemico giurato dei cristiani? Tuttavia, si appurò che l'imputazione era ancora più improbabile dell'altra.

Il nome di Sinan rinviava a una setta molto pericolosa, che, di solito, si accaniva sui suoi confratelli musulmani. Ma stavolta ne era stato vittima un crociato, un cristiano, e si stentava a intenderne il motivo.

Altri risalirono a una pista diversa, per afferrare il senso di un omicidio plateale, quasi sbalorditivo.

«Poco tempo fa, Corrado ha catturato una nave di nizariti (gli adepti di questa setta). Ne ha sequestrato il carico, e ha gettato in mare i componenti dell'equipaggio, lasciandoli affogare senza pietà. E loro, adesso, si sono presi la rivincita».

Il marchese aveva fama di individuo senza scrupoli, dalle dubbie virtù. La morte di un *leader* di alto profilo indeboliva lo Stato di Gerusalemme, compromettendo l'intera situazione dell'Oriente latino. La setta non colpiva a caso, e avrebbe approfittato della confusione che ne scaturì.

Era il 28 aprile 1192.

Sinan era a capo di una banda di sicari che trovavano riparo tra i monti della Siria, in località impervie e inaccessibili. Tra i loro molti nomi, i detrattori insistevano su questo: gli *Assassini*. Ora avevano compiuto un'altra impresa.

La storia dell'Islam è costellata di tumulti e insurrezioni. Alla missione politica e religiosa di Maometto arrise il successo. Tuttavia, già poco dopo la sua morte iniziarono i disordini. Il Profeta non designò alcun successore, e come primo vicario o califfo (*khalifa*) venne scelto Abu Bakr, uno dei primi convertiti; nel 632 o nell'anno 11, secondo il computo islamico del tempo. Questi aveva compiuto la migrazione (*hijra*) dalla Mecca a Medina in compagnia di Maometto. Ciò malgrado, alcuni furono insoddisfatti della scelta, e gli preferivano ʿAli, cugino e genero del Profeta, quale marito della figlia Fatima. Si formò il «partito di ʿAli» (*Shiʿatu ʿAli*) o degli sciiti. Ritenevano che il messaggio di Maometto fosse stato frainteso e tradito dai primi califfi ovvero da un'aristocrazia aliena ai valori dello spirito. Così, pensarono di dover ripristinare la dottrina coranica nella sua originarietà, affidando il governo alla famiglia del Profeta.

Il terzo califfo fu ucciso dai ribelli. ʿAli aveva via libera, ma governò solo per breve tempo. Dopo il suo assassinio sorse una nuova dinastia di califfi, gli Umayya, che sarebbe durata circa un secolo. Nuove rivolte si rivelarono tutte inefficaci. Poi gli sciiti si allearono con un ramo della famiglia abbaside, imparentata con Maometto, e quindi con ʿAli. Gli abbasidi si sbarazzarono dei loro rivali, ma una volta insediatisi come califfi presero le distanze dagli sciiti che li avevano appoggiati.

Nuove sette si fecero portavoci del disagio della popolazione, cui si imponeva un nuovo giogo. Secondo gli sciiti gli abbasidi proseguivano l'opera degli Umayya, per rinnegare ancora i nobili ideali dell'Islam primigenio. Essi si attenevano alla lettera, non all'essenza del Corano. Gli sciiti estremisti si prefiggevano di rovesciare lo *status quo*, l'intransigente ortodossia sunnita (il termine *sunna* significa «tradizionale», «sentiero già battuto» o «pratica usuale»). Gli sciiti moderati si discostavano dalla sunna su diverse questioni, ma non erano propensi alla violenza degli estremisti.

Le due fazioni sciite si separarono in seguito alla morte del sesto successore di ʿAli, Jaʿfar al-Sadiq, scomparso nel 765. Più che di successore si deve parlare di *imam*, un termine dai molti significati. In genere, designa colui che guida la preghiera, ma nello sciismo acquista un'accezione particolare. L'imam è un *leader* politico, non meno che religioso. È una guida, in grado di trasmettere ai fedeli l'interpretazione esoterica (*batin*) del Corano. La sunna si concentra sul significato esteriore, sul guscio, perdendo di vista il nocciolo dell'Islam. Lo sciismo non propone una nuova legge, in alternativa a quella tradizionale (*shariʿa*), ma ritiene che l'imam saprà manifestare o dischiudere i sensi nascosti delle Rivelazioni divine.[2]

Le due correnti sciite coltiveranno concezioni dottrinali ben distinte. Alla morte di Jaʿfar al-Sadiq, si aprì il problema della successione. Ismaʿil era il figlio maggiore, e gli spettava il titolo di settimo imam. Ma inclinava alla causa degli estremisti, e fu diseredato. Gli fu preferito Musa al-Kazim, figlio più giovane di Jaʿfar. Gli sciiti moderati si riconobbero nella sua causa, mentre gli estremisti appoggiarono Ismaʿil. I primi vengono anche chiamati «duodecimani» (*Ithna ʿAshariyya*), per aver riconosciuto dodici imam principali in seguito alla morte di Maometto. Ritengono che il dodicesimo imam sciita, Muhammad al-Qaʿim, non sia morto, e ne attendono il ritorno. Gli ismailiti riconoscono soltanto sette imam principali. L'esposizione della loro dottrina è più rilevante per questa trattazione, poiché gli Assassini derivano da questa corrente sciita.

Centrale, è il ciclo degli imam. In una concezione non lineare del tempo, a ogni occultamento succede una manifestazione, nell'eterno ritorno delle cose. L'imam si nasconde o si rivela a seconda dell'epoca, pronto a svelare o celare la natura esoterica del Corano. L'ultimo ciclo sarà contrassegnato dalla «Resurrezione di tutte le Resurrezioni» (*Qiyamat al-Qiyamat*), attraverso cui l'umanità tornerà allo stato originario di purezza. Come nell'altra fazione sciita, neanche qui l'imam offre all'umanità una nuova legge, ma soltanto l'interpretazione autentica delle prescrizioni del Corano. Su basi neoplatoniche si sviluppa una visione trascendentale dell'imam. Egli è il microcosmo, corrispettivo ed equivalente del macrocosmo, ossia dell'universo. Il suo corpo, che non è solo di carne, cioè fisico, incarna il mondo intero.

La versione riformata dell'ismailismo, che riguarda i signori di Alamut, quindi la setta degli Assassini, sarà formulata a tempo debito, appena Hasan II proclamerà di aver attinto la Resurrezione e di manifestarla ai suoi seguaci. Alcune precisazioni o anticipazioni sono, però, doverose.

L'ismailismo di Alamut si accosta al sufismo, cioè alla corrente della mistica islamica che, pure, si propone di ripristinare la purezza originaria e il significato interiore della Rivelazione coranica. In alcune fasi della storia dell'Islam, sufi e ismailiti riformati tendono a confondersi.[3]

Si prendono le distanze dagli sciiti duodecimani. Questi sostengono la necessità di equilibrare l'essoterico (*zahir*) e l'esoterico (*batin*), mentre l'ismailismo riformato è più radicale: il primo aspetto rappresenta un fardello di cui occorre sbarazzarsi; come il velo di *maya* nel Vedanta, l'essoterico oscura la realtà autentica. Determinante è l'essenza spirituale del messaggio di Maometto. Ecco perché in certi stadi della storia di Alamut la legge sarà totalmente disattesa, e il credente sarà esentato da qualsiasi obbligo spirituale.

Inoltre i duodecimani sembrano considerare il tempo in prospettiva escatologica, quindi reale: l'imam nascosto, che pure loro ammettono, si manifesterà in un *preciso* momento del tempo. Ciò, però, sconfessa la concezione ciclica dell'universo, da loro propugnata. L'ismailismo di Alamut crede invece nell'eterno presente: la manifestazione dell'imam nascosto avviene in ogni istante, e l'uomo deve abbandonare la sua visione limitata delle cose e del tempo. L'imam è unico, e tutti gli imam della storia sono sue incarnazioni. Uno è reale, gli altri sono fenomenici. La sfumatura neoplatonica di questa concezione è evidente.

Tutt'altro che automaticamente, la dottrina si presta a legittimare alcune posizioni della setta di Alamut, quindi i suoi intenti: non stupirà che l'assassinio, elemento niente affatto caldeggiato nella tradizione islamica, possa imporsi sino a essere indispensabile. Se la *shari'a* occulta la realtà, al pari del buio della notte, è il sole dell'imam che rischiara il mondo al di là della Legge. Infine, la figura dello *hujjat* («prova») subentra all'imam e lo garantisce.

Durante il califfato fatimita si accordò spazio agli sciiti, nel panorama dell'Islam ufficiale. Ma la dinastia ebbe breve durata, e non riuscì a spodestare i rivali abbasidi. Gli sciiti, intanto, uscivano alla luce del sole, offrendo un vistoso contibuto al dibattito culturale. Ma i sunniti seppero organizzarsi, ed articolare una nuova sintesi dottrinale che tenesse conto delle esigenze dei ceti popolari. Alla fine le truppe del Saladino, nel 1171, soffocarono gli ultimi esponenti della dinastia fatimita in declino. I dittatori militari li prevaricavano da tempo, manovrandoli come marionette.

In una di queste occasioni, un problema di successione avrà delle ripercussioni sulla setta degli Assassini. Nel 1094, il comandante militare dell'Egitto doveva scegliere tra Nizar, figlio maggiore del defunto califfo al-Mustansir, e il figlio minore al-Musta'li. Questi, più giovane, poteva essere facilmente controllato; così, per i militari fu una decisione prevedibile. Nizar fu costretto alla fuga, ma venne catturato e ucciso. Ciò determinò una nuova frattura tra gli ismailiti che ne appoggiarono la causa, e furono detti nizariti, e coloro che ne favorivano il figlio più giovane, perciò detti mustaliani. La setta degli Assassini rientra nel primo gruppo.

Hasan-i Sabbah era sciita. La sua data di nascita è ignota, ma sembra collocabile nella metà dell'XI secolo. Egli riteneva gli ismailiti dei filosofi, nell'accezione denigratoria del termine. La sua fede sembrava imperturbabile, ma poi Hasan incontrò Amira Zarrab, un individuo carismatico con cui entrò in grande sintonia, nonostante fosse ismailita. Amira lo iniziò a una nuova conoscenza. All'inizio, Hasan lo accolse con diffidenza. Poi, però, una grave malattia gli fece cambiare idea. La guarigione lo convinse della necessità di adottare un altro stile di vita, improntato sulla dottrina detestata. Niente più sciismo duodecimano per lui!

Per completare la sua istruzione, Hasan doveva intraprendere un viaggio iniziatico. L'Egitto appariva il luogo adatto, quale centro di gravità della cultura islamica dell'epoca.

Dopo varie peripezie, Hasan studiò accuratamente il contesto in cui avrebbe operato. I suoi avversari non potevano essere che i selgiuchidi, rappresentanti della sunna, l'Islam tradizionale. La Persia era il luogo più idoneo alla loro espansione militare. Con le sue grandi pianure, sembrava invitare alla lotta i loro numerosi reparti di cavalleria. Ma sui monti certe strategie erano inadeguate.

Hasan capì che avrebbe dovuto escogitare una rivolta contro i turchi. La vera fede era l'ismailismo, e doveva diffonderla tra la popolazione.

Da efficace *leader* politico, iniziò un'opera di proselitismo. La zona delle montagne di Elburz si prestava allo scopo. Si trovava nella parte settentrionale della Persia, non distante dalle coste meridionali del Mar Caspio. In certi luoghi le cime sembravano toccare il cielo. Una di queste aveva un aspetto singolare. Era un picco dall'emblematica denominazione di *Aluh Amut;* alla lettera «insegnamento dell'aquila»; in maniera più suggestiva, ancorché meno corretta: «nido dell'aquila». Con la sua conformazione Alamut si atteggiava proprio a dimora delle aquile. Si poteva raggiungerne la rocca soltanto attraverso un angusto sentiero. Certe caratteristiche avrebbero permesso a un esiguo manipolo di resistere a una quantità soverchiante di aggressori.

Espugnare il castello sembrava un'impresa disperata, ma Hasan allestì un piano ingegnoso. I suoi missionari scandagliarono la zona: lo sciismo vi riscuoteva larghi consensi, e ciò facilitò la conversione all'ismailismo. Hasan agì da autentico stratega, preparando il terreno. Alla fine, persino i membri della guarnigione di Alamut ne condividevano la causa!

Ai primi di settembre del 1090, uno straniero si introdusse nella rocca. Aderì allo stile di vita dei suoi abitanti, senza mettersi in mostra. Quando Mahdi, il signore di Alamut, si accorse della sua identità, era troppo tardi. L'opera di proselitismo aveva dato ottimi frutti, e non fu necessario vibrare neppure un singolo fendente. Alamut si consegnò spontaneamente a chi era destinato a diventarne la guida spirituale. Hasan fu magnanimo, e risarcì persino Mahdi della perdita del castello!

Ora doveva consolidare il suo potere ad Alamut, procurandosi nuovi adepti e impadronendosi degli altri castelli della zona. Lo storico Juwayni, ostile agli ismailiti, ne rievoca l'operato con parole sprezzanti. Per lui, Hasan sarebbe ricorso a ogni tipo di inganno e violenza, rapina e strage, pur di coronare il suo piano. Così, però, raggiunse il suo scopo.

Fu elaborata nei dettagli una strategia terribile, improntata sull'omicidio. Occorreva eliminare i singoli governanti, per poter rovesciare una situazione sfavorevole e qualsiasi persona avversa agli ismailiti. Un programma politico e religioso al tempo stesso. Hasan capì che la soppressione di un pezzo importante della scacchiera alterava l'esito della partita. I suoi successori condivisero questa concezione.

Il ragionamento, però, non si applicava agli Ordini guerrieri. L'uccisione di un Maestro del Tempio o dell'Ospedale non avrebbe avuto conseguenze eclatanti, per l'immediata sostituzione del defunto con un personaggio equivalente o anche più valido. Per questo gli Assassini non entrarono spesso in conflitto con gli Ordini, cui versarono anche dei tributi. D'altra parte, i cristiani non erano i loro acerrimi rivali. Sin dall'inizio, le armi degli Assassini si rivolsero contro le frange conservatrici del sistema musulmano.

La setta colse presto la sua prima vittima di rilievo nella persona di Nizam al-Mulk, visir e uomo di potere dei selgiuchidi, fiero oppositore degli ismailiti e di Hasan in particolare, con buona pace di una storia apocrifa che li voleva amici! A suo dire, gli Assassini si prefiggevano di distruggere la religione e la moralità, congiurando ai danni dell'Islam intero.

Il 16 ottobre 1092, Nizam accompagnava il sultano nei suoi spostamenti lungo la Persia occidentale. All'improvviso, uno straniero si avvicinò alla portantina del visir. L'uomo era travestito da sufi, e sembrava innocuo e dimesso. Incurante delle guardie del corpo, balzò su Nizam assestandogli una pugnalata mortale. Le cronache non si dilungano sulla sua sorte, ma è probabile che costui, un certo Bu Tahir Arrani, sia stato linciato dalla folla.

Fu il primo di una lunga serie di *fida'i*. Il termine, che significa «devoto», caratterizzava coloro che compivano omicidi per conto di un *leader* ismailita. I loro nomi, insieme a quelli delle vittime, erano pubblicati in una lista conservata ad Alamut.

Talora questa tattica si rivelava un *boomerang*. Gli assassinii davano luogo a feroci rappresaglie, spesso ai danni di vittime innocenti. La sua motivazione, però, la soppressione del singolo ai fini di un mutamento del contesto, si rivelava utile. Come nel caso di Nizam: la stabilità dei selgiuchidi in Medio Oriente risultò compromessa dalla sua morte. L'evento contribuì a scoraggiare il progetto di un attacco ad Alamut; anche per la morte del sultano, sopraggiunta nello stesso anno.[4]

Il suo successore, Barkiyaruq, sembrò concedere una tregua agli Assassini. In effetti, si mostrò compiacente, quasi condiscendente verso di loro. Ma i suoi funzionari e la popolazione fecero pressione, e fu costretto ad assumere una posizione più aggressiva. Cominciò così una violenta persecuzione, e l'appartenenza agli ismailiti era già un'imputazione sufficiente alla condanna.

Malgrado ciò, la vera minaccia fu rappresentata dal sultanato di Muhammad Tapar, successore di Barkiyaruq. Questi si incaricò di distruggere le roccaforti della setta, a partire dal castello di Isfahan. Vittime di un estenuante assedio, gli ismailiti tentarono la via diplomatica. Indirizzarono al sultano una missiva chiarendo i motivi della loro posizione dottrinale, che solo lievemente differiva da quella sunnita, per la loro credenza nell'imam.

Le genti islamiche, da sempre inclini al dibattito filosofico, ne approfittarono per aprirne uno, nonostante il conflitto. Ciò offrì la possibilità di una tregua. Una questione era insidiosa: «Se il vostro imam vi comandasse azioni contrarie alla legge, gli ubbidireste?».[5] Vi si celava il pericolo di una replica obbligata. Gli ordini dell'imam sono indiscutibili, cioè da non trasgredire. Così, gli ismailiti si condannavano all'insubordinazione, attraverso l'inevitabile risposta affermativa; rispondendo di no, la loro stessa identità sarebbe venuta meno.

Tanti cavilli non portarono a nulla, e l'assedio fu ripreso. Si giunse a un accordo, che però non fu rispettato: Ibn Attash, signore del castello, ne trovava inique le condizioni. Così, perì insieme a tutta la sua gente. Lo si accusò di essersi ispirato a un libro menzognero. Quale?

Il nuovo bersaglio del sultano era Alamut. Per espugnare il castello occorreva una strategia speciale. La sua postazione escludeva la possibilità di un attacco frontale. Certo, si poteva tentare di logorarne le risorse con un assedio, ma non era affatto semplice. Nel 1118 la morte del sultano invalidò tutti i piani, sospendendo l'impresa. Un altro esempio di rilevanza del singolo nel quadro della politica musulmana medioevale.

Qualche anno prima gli Assassini avevano perpetrato un altro crimine, sbarazzandosi di un *qadi* di Isfahan, Ubaid Allah al-Khatib. Avverso agli ismailiti, fu ucciso nella sacralità di una moschea durante la preghiera del venerdì. A nulla valse la presenza di una guardia del corpo o della cotta protettiva.

Hasan sapeva come dirigere la setta. Lasciò alcune opere incomplete, un trattato e un'autobiografia. A lui si doveva la «Nuova Predicazione», che segnò la ripresa dell'ismailismo. L'insegnamento non era discutibile, e andava seguito ciecamente. L'unico imam attendibile era quello riconosciuto dagli ismailiti. A lui ci si doveva richiamare, per conoscere la verità. Malgrado l'apparente libertà dell'ismailismo a causa della possibilità di interpretazione del Corano, era vincolato al dogmatismo. I sunniti, ancorché difensori della tradizione, seppero congegnare nuove sintesi dottrinali per guadagnarsi la fiducia degli intellettuali e della popolazione nei momenti di crisi o di ristagno spirituale.

Ma nella sua epoca fu Hasan a parlare alle masse nella loro lingua, ridestando forze rivoluzionarie mai sopite. Insistette sulla lealtà e sull'ubbidienza, esigendole, in primo luogo, dai suoi stessi sicari. Fu un asceta devoto, e diede l'esempio di continenza e virtù. Si rifiutava di bere vino, e si mostrò intransigente verso qualsiasi trasgressore della Legge, non esitando a giustiziare persino i suoi figli.

Omar Burke, pellegrino tra i dervisci, raccoglie voci del nostro tempo sugli Assassini, apocrife, ma innovative e anticonformiste. La setta non avrebbe commesso neppure un omicidio, e i tanti crimini le furono imputati ingiustamente. Ciò, però, servì a circondare Alamut di un'aura di terrore e di rispettabilità, come Hasan aveva voluto. La sua reputazione fu costruita a bella posta.[6]

Hasan morì nel 1124, non prima di aver designato un comandante militare, Buzurg-Ummid, come suo successore.

Buzurg-Ummid fu subito al centro del mirino del sultano Sanjar, coadiuvato dal suo visir, Mu'in al-Din Kashi. Per mitigare il tiro occorreva sbarazzarsi di quest'ultimo. Gli ismailiti erano considerati alla stregua di infedeli, né si esitava a dar loro la morte o a tenerli in schiavitù. La campagna persecutoria del visir ottenne qualche risultato, ancorché circoscritto. La vendetta di Alamut non tardò a sopraggiungere.

Mu'in voleva accattivarsi i favori del sultano. Pensò di donargli due cavalli arabi per l'inaugurazione del nuovo anno persiano. Due sicari si infiltrarono a corte in qualità di stallieri. La capacità di trasformismo e di adattamento degli Assassini sarebbe divenuta presto nota. Diedero sfoggio di grandi abilità, e il visir capì di doverli consultare per la scelta dell'omaggio. Fu pugnalato senza pietà, e morì sul colpo. Il gesto fece capire al sultano quali rischi correva nell'avversare la setta.

Nel 1135, un nuovo crimine ebbe per oggetto il califfo di Baghdad, l'abbaside al-Mustarshid. Costui appoggiò una coalizione ai danni di Mas'ud, il nuovo sultano. Fu sconfitto, al pari dei suoi alleati, e catturato. Era tenuto prigioniero a Maragha. I suoi amici intercedettero presso il sultano, il quale decise di non infierire. Non liberò il califfo, ma acconsentì a una punizione meno severa. Gli Assassini capirono che dovevano approfittare dell'occasione. Si intrufolarono nell'accampamento di Mas'ud, lanciandosi all'attacco. 25 ferite, ben 25 ferite riportò al-Mustarshid! Ventiquattro erano, invece, i sicari di Alamut. Si accanirono sul califfo, squarciandogli il ventre e strappandogli il naso. Lo lasciarono riverso in una pozza di sangue, per poi decapitarlo. Mentre alcuni di loro imperversavano sul cadavere, altri ne sterminavano la servitù.

Furono favoriti gli Assassini? Si pensò di sì, ma i soldati dell'accampamento si gettarono all'inseguimento e ne abbatterono anche un certo numero! Forse la sorveglianza era inadeguata, chissà... O il sultano non voleva sporcarsi personalmente le mani con il sangue del califfo, per non contrariarne i simpatizzanti. Insomma, i sicari erano giunti al momento giusto! Come in altri casi, non si poté imputare con certezza l'assassinio alla setta. Ad Alamut, comunque, si esultava: la notizia della morte di al-Mustarshid fu accolta da festeggiamenti e grida di giubilo. Chiunque fosse, il mandante aveva favorito gli ismailiti. Un califfo abbaside, rappresentante della sunna, costituiva una preda troppo ambita.

Il successore di Buzurg-Ummid fu il figlio Muhammad, il cui regno vantò 14 omicidi. Un sultano selgiuchide e un altro abbaside, un ex califfo, furono le vittime più prestigiose. Ma si deplorava che la vocazione religiosa radicale della setta, caldeggiata da Hasan-i Sabbah, languisse da tempo. Anche perché i castelli sembravano aver perso la loro funzione primaria, di fungere da avamposti contro i sunniti, per rovesciarne l'impero. Di lì a poco, però, le forze antigovernative trovarono un nuovo portavoce. Anche lui si chiamava Hasan, ed era il figlio di Muhammad. Chi meglio di lui poteva preservare la tradizione? C'era soltanto un problema, non lieve.

I due, padre e figlio, erano troppo diversi. Il primo era un ismailita conservatore, di scarsa immaginazione né dotato del carisma da *leader* religioso. Era devoto alla Legge (*shariʿa*), e si limitava a reiterare la strada dei suoi predecessori. Ma Hasan-i Sabbah era stato un innovatore, ed emularlo comportava l'assunzione di un ruolo originale. Muhammad non lo accettò, e trovò disdicevole che volesse farlo il figlio.

Questi, sin dalla giovinezza, si appassionò agli scritti di Hasan-i Sabbah. Si capì presto che poteva diventare un trascinatore di folle, un brillante oratore. Il padre lo temette, e cautelò il suo popolo. Arrivò a dichiarare infedeli o atei tutti coloro che avessero ubbidito al figlio. E passò dalle parole ai fatti, condannando circa 500 dei suoi seguaci: Hasan aveva già molti proseliti. Metà di essi furono giustiziati, tutti gli altri esiliati.

Il figlio ne rimase sconcertato. Come mai le sue dottrine non trovavano il consenso di suo padre, proprio colui che avrebbe dovuto designarlo come successore? Poco dopo, sembrò attuarsi una metamorfosi spirituale. Hasan non era più il visionario ispirato, l'agitatore popolare, bensì un convertito, irreprensibile devoto della Legge. I suoi detrattori lo accusarono di ipocrisia e di opportunismo: voleva solo riabilitarsi agli occhi del padre, per non farsi diseredare!

A posteriori, si può giustificarne il comportamento. Un ismailita non inclina forse alla dottrina della *taqiyya*? E questa non prescrive, a scopo di prudenza, di celare le proprie convinzioni dottrinali per tutelarsi dagli oppositori che dominano il campo? Se i tempi non sono maturi, non si peccherà nel camuffarsi, evitando di esporsi alla critica della maggioranza.

Comunque sia, che la conversione si dovesse al calcolo o alla sincerità, Hasan fece colpo sul padre, che lo riabilitò. Alla morte di Muhammad, fu proprio lui, Hasan II, il nuovo signore di Alamut. Si comportò con astuzia, né deviò subito dal sentiero paterno. Ciò avrebbe disorientato i suoi seguaci, e a lui premeva il sostegno delle masse. Ma voleva procurarselo con le parole e non con la violenza, il che, pure, gli sarebbe stato facile.

A poco a poco, avvenne la metamorfosi definitiva. Dapprima se ne poteva percepire qualche tratto. Hasan II non sembrava ossequiare la *shari'a* con la stessa intransigenza del padre. Ma, forse, ciò non era indicativo. Era un segno dei tempi, mentre il quadro dottrinale si manteneva tradizionale e conformista.

Ma Hasan II volle annunciare una Nuova Epoca. Ci fu una convocazione generale nel cortile del castello. L'8 agosto 1164, la folla testimoniò di un avvenimento senza precedenti. La data era correlata a grandi Rivelazioni, autentiche Resurrezioni.

Ad Alamut, a metà del Ramadan, una sola persona sapeva cosa stava per succedere. Persino lui fu colpito dalle pieghe dell'evento, dalla sua risonanza. Quale data migliore, l'anniversario dell'uccisione di 'Ali, centro di gravità dell'intero sciismo?

Era mezzogiorno. Ci si immaginava di proseguire il digiuno tradizionale, uno dei pilastri dell'Islam, nelle ore di luminosità. Però, c'era qualcosa di strano. Tardivamente, i membri della congregazione si accorsero di stare seduti con le spalle alla Mecca! Una posizione blasfema, inadatta a una circostanza solenne. Ma le perplessità e lo sgomento si dissiparono presto.

Una figura ieratica, spettrale, si fece strada verso il pulpito. Sembrava provenire dal nulla, e il suo abito bianco la proiettava in un'altra dimensione. Il capo era avvolto da un turbante dello stesso colore. Purezza, purezza ovunque: era questo il messaggio che il linguaggio simbolico si sforzava di esprimere.

Guardando meglio, si scopriva che il fantasma impugnava una spada. Una spada. Un'altra evocazione simbolica, allusiva al potere di vita o di morte? L'arma accennava al connubio tra religiosità e lotta, all'unione tra i due mondi, la materia e lo spirito? O era un sacro feticcio, come la lama dei samurai?

La voce del misterioso personaggio sembrava giungere dall'oltretomba. Ma il timbro era confidenziale, sicuro di sé. E l'articolazione melodiosa, quasi una cantilena. Quando iniziò a parlare, tutti poterono rapportarne lo stile a Hasan II. Gli antichi seguaci intuirono l'evoluzione del maestro, ma neppure loro potevano presagire il contenuto del discorso.

Il tono si fece autoritario, più marcato. Riecheggiò in una gamma meno monotona; imperioso, esigeva attenzione.

«Sono in contatto con l'imam nascosto, ed egli mi ha parlato. Posso riferirvi tutte le sue parole. Mi ha comunicato che il tempo dei compromessi è finito...». Niente da eccepire, lo spettacolo debuttava nel migliore dei modi. «Non dobbiamo più restare in attesa. Come se la nostra vita dipendesse dalla sua manifestazione, dal momento della sua decisione. Egli si è espresso in un linguaggio che potessi intendere. E mi ha rivelato questo: che è già tornato, in ogni istante. Non esiste un frangente privilegiato della sua parusia. Liberiamoci dalla logica e dal pensiero comune: la manifestazione dell'imam nascosto è ovunque, e noi vi partecipiamo».

Tutto ciò perturbava il messianismo, la dottrina, ancorché avanzata, degli ismailiti riformati. Hasan II parlava come un neoplatonico, usando la terminologia di una filosofia non solo islamica.

«Fratelli, mi rivolgo agli abitanti di tutti i mondi. Sia agli uomini che agli angeli: tutti mi ascolteranno, com'è giusto che sia. L'imam del nostro tempo vi ha benedetti. Voi siete i suoi servi favoriti. A voi egli ha riservato il suo messaggio, per rendervi liberi...». E qui, secondo le cronache, ci fu una lunga pausa. «Dal giogo della legge». E ancora: «Sappiate che la Resurrezione consiste solo in questo».

Hasan continuò, addentrandosi nei meandri più ostici del suo pensiero. Riconobbe l'influsso di Hasan-i Sabbah, rappresentante dell'imam sulla terra. Ma poi rivendicò per sé un ruolo superiore: era il califfo in persona! Ne seguì l'enfasi sulla Legge, pilastro del discorso, che evocò i maggiori dubbi e perplessità.

«Voi siete svincolati dalla *sharīʿa*! Ciò è arduo da spiegare, ma... Non va seguita alla lettera: la *sharīʿa*, certo, non fu superflua! Ha preparato il terreno alla gente inconsapevole, incapace di attingere a questa Rivelazione. Ma ora voi potete farlo, e la Legge non vi serve più. Ve la scrollerete di dosso, come un fardello inutile».

Buddha ha paragonato la sua dottrina (*dharma*) a una zattera, utile per raggiungere la terraferma, la sponda del *nirvana*. Poi, però, la si dovrà accantonare, alla stregua di un espediente o uno strumento anacronistico, per non lasciarsene imprigionare ed esserne danneggiati.

Hasan II sembra coltivare una concezione analoga. Con la differenza che lui vuole *imporla* ai suoi fedeli. Chi si attacca alla Legge, rifiutandosi di abbandonarla, va punito; un tempo, si puniva il trasgressore. A questa implacabile logica paradossale ricorre un dominatore per intimare le proprie convinzioni. Con la stessa intransigenza dei sunniti, di lì a poco Hasan II si sarebbe accanito contro chi disattese le sue «anti-prescrizioni».

Egli presentava le sue parole come la stessa articolazione del pensiero dell'imam. «La sua parola è la nostra parola». Ciò comportava che esse non andavano messe in discussione. Che strano: la libertà come frutto di un'ingiunzione! Non c'era da stupirsi che qualcuno si sentisse disorientato, venendo a mancare all'improvviso del supporto della Legge.

Hasan stesso diede l'esempio, allestendo un imponente banchetto per tutti i presenti. Nelle ore di luce del Ramadan, ciò costituiva una grave violazione della *sharī'a*.

Persino la coazione alla preghiera, in questa nuova concezione dottrinale, andava abbandonata. Si pregava in ogni momento, non solo nelle occasioni prescritte. Ogni attività diveniva preghiera. La comunione con Dio non veniva mai meno. Perché riservarla a un periodo privilegiato?

La stessa Resurrezione non è un istante speciale del futuro, ma avviene di continuo, *hic et nunc*. Il mondo fisico non è separato da quello dello spirito. «Chi non si salva ora, non si salverà mai». Il discorso era riservato ai membri della setta.

Ci si separava radicalmente dall'Islam ortodosso. Da parte sunnita non si poteva che stigmatizzare tale dottrina con la massima severità. Ma l'avversione sarebbe stata alimentata anche dalle altre correnti sciite, niente affatto inclini ai princìpi di Hasan.

Nel giorno della Rivelazione la setta si era voltata dalla parte opposta alla Mecca, e ora si isolava nei confronti del mondo esterno, girandogli le spalle.

Altri signori ismailiti dei monti persiani accolsero di buon grado la «svolta». Nel Quhistan ci fu una cerimonia analoga, con la risposta «estatica» dei presenti. Solenni bevute di vino servirono a sancire il superamento della Legge.

A detta dei critici sunniti ci fu soltanto un'adesione esteriore ai dettami di Hasan, mentre gli ismailiti più convinti si trovarono in crisi e disorientati. Potevano forse mutare atteggiamento da un giorno all'altro, come gli si richiedeva?[7]

Secondo Rashid al-Din, un altro storico avverso agli Assassini, in una serie di scritti Hasan si identificò con l'imam del tempo. Un'affermazione molto grave, pregna di conseguenze.

Gli eventi precipitarono. Il signore di Alamut fu ritenuto un eretico, o addirittura sacrilego per aver rivendicato un ruolo semidivino. Inoltre, poiché la lapidazione attendeva tutti coloro che non accettavano l'esonero dalla legge, si formarono in fretta molte sacche di rivolta. Nel 1161 la carriera di Hasan II terminò bruscamente: fu pugnalato a morte, secondo gli stilemi della setta. La mano dell'uccisore era quella del cognato. Malgrado il suo breve dominio, era stato un *leader* molto significativo.

Il figlio, Muhammad II, ne continuò l'opera. Innanzitutto, condannò a morte i suoi assassini. Anche lui, alla stregua del padre, si sarebbe collocato tra gli imam.

Ad Hasan II spettava il grande riconoscimento della setta. La sua dottrina, in un certo senso, legittimava gli Assassini. In un mondo senza legge, ogni pregiudizio nei loro confronti veniva a cadere. Il loro operato ne risultava legittimato, in quanto si rivolgeva contro i rappresentanti dell'ordine costituito, l'Islam conservatore, «gli ottusi partigiani della Legge». La soppressione del senso comune, pure, convalidava le gesta della setta: gli Assassini si opponevano al conformismo, quindi risultavano gli eletti, «quelli che già, da sempre, sono salvi». Essi vedono la realtà al di là delle apparenze, e sanno che la Resurrezione consiste nell'osteggiare la lettera della Legge per enfatizzarne lo spirito. Finché potranno identificarsi con il loro ruolo di sicari, all'interno dell'ismailismo riformato, non avranno nulla da temere. Posseggono il Paradiso, e non se ne discostano mai.

Pochi avvenimenti di rilievo nel regno di Muhammad II. Ma gli Assassini non persero le scarse occasioni presentatesi per sfoggiare la loro abilità.

Al-Razi, noto anche come Fakhr al-Din, era un maestro sunnita. Di continuo, criticava gli ismailiti davanti ai suoi studenti. Muhammad lo venne a sapere, e inviò un sicario a dirimere la questione. Questi ricorse a due qualità fondamentali di un Assassino: il mimetismo, che gli permise di intrufolarsi tra i discepoli di al-Razi, e la pazienza, con cui sopportò le ingiurie e i giudizi pesanti nei confronti della setta.

Finalmente, gli si offrì l'opportunità di intervenire. Il discorso verteva su un problema teologico complesso, e il falso studente, secondo la prassi, chiese al maestro dei chiarimenti in privato. Al-Razi si accorse subito che non era quella la ragione dell'incontro. Davanti alla lama del pugnale, fu lesto a reagire. Ma era un uomo anziano, e il giovane assassino lo ridusse all'impotenza. «Che vuoi da me? Cosa ti ho fatto?». «Voglio solo aprirti la pancia, perché hai osato infangare la nostra religione!».

Il sicario gli stava seduto sul torace, e lo minacciava con la sua arma. Il maestro capì che non lo si voleva uccidere, ma solo intimorire. Certo, se la selva di critiche fosse continuata... Per incoraggiare l'interlocutore, il *fida'i* gli offrì una somma di denaro, facendogli capire che se fosse stato ai patti sarebbe stato ricompensato ogni anno. Insomma, una promessa di incolumità più un incentivo!

Lieto di essersela scampata, da quel giorno l'insegnante cambiò atteggiamento. Era come se ignorasse persino l'esistenza degli ismailiti, cui non accennava più. Qualche studente se ne stupì, e chiese spiegazioni. «Devi sapere che gli argomenti della setta sono molto convincenti, e persino taglienti!». L'aggressione era stata efficace.[8]

Nel frattempo, si andava disintegrando l'imponente impero selgiuchide. L'ortodossia religiosa, però, gli sopravvisse: molti dei nuovi principati erano governati da ufficiali o principi selgiuchidi. Nel vuoto di potere che seguì la morte dell'ultimo esponente della dinastia, un'altra, detta del Khorezm, tentò di guadagnare spazio. I suoi membri entrarono in conflitto con il nuovo califfo abbaside, al-Nasir. Questi era promotore di un processo di rinnovamento all'interno del mondo sunnita: volle esercitare direttamente il potere, rompendo la consuetudine che esigeva la supervisione dei comandanti militari. Tra le novità, un riavvicinamento agli sciiti di qualsiasi orientamento, anche agli ismailiti.

Nel 1210, Muhammad II fu avvelenato. Gli succedette il figlio Jalal al-Din. Tutta un'altra aria. Accusò il padre di libertinismo e di eresia, ripristinando la *shari'a*. La madre era sunnita; c'era forse un complesso edipico di mezzo? Comunque sia, Jalal fu detto «il neomusulmano».

Si comportava diversamente dai suoi predecessori. Si allontanò spesso da Alamut, inviando i suoi eserciti a conquistare nuovi domini. Con lui la tattica dell'assassinio passò in secondo piano. Fece di tutto per garantire rispettabilità ad Alamut, e vi riuscì. Si alleò, alternativamente, con fronti opposti: il Khorezm o il nuovo califfo. Quando aiutò quest'ultimo a sbarazzarsi degli avversari, riattivò l'assassinio abituale. Ma erano eccezioni non significative.

Mentre Jalal si prodigava per la nuova politica di Alamut, non mancarono critiche e opposizioni. «È un volgare opportunista. La sua adesione all'Islam è fasulla, frutto di un calcolo». Le voci sul suo conto erano sorde a qualsiasi giustificazione che riconducesse alla *taqiyya*: l'atteggiamento di prudenza apparve qualunquista e ipocrita.

Alla sua morte l'unico figlio, Ala al-Din Muhammad, di appena nove anni, fu nominato signore di Alamut. La setta disponeva di eccellenti comandanti, e non interruppe l'attività. Agì per rappresaglia, quando i khorezmiani aggredirono gli ismailiti del Quhistan. Fu tolto di mezzo un funzionario, un certo Urkhan. Tre sicari lo uccisero in aperta campagna, per poi tornare nella città vicina, Damghan, proclamare il loro crimine e tentare di aggiungere alla lista un'altra vittima, il visir. Non lo trovarono, e la popolazione si avventò contro di loro. Con i pugnali sporchi di sangue, gli Assassini vagavano per le strade in atteggiamento di sfida. Li lapidarono sul posto, ma loro, fino all'ultimo, invocarono il nome di Ala al-Din.[9]

Gli storici sunniti presentano il nuovo signore di Alamut come un pazzo e un ubriacone. A tempo debito, quando si pose la questione della successione, Ala al-Din avrebbe dovuto scegliere il figlio Rukn al-Din. Ma lo detestava, ed entrò in conflitto con lui. Che fare? Non si poteva deporre un imam, ancorché folle, e ciò proteggeva Ala al-Din. Tuttavia, approfittando della malattia di Rukn, un gruppo di sicari si introdusse nelle stanze del pazzo, e lo pugnalò a morte nel 1255. Come in altre occasioni, si sospettò della persona più vicina alla vittima, il suo favorito, Hasan-i Mazandarani. Rukn al-Din fu il nuovo signore del nido dell'aquila.

Il suo regno segna la fine della fortezza e dell'età aurea della setta in Persia. Le orde dei mongoli, inizialmente alla guida di Gengis Khan, seminarono il terrore nel mondo islamico. Erano inarrestabili, e sottomisero senza difficoltà la Persia orientale. Alla morte di Gengis, il nuovo khan incaricò Hülegü, nipote del grande condottiero, di distruggere gli ismailiti e di estendere la conquista sino in Egitto. Ciò, dopo circa cinque secoli, comportò la fine della dinastia abbaside.

Come facevano i nuovi padroni mongoli a tollerare gli ismailiti, una presenza imbarazzante, un anticorpo nel mondo islamico? Una spedizione militare si incaricò di eliminarli.

Di fronte alla minaccia, Rukn al-Din scelse la diplomazia ovvero il compromesso. Decise di sottomettersi a Hülegü, ma il mongolo esigeva un atto formale, oltre a porre condizioni inaccettabili, come lo smantellamento dei castelli o la loro consegna alla sua gente. Rukn al-Din temporeggiò, e fu disposto a qualche accomodamento. Ma i mongoli pretendevano la resa totale. Così, su istigazione di Rukn la maggior parte delle fortezze ismailite cedette. Solo due o tre disubbidirono. Una era Alamut, e ciò non sorprende. Ma poi si vide che ogni resistenza era vana, e Rukn dovette negoziare la resa totale. Non capì di essere solo uno strumento nelle grinfie del nemico. Appena i mongoli disposero delle fortezze, lo eliminarono. Le modalità del suo assassinio, repentino e di sorpresa, rammentano la setta.

Gli storici sunniti non perdono occasione di infierire contro gli ismailiti, descrivendo il loro declino in maniera catastrofica. Pretendono che di Alamut non restasse neppure una pietra, e parlano della «distruzione totale della falsa religione». Si chiedono, retoricamente, se esista ancora un Assassino vivo, da qualche parte. E si danno una risposta sprezzante, che non lascia spazio a obiezioni: «Se ce n'è ancora uno, sarà senz'altro dedito a un lavoro da donna!».

La successiva storia degli ismailiti in Persia non riveste interesse per questa trattazione. Ci si dovrà spostare in Siria, per cogliere altri sviluppi e una evoluzione parallela a quella di Alamut, riconducibile all'ineffabile Vecchio della Montagna.

L'assassinio come una delle belle arti, così De Quincey nel titolo del suo libro. Lo scrittore si lasciava guidare dal suono, cioè dal significante: la parola *assassinio* (inglese: *murder*) è foriera della spaventosità del crimine. Troppe sibilanti, per non suscitare terrore o sospetti.

Da dove deriva il termine che, nell'immaginario popolare, finì per designare la setta ismailita? La filologia brancolò nel buio, sino a formulare un'ipotesi soddisfacente nel 1818 grazie al barone Silvestre de Sacy. Fu lui a intuire che *hashishiyyun* designava il consumatore di hashish. Era un'espressione denigratoria, e la usavano gli oppositori sunniti della setta, rappresentanti dell'ortodossia musulmana.

Si trattava di un insulto: l'uso di droga era riservato ai membri delle classi più infime. Si infangava la setta, denunciando l'estrazione sociale degli adepti. Un modo per criticare la loro indisciplina: un drogato non può assoggettarsi alle rigorose prescrizioni dell'Islam. Con questa qualifica, gli ismailiti di Alamut erano paragonati alla feccia.

In Occidente, si prese tutto alla lettera. Ma certo, non c'era altra spiegazione! Solo per effetto della droga gli Assassini potevano incaricarsi di missioni disperate e senza ritorno! L'ipotesi era semplicistica, insoddisfacente. Per tacere che non esistono testimonianze storiche del consumo di droga da parte dei membri della setta.

Una parola, si sa, diviene moneta corrente e si impiega in significati diversi da quelli per cui la si conia all'inizio. Il termine *kamikaze*, come quello di *hashishiyyun*, si presta all'esempio. I membri della setta chiamavano se stessi nizariti, in virtù della loro relazione con Nizar, pretendente alla successione per il califfato fatimita. Ciò nonostante, si impose il termine dispregiativo usato dai sunniti. Gli si correlava un'aura di mistero e un fascino esotico. È probabile che i crociati, sentendoli chiamare così dai musulmani, ricorressero loro stessi al termine *hashishiyyin* (forma plurale) per designare i nizariti.

Si giunge a un paradosso: i membri della setta non inventano essi stessi l'assassinio, però gli danno il nome. Non inventano neppure l'assassinio politico, però sono loro a imperniare su di esso una strategia efficace. Formulano il «teorema della insostituibilità»: l'eliminazione di un personaggio scomodo, assurto a un'importante carica politica, rischia di mutare l'intero contesto, a scapito del gruppo cui appartiene. Per gli Assassini il teorema è centrale, in questo sono degli innovatori. Altri gruppi politici lo hanno perseguito sporadicamente.

Essi non nascono dal nulla, ma attingono a frammenti significativi di una tradizione. Si possono far risalire a quei pugnalatori, gli zeloti, ispiratisi al gesto di Giuditta. L'episodio biblico dell'uccisione di Oloferne lasciò trasparire l'efficacia di certe tattiche. Gli scrittori musulmani riferiscono di personaggi anticonformisti, ostili al significato letterale della Legge, i quali inculcavano nei seguaci la convinzione che l'omicidio fosse un dovere religioso. Certi gruppi si specializzavano nell'uso delle armi: lacci per lo strangolamento o randelli, infine il ferro.[10]

Gli Assassini insisteranno sul valore rituale, sacrale, dei loro atti. Il pugnale è uno strumento «puro», dal punto di vista della correttezza «deontologica». Non si avvalgono di armi che uccidono a distanza, né, in genere, di veleni. La vittima si rende conto della minaccia troppo tardi, ma può vedere in faccia il suo assassino. Ciò li differenzia radicalmente dai ninja, malgrado alcune affinità. Entrambi agiscono in incognito, ma i giapponesi non lasciano tracce del loro intervento e talvolta la vittima sembra perita di morte naturale, mentre gli altri ci tengono a rivendicare i crimini. Per questo non ricorrono ad armi «improprie», che non permetterebbero di identificarli come esecutori del delitto. Talvolta, però, ai membri della setta furono attribuiti assassinii mai compiuti, nei quali non era certa la loro partecipazione.

Essi non sopravvivono alla missione. In genere, lasciano capire che altrimenti non sarebbe dignitoso. In questo presentano alcune analogie con i kamikaze, specie giapponesi. Questi, in caso di operazioni annullate o inefficaci, si vergognavano di tornare al campo, poiché i compagni li avrebbero tacciati di codardia. Da ciò l'inestinguibile senso di colpa dei sopravvissuti, anche a distanza di anni. Sia per gli Assassini che per i kamikaze, occorrono due tipi di vittime: quella sacrificale, che si immola per il buon esito dell'operazione, e l'assassinato, l'oggetto da sopprimere. In certi casi, si può parlare di suicidio.

Tuttavia, la tradizione giapponese contempla la possibilità del *seppuku*, mentre quella islamica condanna il suicidio. A meno che, beninteso, non si tratti di martirio. La morte del sicario è un sacrificio alla causa dell'ismailismo, quindi non si tratta di un peccato, bensì di un'azione meritoria. Non occorreva drogare i membri della setta per istigarli a uccidere, bastava promettere loro il Paradiso e questi avrebbero ubbidito con entusiasmo.

Neppure l'omicidio rituale rientra nella tradizione islamica, ma gli ismailiti tentarono di giustificarsi. Dissero che si limitavano a colpire i nemici più pericolosi: i rappresentanti dell'ortodossia islamica, nemici della vera fede, l'ismailismo. Ma non fu sempre così, e talvolta tra le loro vittime si trovano persino dei cristiani. Agli Assassini si può rivolgere la stessa accusa relativa agli Ordini guerrieri cristiani: talora la vocazione originaria non viene rispettata. Gli Assassini dovevano versare un tributo agli Ospedalieri. Si sbarazzarono del figlio del principe di Antiochia e di Alberto, il patriarca di Gerusalemme. Poiché erano entrambi avversari degli Ospedalieri, forse il tributo non si limitava a una somma di denaro...[11]

A loro avviso, gli omicidi dei musulmani sunniti andavano considerati esecuzioni o atti di giustizia. Ciò sgravava la coscienza dei nizariti. Essi invocavano il principio della ribellione legittima, da sempre riconosciuto nell'Islam.

Gli sciiti erano perseguitati dall'ortodossia, che ne sopprimeva gli imam senza esitare. La morte di ʿAli, il quarto califfo, era emblematica. Essi potevano richiamarsi a questi modelli di sofferenza e martirio nella loro tradizione per giustificarsi. La rivolta sciita del 680 contro il califfato umayyade fu stroncata nel sangue; un'altra, cinque anni dopo, in cui perì un figlio di ʿAli, ebbe analogo esito. La violenza religiosa, come per gli Ordini guerrieri cristiani, era un segno dello spirito del tempo: si trattava di soggiacere a un influsso inevitabile. Gli Assassini, ancora una volta, non sorgevano dal nulla, ma si inserivano in una tradizione, sia pure rielaborandola e reinterpretandola.

Dal loro punto di vista, erano disciplinati e persino ossequiosi della Legge! Per lungo tempo, i comandanti dei castelli non tenevano donne accanto a sé, e il divieto del vino era rigorosamente rispettato dai *leader* e dalla guarnigione. Certo, si deve fare un'eccezione per Hasan II. Anche qui, però, si può ravvisare una parentela: con tendenze antinomiche o anticonformiste dell'Islam, in risposta al letteralismo della norma. Di nuovo, gli Assassini non rappresentano un fenomeno isolato, e attingono a un patrimonio culturale preesistente. Pure l'iconoclastia, talvolta, indica una spiritualità sincera.

Un interrogativo sancisce la modernità della setta, e appare inquietante alla luce delle vicissitudini del XXI secolo. Gli Assassini erano dei terroristi, come qualcuno sostiene? Esiste una connessione tra loro e i kamikaze del Medio e Vicino Oriente? Al punto di dirli «i primi terroristi della storia», come recita il sottotitolo di una delle monografie più leggibili sulla loro storia?[12]

Si dovrà proporre una definizione del terrorismo per inquadrare il problema. E riscontrare affinità, accanto alle inevitabili differenze. Il terrorista, per vocazione, mira a una strategia della tensione. Che agisca in gruppo o da solo, è questa la sua caratteristica. Non si può smentire che anche gli Assassini la perseguano. Essi denunciano i propri crimini, e lasciano che la gente li apprenda nei dettagli. Non si nascondono, e la loro forza consiste nel non allontanarsi dal campo di battaglia. Non si consentono vie di fuga, né le cercano. In questo un'altra analogia con i kamikaze di oggi o con i giapponesi.

Essi agiscono, inizialmente, in segretezza. Preparano il terreno dell'operazione, per conoscerlo minuziosamente. La pianificazione è adottata pure dai kamikaze, quantunque non ne rappresenti la peculiarità strategica. Entrambi i gruppi sembrano colpire o provenire dal nulla. Chiunque può rappresentare un pericolo in qualsiasi contesto, rivelandosi all'improvviso un sicario o un guerriero suicida. Gli Assassini si mimetizzavano tra la folla, pronti ad aggredire al momento giusto. Era nota la loro abilità trasformistica, nell'assumere i panni di persone insospettabili. E apprendevano una lingua straniera per mimetizzarsi meglio. Anche i kamikaze si battono contro una cultura, quella occidentale, che non è la loro.

D'altra parte, esiste una differenza essenziale: gli Assassini si oppongono ai loro simili, i seguaci dell'Islam, mentre i kamikaze odierni propongono lo scontro tra i mondi. Gli ismailiti interpretano il Corano diversamente dai sunniti, ma il substrato religioso è identico. Essi, spesso, combattevano i tradizionalisti con cui erano in sintonia o che li avevano in simpatia. Si tratta, ancora una volta, del «narcisismo delle piccole differenze», di cui parla Freud. Si detesta chi è più affine a noi, tentando di prenderne le distanze e di proclamare la propria unicità. Alcuni seminano il terrore nel loro stesso campo, altri in contesti ben diversi rivendicando la propria identità culturale. Resta in sospeso, quale impatto sia più terrificante. In entrambi i casi, il pericolo giunge all'improvviso; nel primo, però, proviene da una fonte che ci è familiare, tutt'altro che estranea.

Che Hasan-i Sabbah abbia inventato il terrorismo è una semplificazione, e non rende giustizia alla storia. Esistevano dei precursori, animati da obiettivi molto simili. È la maggiore notorietà a far risaltare il nome di Hasan rispetto ad altri. Di lui sappiamo che codificò una strategia basata sul teorema dell'insostituibilità. È anche questo a stabilire una divergenza tra gli Assassini e i kamikaze odierni. I primi si accanivano su bersagli specifici; gli altri vibrano all'impazzata i loro colpi, coinvolgendo perlopiù vittime innocenti.

La strategia del suicidio, adottata oggi in Medio Oriente, non è la stessa degli Assassini. Le differenze sono sottili, ma gli Assassini uccidevano senza curarsi della loro incolumità, mentre i kamikaze si avventano, per suicidarsi, contro gli obiettivi prefissati, facendosi saltare in aria ben imbottiti di esplosivo, o dirottando aerei senza sottrarsi alla distruzione.

Gli Assassini fallirono nella loro destinazione storica. Disattesero il mandato, e furono soffocati o assorbiti dall'ortodossia islamica. Forse la loro tattica era inaccettabile al pari di quella kamikaze, che adesso suscita repulsione. Anche in questo si cela un monito, se proprio si vuole imparare dalla storia.

La regola era: abbattere qualsiasi avversario della causa ismailita. Un califfo sunnita non era più vulnerabile di un dignitario religioso o di un insegnante che predicasse agli studenti gli errori della setta. Il primo era più appetibile, semmai, per finalità strategiche. Ma, in genere, si infieriva contro tutte queste categorie con la minaccia o l'omicidio.

Gli Assassini lavorarono anche su commissione. Il denaro guadagnato, in questo caso, soddisfaceva sempre allo scopo primario: la creazione dell'imamato ismailita. Ci si manteneva coerenti alla vocazione originaria.

Talora si accoglieva l'istigazione per conto terzi in modo da propiziarsi i potenti, per esempio il Saladino, o si cedeva al ricatto degli Ordini guerrieri. Erano eventualità rare, ma ci si preoccupava dell'incolumità della setta. Gli omicidi per rappresaglia rientravano nella casistica.

L'interpretazione sociologica del fenomeno è ardua. La dottrina della setta veniva incontro alle esigenze delle frange estremiste sciite, stanche della dominazione sunnita. Alamut prometteva la liberazione, non solo individuale ma anche sociale, rivolgendosi agli strati della popolazione insofferenti di un governo tradizionale, presunto traditore degli ideali di Maometto. La setta ottenne un largo consenso nelle zone montuose della Persia e della Siria. Lì l'ortodossia era debole, mentre fiorivano i movimenti anticonformisti e alternativi.

Si è ipotizzato che le adesioni provenissero per la maggior parte dalle campagne, le conversioni dagli strati sociali più infimi. Gli intellettuali se ne sarebbero ritratti, più interessati a dottrine meno emotive e più articolate, come lo sciismo duodecimano.[13] In realtà, la componente antinomica di Alamut era molto stimolante dal punto di vista speculativo, benché possedesse un significato pratico e applicativo. La promessa di un paradiso già raggiunto e di un'illuminazione interiore, immediata, parvero una scorciatoia a tanti studiosi islamici: il difetto, però, era in loro, poiché scambiavano lo spontaneismo e l'impulsività per semplicismo. Li penalizzò la simpatia per l'astrazione, che talora alludeva all'inconsistenza. Il radicalismo dottrinale degli Assassini inquietò le classi che, come quella dei mercanti, tendevano a conservare lo *status quo*.

Alcuni sostengono che gli Assassini rappresentavano la gente dei castelli in lotta contro le città; tuttavia, anche in queste riscossero un ampio credito. Riguardo all'eterno dilemma se l'ideologia della setta sia di destra o di sinistra, non si potrà che sottolinearne l'inconsistenza, la sua inapplicabilità al mondo islamico. Di volta in volta, si è ritenuto che l'insegnamento di Hasan-i Sabbah fosse reazionario o popolare, senza mai venire a capo di una questione mal posta.

Molti ismailiti erano indubbiamente colti: vi si trovano scribi, medici e insegnanti. Erano più istruiti degli Ospedalieri del primo periodo, e di molti Templari. Avicenna nutrì qualche simpatia per il movimento ismailita. Dalla fine dell'XI secolo in poi, mancano figure di rilievo sul fronte culturale. Ciò nonostante, la poesia e la letteratura turca e persiana continuavano a risentire dell'ispirazione ismailita, alimentandola a loro volta. Balzarono in primo piano le componenti più emotive e «popolari» della setta, enfatizzando la necessità di un ideale concreto, la formazione di un potere ismailita duraturo, da realizzare in breve tempo. Che ciò non si sia raggiunto non invalida un'ideologia che poggia sul romanticismo e l'utopia.

Non ci si poteva che volgere alla Siria, alla ricerca di una zona di espansione dottrinale. Parallelamente ad Alamut e alle altre fortezze persiane, si sviluppò una nuova fazione della setta in questo Paese. A volte, eccezionalmente, essa si porrà in contrasto con Alamut, pronta ad affermare la sua indipendenza. Il momento migliore per la sua diffusione coincise con l'estensione del califfato fatimita in Siria, la predicazione ismailita tra la fine del X secolo e nel corso dell'XI. L'ultimo trentennio del secolo testimoniò dell'invasione e della dominazione turca. La Siria risultò divisa in piccoli Stati, governati dai selgiuchidi. Anche qui gli ismailiti si opposero all'ortodossia sunnita, promossa dai turchi. Anche qui si insediarono nelle zone montuose, ma la loro penetrazione nella cultura siriana fu più lenta e più ardua che in Persia.

L'assassinio del signore di Homs, Janah al-Dawla Husain, segna l'esordio di questa nuova fazione dei nizariti nel 1103. Si stava recando alla moschea per la tradizionale preghiera del venerdì, attorniato dai suoi ufficiali e dalle guardie del corpo. Ma ogni precauzione fu inutile. Tre persiani gli si avvicinarono furtivamente. Erano accompagnati da uno *shaykh*, il quale, al segnale convenuto, intimò l'attacco. Janah e altri del suo seguito furono pugnalati a morte. I sicari, travestiti da asceti, o meglio da sufi, erano passati inosservati. In segno di rappresaglia furono uccisi alcuni sufi, senza vagliarne la responsabilità nei fatti.[14] Chi era il mandante del crimine? Forse Ridwan, il signore di Aleppo, rivale della vittima.

Tre anni dopo, gli Assassini presero a interessarsi alla fortezza di Afamiya. Poteva essere un ottimo quartier generale per le loro operazioni. Il suo signore, Khalaf ibn Mula'ib, era sciita, ma di una fazione avversa ad Alamut. Si ricorse a un espediente. Un gruppo di Assassini si avvicinò al castello con un cavallo da guerra e l'equipaggiamento dei franchi. Gridarono che avevano ucciso un cavaliere crociato, e che volevano donarne l'armatura e il cavallo a Khalaf in segno di rispetto. Furono accolti tranquillamente, anche perché erano solo in sei... Khalaf si compiacque del dono, e li fece alloggiare in un'ala del castello rifocillandoli a dovere. A un certo punto, quelli mostrarono il loro vero volto. Si misero a scavare accanto a una muraglia. Dal varco aperto con il favore della notte si introdusse una compagine ben più numerosa. Ora si poteva osare. La guarnigione fu eliminata in un sol colpo. Il drappello si diresse alle stanze di Khalaf. Questi non tardò a rendersi conto del pericolo, e reagì. Ma uno degli intrusi si scagliò su di lui, squarciandogli l'addome con un colpo di pugnale. Khalaf tentò di mettersi al sicuro nel suo harem, ma fu trafitto da un'altra pugnalata, che si rivelò mortale.

Gli Assassini si impadronirono di Afamiya, ma poco dopo il castello fu sottratto loro dal principe Tancredi di Antiochia. L'impresa non ebbe un successo duraturo. Solo in parte, però, ciò ne attenua la portata.

Sette anni dopo la setta tornò alla carica, ripristinando le abituali modalità strategiche. Ne fu vittima un certo Mawdud, l'emiro selgiuchide di Mosul. Era in visita a Damasco, e stava per entrare nella grande moschea cittadina. All'improvviso, un sicario gli balzò addosso colpendolo allo stomaco. Mawdud si liberò dalla stretta, e tentò la fuga. Ma era un colpo mortale, e cadde riverso al suolo. Tentarono di rianimarlo offrendogli del cibo, ma l'emiro lo rifiutò per non interrompere il digiuno. Sarebbe morto di lì a poco. Non si è sicuri che il crimine fosse stato perpetrato dagli Assassini, ma Mawdud era loro nemico. Finora era l'atto più significativo della setta in Siria. Si ipotizzò che il mandante fosse il solito Ridwan, in sintonia con le posizioni della setta. Nella stessa città gli Assassini ricevettero in dono un palazzo che allestirono a quartier generale.

Nel 1130, ghermirono la prima vittima sul fronte dei crociati. Il conte Raimondo II fu ucciso alle porte di Tripoli. Ciò non impedì agli Assassini di contrarre un'alleanza con Raimondo di Antiochia ai danni del nemico comune, i seguaci del signore di Mosul, Zanj, e della sua casata. A conferma che i loro pugnali prediligevano i musulmani, e solo raramente si volgevano contro gli adepti di altre religioni, e sempre per ragioni di sussistenza.

Rashid al-Din Sinan era l'uomo delle grandi alleanze. Colui che seppe guidare per brevi periodi su un terreno comune agli ismailiti i crociati, i califfi fatimidi e vari gruppi sunniti. Glielo permise il suo genio politico, in favore dell'espansione siriana della setta.

Era nato in Iraq, presso Bassora, forse nel 1131 o 1135. Si dice che avesse debuttato come sciita duodecimano, ma che s'interessasse presto all'ismailismo. Il padre era un notabile, o un uomo benestante, come dichiarò egli stesso al suo biografo. Sinan poteva condurre un'esistenza più che dignitosa, ma una lite con i fratelli lo costrinse ad abbandonare la famiglia. Si portò ad Alamut, forse perché condivideva già le idee degli Assassini.

Il signore del nido dell'aquila, Muhammad I, lo accolse sotto la sua protezione. Lì conobbe Hasan II, che fu suo compagno di studi e si ricordò di lui appena assurto al comando. Questi decise di mandare Sinan in Siria per armonizzare le controversie tra i membri locali della setta. L'altro assolse il suo compito talmente bene che sotto la sua egida la setta riuscì a emanciparsi da Alamut, raggiungendo una certa autonomia. Sinan si alleava con chi gli era ostile per tradizione o vocazione, pur di tener testa ad avversari comuni ben più pericolosi. Fu una mossa abile, che contribuì all'espansione della setta.

Egli non riuscì, però, a diventare subito un *leader*. Gli Assassini siriani lo avevano già: Abu Muhammad, che preferiva

Il giovane cavaliere Niccolò Aringhieri degli Ospedalieri a Rodi in un affresco del Pinturicchio nel Duomo di Siena. (© 1990 Foto Opera Metropolitana Siena / Scala)

Caravaggio, *Decollazione del Battista* (La Valletta, Chiesa di san Giovanni). Il dipinto fu commissionato dall'Ordine degli Ospedalieri devoti del Santo, per la loro Chiesa conventuale a Malta. (© 1999 Foto Scala)

La sconfitta del turchi durante l'assedio di Rodi del 1840,
dalla Storia illustrata di Guillome Caoursin, vicecancelliere dell'Ordine degli ospedalieri,
Obsidionis urbis Rhodice descripcio. (Parigi, Bibliothèque Nationale)

Due Templari sullo stesso cavallo, secondo una consuetudine accreditata, dall'opera di Matthew Paris, *Chronica majora.* (© The Master and Fellows of Corpus Christi College, Cambridge)

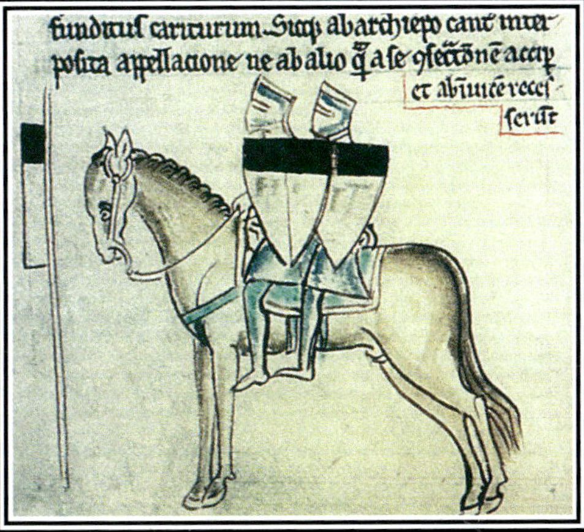

Gesù Cristo alla testa di un'armata per una ideale guerra santa. (© British Library, Londra)

Templari che giocano a scacchi, smentendo lo stereotipo del guerriero incolto, dal *Libro de Ajedrez, dados y tables* di Alfonso X di Castiglia. (Biblioteca del monastero dell'Escorial, © Patrimonio Nacional, Spagna).

Illustrazioni per il Parzival di Wolfram von Eschenbach. I Templari sono ritratti nella parte inferiore della miniatura, in una raffigurazione che non corrisponde a quella reale. Sono già entrati nel mito.
(Bayerische Staatsbibliothek, Monaco/ © Photoservice Electa/AKG)

La presa di Acri nel 1191, dall'opera *Chroniques de France ou de Saint Dénis*.
(British Library, Londra © 2003 Foto Scala/HIP)

Attacco dei saraceni a un accampamento cristiano,
condotto secondo una tecnica degli Assassini, travestiti da messaggeri di pace.
(British Library, Londra © 2003 Foto Scala/HIP)

Il personaggio di Thannhäuser, che ispirò l'opera eponima di Wagner, nei panni di cavaliere teutonico, miniatura dal Codice Manesse. (Heidelberg, Biblioteca Universitaria. ©Photoservice Electa/AKG)

La dea Kali, alla quale i Thugs offrivano le vittime sacrificali. (Foto © Corbis/Contrasto)

Acquarello del Capitano James Paton che raffigura i Thugs mentre strangolano una vittima (© British Library, Londra)

Nella pagina accanto: Due donne combattono con dei bastoni secondo i dettami delle arti marziali. (© Stephen Turnbull)

尾上松助
岩井粂三郎

Il monaco guerriero Tajima, eroe di una famosa battaglia disputata nel 1180 tra i potenti clan dei Taira e dei Minamoto. (© Manchester Museum)

Sei piloti kamikaze fotografati nel 1945 prima della loro missione. (© Hulton-Deutsch Coll./ Corbis/Contrasto)

agire nell'ombra. Ciò malgrado, risultava efficace e dirigeva i sicari con mano sicura. Spodestarlo non sarebbe stato facile. Alla sua morte, in mancanza di indicazioni da Alamut, il suo posto fu preso da ʿAli ibn Masʿud. Ciò suscitò il malcontento nella setta, e qualcuno si prese subito la briga di eliminarlo. Fu pugnalato a morte, come un feroce avversario. Nel vuoto di potere creatosi Sinan non ebbe difficoltà a imporsi. Alamut doveva essere lusingata dalla sua investitura.

Il suo primo compito consisteva nell'annunciare la Resurrezione in Siria. Hasan II aveva compiuto da poco la sua *performance* nel bel mezzo del Ramadan, davanti alla massa attonita di fedeli. È probabile che Sinan non fosse molto convinto della «svolta». La proclamazione del *qiyama* ebbe strane ripercussioni: in Persia fu accolta con attenzione dai membri della setta, i quali si affrettarono ad adattarvisi, mentre i sunniti non se ne accorsero neppure; in Siria, invece, avvenne l'opposto. Le autorità tradizionali conclusero che l'evoluzione degli ismailiti comportava l'abbandono di qualsiasi regola e l'indulgenza a ogni depravazione. Si diceva che gli uomini di Sinan violassero persino le madri e le sorelle! La colpa minore era che non perdevano occasione di ubriacarsi. Sinan prese atto dei pettegolezzi, e si preparò a intervenire.

Intanto, organizzò la setta. Anche se i suoi *fida'i*, a differenza che in Persia, costituivano un corpo a sé stante cui ricorrere in caso di bisogno. Sinan si rese conto che la geopolitica della zona non permetteva di affrontare parecchi avversari in una volta. Occorreva metterli uno contro l'altro, per vagliare la possibilità di una guerra contro il singolo gruppo. Da qui il gioco delle alleanze, in cui il nuovo *leader* si rivelò un maestro. Era pronto a farle e disfarle in base alle circostanze: un atteggiamento dinamico, tutt'altro che rigido.

Non sempre questi rapporti si rivelarono idilliaci. I Templari, buoni vicini se non fiancheggiatori della setta, vendicarono l'omicidio del conte Raimondo di Tripoli mandando una spedizione punitiva contro gli Assassini ed esigendo in risarcimento il pagamento di un tributo. Nel complesso, la relazione con i monaci guerrieri fu abbastanza buona per il solito motivo: non erano loro i veri nemici.

Il Saladino, lui sì che li osteggiava! Era il nuovo *leader* dello schieramento musulmano, fautore di una perniciosa unità e compattezza religiosa. Le sue ambizioni andavano represse. Come? Con i soliti metodi dei nizariti.

Nonostante la difficoltà del progetto, il Saladino subì due attentati. Il primo avvenne nell'inverno del 1174, o l'anno dopo. Un gruppo di sicari si infiltrò nel suo accampamento. Ma un emiro locale, malgrado il travestimento, li riconobbe. Ne seguì un serrato interrogatorio: l'uomo voleva accertarsi delle loro intenzioni. Quelli, vistisi perduti, lo uccisero. L'impresa era fallita, e nel parapiglia furono probabilmente eliminati.

Per il momento, il Saladino poteva dirsi salvo. Nel maggio del 1176, gli Assassini ci riprovarono. Anche stavolta si infiltrarono facilmente nell'accampamento, sbarazzandosi della guardia del corpo. Quando il loro nemico giurato fu a tiro, cominciarono a tempestarlo di colpi. Il Saladino, però, indossava una pesante armatura, e i pugnali lo ferirono soltanto. Poco dopo, i suoi uomini eliminarono in fretta gli aggressori.

Il Saladino era preoccupato. I sicari della setta riuscivano a spingersi a una distanza così ravvicinata! Non avrebbe dormito sonni tranquilli. Aumentò a dismisura la quantità delle guardie del corpo, come avrebbe già dovuto fare dopo la prima aggressione, e si fece costruire una torre per riposare tranquillo. Gli Assassini, malgrado lo scacco, davano prova di una certa abilità.

La storia degli scontri tra il Saladino e la setta è ricca di aneddoti, probabilmente apocrifi. Si dice che il condottiero avesse inviato a Sinan una lettera minacciosa, e che questi gli avesse risposto da par suo. Si difendeva dalle accuse sostenendo che i suoi uomini fossero oppressi, anziché oppressori; depredati, anziché predatori. Si appoggiava a numerose citazioni del Corano.

Una, in particolare, suonava intimidatoria e sconcertante: «Auspica la morte, per essere nella verità» (Corano II, 94). Sinan alludeva alla strategia dell'assassinio, invincibile sul piano psicologico. I suoi uomini, consapevoli di agire per una giusta causa, non avrebbero indietreggiato davanti alla morte. Essi, anzi, ne cercavano l'intimità, bramandone la compagnia.

Ciò rappresentava una novità per la cultura islamica, dove la vita ha un valore sacro, né si indulge al suicidio, che è peccato grave. Sinan si sarebbe trovato in sintonia con i samurai, i quali vivono costantemente al fianco della morte, consacrando tutta la loro esistenza alla sua accettazione. Ideali che nell'Estremo Oriente, ma non nel Medio o nel Vicino Oriente, appaiono imprescindibili.

La missiva si concludeva con una ammonizione, che poté rievocare al Saladino i recenti attentati che avevano posto a repentaglio la sua vita. «Quando leggerete questa lettera, guardate fuori dall'accampamento per cercarci...». Sinan aveva ragione: la strategia della tensione si costruisce così, rammentando al nemico che lo si potrà acciuffare in qualsiasi momento, e che chiunque, nel suo stesso ambiente, può sopprimerlo a tradimento.[15]

La lettera sembra apocrifa, ma allude a uno stato di cose reale. Gli Assassini sapevano intrufolarsi in ogni ambito. A questo riguardo c'è una storia, altrettanto apocrifa. Sinan inviò un messaggio al Saladino. L'uomo che lo recapitò disse che doveva rivelarne il contenuto in privato. Il Saladino, fiutando il pericolo, si rifiutò di esaudire la richiesta. Due guardie del corpo mammalucche non potevano lasciarlo solo. L'inviato insisteva, ma il Saladino replicò: «Tengo a questi due come fossero miei figli. Non me ne separerei mai, poiché conosco la loro fedeltà». Allora l'uomo si rivolse ai due giganti. Il Saladino non si aspettava questa mossa. «Se vi ordinassi, in nome di Sinan, di uccidere il Saladino, lo fareste?». Al che i due sguainarono le spade, e gridarono all'unisono: «Comanda, e ti ubbidiremo!». Il Saladino ne fu comprensibilmente intimorito: chiunque poteva essere un sicario!

Nonostante l'inconsistenza storica degli aneddoti, a un certo punto la relazione tra il Saladino e gli Assassini mutò. Ciascuna delle parti in causa lasciò in pace l'altra, evitando di rivolgerle contro i suoi strali. Come mai? Eppure il Saladino continuò a esercitare una funzione accentrativa e normalizzante in nome dell'ortodossia islamica, mentre gli Assassini toglievano di mezzo gli anti-ismailiti. E allora? Si ritiene che ciascuna fazione si fosse resa conto della potenza dell'altra. Il

Saladino, è vero, aveva a disposizione un'armata imponente e avrebbe potuto sbarazzarsi facilmente della setta. Ma ciò avrebbe richiesto uno spreco di tempo e di energie, logorando un esercito da impiegare utilmente in altri modi. Così, si prenderà atto che le ostilità cessarono, senza saperne spiegare le ragioni.[16]

Poi il coro delle voci sfavorevoli a Sinan tornò a farsi sentire. Si prescinderà dalla storiografia sunnita, secondo cui gli Assassini siriani equiparavano il *leader* a un imam, conferendogli uno *status* semidivino. Le annotazioni si basano su scritti ismailiti, ma molto posteriori alla morte di Sinan.

Il gruppo che più dava preoccupazioni era quello dei «Puri» (*sufat*). Tra l'altro, essi introdussero una frattura dottrinale nella setta. Partivano dalle teorie di Hasan II, se possibile, esasperandole. L'annuncio della Resurrezione rendeva anacronistico, e persino superfluo, il ricorso alla Legge e al Corano. In questo gruppo si diffuse l'idea della divinizzazione di Sinan. Questi non ne fu affatto lusingato, e inviò un contingente ben armato per cancellare una presenza imbarazzante. I Puri furono decimati, e la setta recuperò la sua compattezza.

L'assassinio del marchese del Monferrato sigillò il periodo di Sinan. Il sipario calava con un evento sconvolgente, plateale. Quanto a lui, sarebbe morto nel 1193 circa. La setta, sotto i suoi auspici, assurse a uno *standard* mitico. Con Sinan si inaugurava la leggenda, di cui egli rappresentò la parte più emblematica: il capo che invia i sicari in missioni disperate, senza ritorno ma brillanti. Lo si chiamò «il Vecchio della Montagna», esaltandone la funzione direttiva e organizzativa. La parola «vecchio» rendeva l'arabo *shaykh* o il persiano *pir*. I termini alludono a un carisma dato dall'età, che va perso in traduzione.

Per la Siria, con Sinan si concludeva un'epoca, e la signoria di Alamut, da lui calpestata, non tardò a riaffermarsi. Ma aveva eclissato persino Hasan-i Sabbah, il fondatore della setta? Un quesito irrilevante, che trascura la differenza di stile o di vedute tra due *leader* altrettanto significativi. Sinan è ritenuto, forse a torto, più poliedrico. Fu un abile politico, nonché un programmatore di assassinii classici: combinò le due qualità tra loro, ai fini dell'evoluzione della setta.

Quando le leggende riferiscono di un misterioso capo nell'ombra, che persuade i sicari con l'aiuto dei paradisi artificiali della droga, si accenna a lui. È Sinan quello che, con un semplice schiocco delle dita, poteva esigere persino che i suoi uomini si gettassero nel vuoto, vantando su di loro un irresistibile potere di vita o di morte. Difficile tracciare i confini tra la realtà e la *fiction*. Ma a Sinan non occoreva la droga per ottenere prestazioni ineguagliabili: bastava il suo carisma, e gli Assassini avrebbero travolto gli ostacoli più impervi.

Dopo un ultimo rigurgito, la storia degli Assassini giunse al culmine anche in Siria. Intorno al 1226-1227, esigevano imponenti tributi dai signori musulmani o cristiani con cui la loro strada si incrociava. Le minacce di morte non erano sottovalutate, e per qualche tempo i membri della setta continuarono a esercitare un certo potere. Poi l'invasione dei mongoli e l'avvento di Baybars a sultano d'Egitto ne decretarono la fine. Questi riuscì a soggiogarli, adibendoli a marionette o semplici esecutori dei suoi piani. Loro, ormai indeboliti, accettarono: non erano in grado di resistere.

A prescindere dal suo connubio con la setta, l'ismailismo decadde in Siria e in Persia al rango di eresia minore. Non poteva essere altrimenti, venendo a mancare di un supporto armato? Come se certe ideologie fossero vincolate a un'applicazione militare, quale occasione per incrementarne il proselitismo? In realtà, oggi l'ismailismo si riscontra in quasi tutto il mondo, annoverando parecchi milioni di adepti. Certo, come nel caso degli Ospedalieri, ora Cavalieri di Malta, la sua vocazione bellica è scomparsa, ma la dottrina si mantiene intatta. Un altro esempio di divorzio tra lo spirito e le armi?

V

Strangolatori in onore della dea

«Il Divino è in tutto, nel bene e nel male.»[1]

«Nessuno è ucciso per mano dell'uomo, chiunque venga strangolato è, in effetti, strangolato dal Divino.»[2]

Attribuite ai Thug

«Cosa vuoi? Non ho tempo da perdere».

La voce dell'ufficiale era perentoria. Con tutti gli affari da sbrigare, poteva intrattenersi con quel teppista?

«Signore, ho una comunicazione importante da farle». Kalyan Singh parlava in tono concitato, mescolando la sua lingua a un po' di inglese.

Continuò:

«Posso farvi catturare una banda pericolosa. So dove si nasconde».

Sleeman aveva fiuto, e volle ascoltare il delatore. Doveva esserci stato un alterco.

Kalyan Singh era un componente della banda, ma qualcosa era andato storto: forse non gli era stata corrisposta la parte convenuta del bottino. E ora tradiva i suoi complici, consegnandoli alla giustizia.

«Si tratta dei Thug».

Quel nome fece quasi balzare sulla sedia l'ufficiale. Lo convinse a prestare fede al suo interlocutore, persuadendolo di battere la pista giusta. Thug era una parola terrificante, ed evocava i lacci per lo strangolamento. Ma di questo Sleeman aveva solo sentito parlare.

Una truppa di poliziotti a cavallo seguì l'indiano su un sentiero scosceso. Poco dopo, si imbatterono nella comitiva che cercavano.

«Sono loro, signore, arrestateli».

«Che volete? Non abbiamo fatto niente».

Le proteste furono inutili. Sleeman sapeva di aver centrato il bersaglio, prima ancora di avere delle prove.

Delle prove? In effetti, non ce n'erano, e l'ufficiale dovette giocare d'astuzia.

«Vi si accusa dell'incendio di una casa a Narsinghpore. E di averne ucciso il proprietario».

Una sfilza di risate accompagnò l'affermazione.

«Ma che dice? Non ci siamo neanche passati, per Narsinghpore!».

Sleeman voleva prendere tempo, in attesa dei rinforzi.

La conversazione si svolgeva in hindi, ma d'un tratto un brivido attraversò la schiena del poliziotto. Alcune parole erano in un'altra lingua, di cui, pure, egli aveva qualche nozione. Ma certo! Era il Ramasi, l'idioma segreto dei Thug! Sleeman era al corrente delle ricerche di Sherwood, e riconobbe alcuni termini.

La scoperta coincise con l'arrivo dei rinforzi. Ormai il poliziotto sapeva cosa fare. Il gruppo fu incarcerato, malgrado le rimostranze e l'assenza di capi d'accusa.

Poi emersero anche quelli, quando Sleeman individuò il punto debole della catena. Uno dei Thug andava interrogato a parte. Forse si poteva farlo parlare, incoraggiandolo con qualche promessa.

La persona giusta era Moti («Perla»). Dopo varie insistenze e qualche percossa, messo a confronto con Kalyan Singh il delinquente vuotò il sacco. Avrebbe dato a Sleeman molto più di quanto s'aspettasse.

La stessa notte, Moti guidò un gruppo di poliziotti nei pressi di un bosco di mango.

«Ecco, scavate qui», disse, indicando un punto preciso del terreno. Uno spettacolo sconcertante si presentò agli occhi di Sleeman e dei suoi uomini.

Quattro salme furono dissepolte in tutta fretta. Tre uomini e un ragazzo – ma non si diceva che i Thug non uccidessero i ragazzi? Tutti avevano il collo spezzato, a opera di strangolamento. I fianchi erano stati squarciati dai pugnali, per evitare il rigonfiamento dei cadaveri e accelerarne la decomposizione. Poi si rinvennero altri cadaveri, e Sleeman capì di aver messo le mani in un vespaio. Erano quelli i famigerati Thug, di cui si parlava tanto.

Moti aggiunse altri particolari alla sua deposizione, narrando una vicenda raccapricciante. Qualche anno prima, la sua banda si era imbattuta in un personaggio locale di grande prestigio (*munshi*). L'uomo aveva una scorta di sei guardie del corpo, e viaggiava con moglie e figli. Intuendo che aveva con sé un bottino ragguardevole, i Thug decisero di agire.

Entrarono in confidenza con lui, convincendolo ad accettare la loro compagnia, anche perché poteva tornare utile in regioni pericolose.

Di sera, si capì che il momento era arrivato.

Due predoni avevano preso a suonare. Il *munshi* si era distratto, e ascoltava con piacere. Mentre i servi dormivano, un Thug ammonì i suoi complici: «Portatemi il tabacco!». Una frase in gergo che preludeva all'attacco. Il *munshi* ebbe appena il tempo di gridare che già aveva il fazzoletto sulla gola; fu subito strangolato. La moglie, appena uscita dalla tenda, subì la stessa sorte. E così i servitori, colti di sorpresa. Uno dei figli fu eliminato con lo stesso sistema, ma riguardo alla bambina gli assassini rimasero perplessi.

«Che ne dite di adottarla?».

Dopo un attimo di esitazione, il Thug decise altrimenti.

«Non perdiamo altro tempo, sbarazziamocene!».

E la gettò, viva, nella fossa già allestita per i genitori e le altre vittime.

Nella prima metà del XIX secolo, l'Inghilterra aveva già gettato le basi della sua dominazione nel continente indiano. Un grande impero, simile a quello dell'epoca romana, prendeva corpo. Non senza difficoltà e gravi problemi. La quasi totalità dell'India era conquistata, ma in moltissime zone permanevano sacche di resistenza in apparenza invalicabili. La preservazione e il controllo dei territori occupati: era questo il duro compito da assolvere. Monarchie locali, create in tutta fretta, da signorotti ambiziosi, davano agli inglesi del filo da torcere. Né passavano inosservate le loro alleanze con briganti di ogni risma. Ci si appellava a un antico tema ricorrente.

Secondo l'*Arthashastra*, l'opera indiana sull'arte militare, il fine giustifica i mezzi. Ciò implica, per esempio, che i sovrani si avvalgano dell'aiuto dei predoni per espandere i confini dei propri Stati. Una parte del bottino viene consegnata al re. Nella mentalità indiana, si profila una flebile linea divisoria tra il potere regale e la violenza dei briganti. Quantunque le due sfere non combaciassero, talora era arduo stabilire dove finiva l'una e cominciava l'altra. La legge del sovrano rischiava di sovrapporsi o di confondersi con l'etica delle bande di predoni che infestavano l'India. Ciò si riscontrò in svariati periodi storici, nonché intorno al 1830, scenario delle ultime gesta dei Thug.

Anche la condizione stradale stimolava il compito dei banditi. Le carovane dovevano procedere lentamente sul terreno accidentato, e si assisté a un vistoso spostamento di mezzi e denaro a causa del monopolio dell'oppio. Bande come i Thug furono attratte dai convogli, e facilitate dalla scarsa resistenza opposta. L'imprudenza dei carovanieri faceva il resto. Si poteva tentare di realizzare il colpo perfetto, la rapina impeccabile. Il saccheggio era favorito dagli stessi sovrani, che così ampliavano il loro potere. Questi disponevano di armate più nutrite, certo, ma talora un piccolo manipolo di uomini poteva risultare più incisivo. Anche perché i Thug ufficialmente non agivano per conto loro, quindi essi evitavano di compromettersi politicamente. Da qui, la predetta alleanza tra monarchi e ladri.[3]

L'India era ritenuta un calderone in ebollizione. Una volta scoperchiato, vi si trovava dentro ogni tipo di delitto o nefandezza. Fu in reazione a questo che si levò una voce anonima, nella lettera del 3 ottobre 1830 al «Calcutta Literary Magazine». Pretendeva che il tempio di Kali nei pressi di Vindyachal, a poche miglia da Mirzapur, fosse infestato da una setta di assassini. Loro, specialisti nell'arte dello strangolamento, offrivano ai sacerdoti una parte del bottino. In cambio ne traevano protezione e tutela da parte della dea. I religiosi sapevano la triste provenienza dell'obolo, ma non per questo si astenevano dall'accoglierlo. Ogni anno si immolavano in tal modo migliaia di vittime. La missiva si concludeva con un appello: il governo non poteva più passare sotto silenzio certi fatti, doveva provvedere subito.

Si prestò attenzione alla denuncia, e le autorità adottarono le misure necessarie. La campagna anti-Thug, questo il nome della setta, fu affidata a William Sleeman, lo stesso autore della lettera. E con perfetto tempismo: addirittura il giorno dopo! Ma il progetto occupava la mente di Sleeman già da tempo.

Egli svolgeva una duplice funzione: amministratore e poliziotto. Si occupava del distretto di Narsimhapur nella valle di Narmada. Si vantava di averlo ripulito dalla criminalità. Un giorno, l'incontro con Kalyan Singh, un ladruncolo da quattro soldi, gli permise di coronare i suoi sogni. I Thug sarebbero divenuti i suoi nemici giurati.

La parola *thug*, come *kamikaze*, ha subìto alterazioni semantiche non irrilevanti nel corso dei secoli, ed è stata applicata e legittimata in contesti diversi. Nelle lingue native dell'India, nel XVIII e nel XIX secolo, designa in generale un truffatore, qualcuno dedito al crimine. Più raramente, la si trova associata all'omicidio. Il delinquente comune, per altri versi, viene indicato con parole che si riferiscono all'assassinio.

Thag allude al tagliagole e al ladro, ma anche al *trickster*, un briccone, furfante e imbroglione. Difficile stabilire la sua connessione con l'attività principale dei Thug, lo strangolamento. *Sthag*, la parola sanscrita da cui deriva *thag*, implica l'occultamento: più in particolare di un atto o come qualità riprovevole. Ciò potrebbe richiamarsi alla simulazione, tanto cara ai Thug. Come gli Assassini, essi tentavano di conquistarsi la fiducia delle vittime, per sopprimerle al momento opportuno. Ricorrevano all'inganno e al raggiro. Un altro significato della parola *thug* è «falsario», sempre connesso a quest'attività.

Thug è l'impostore, colui che si approfitta della dabbenaggine altrui. Nella categoria i lessicografi includono gli alchimisti, o chiunque si prefigga di sorprendere o soggiogare gli altri; il verbo da porre in correlazione con quest'ultimo significato è *thagna*.

La parola possiede anche un significato mistico, che non va eluso nel caso degli strangolatori. Il poeta Kabir si permette di affermare che il Divino è un *thug*, cioè qualcuno o qualcosa che nasconde agli occhi dell'uomo il mondo autentico. Su questa scia, un altro poeta riferisce il termine *thug* alle arti femminili dell'amore. La donna bacia il partner per sedurlo, soggiogarlo: baci elusivi, con cui ci si prefigge di ottenere un trattamento o prestazioni eccezionali.

Le azioni di un Thug, pure, sono pervase da un afflato mistico. Non si scorge subito, ma traspare dalle dichiarazioni della setta. A prescindere dall'offerta del crimine alla dea Kali, i Thug ritengono che la loro violenza liberi la vittima dal ciclo delle trasmigrazioni. Essa possiede una valenza soteriologica. Mentre il Divino vela la realtà all'uomo, secondo gli slanci lirici di Kabir, il gesto thug, cioè lo strangolamento e la sepoltura, permetterebbe al deceduto di travalicare l'illusione. I Thug si accaniscono sui viandanti, cioè coloro che, non solo figurativamente o in forza della denominazione, percorrono i labirinti del *samsara*, il ciclo vita/morte. E li aiutano a uscirne, pur avvalendosi di modalità inaccettabili al senso comune: la tortura e l'omicidio. Osano persino affermare che il sacrificio non avvantaggerà loro stessi, bensì la vittima. Cosa potrebbero mai trarre loro dall'immolazione? Sembra un'argomentazione paradossale, ma fu formulata da una corrente tantrica indiana: lo yogi sacrifica una vittima per il suo bene, non perché ne usufruisca l'officiante della cerimonia.[4]

Inoltre, i Thug sembrano sottoscrivere una concezione elusiva dell'esistenza, il cui nucleo autentico si mantiene impenetrabile. Agli occhi di un osservatore ordinario, sono loro a compiere i crimini; in realtà, è il Divino a incaricarsene. «È Dio che ci dà tutto, noi non rubiamo mai!». È il Divino a strangolare, anziché l'essere umano. I Thug rabboniscono Kali attraverso i sacrifici. Se non fosse per loro, la dea, estremamente bramosa di sangue umano, perpetrerebbe massacri ancora più efferati. Spillano ogni goccia della preziosa sostanza dalle vittime, sperando di placarla. Ogni sforzo per bloccare i Thug è destinato a ridestare l'ira della dea, la sua esplosione incontrollata.

A prescindere dall'intento mistificante e ideologico della razionalizzazione, è indubbio che essa trova riscontro in alcuni significati mistici della parola *thug*. I membri della setta dichiarano di promuovere un'espansione della coscienza umana, compito che però richiede, come atteggiamento preliminare, il raggiro, l'occultamento del reale. D'altro canto, la dottrina è solo un modo per coprire la propria brama, l'inclinazione al saccheggio, e legittimarla. Anche questo rientra nei giochi di prestigio dei Thug, rispecchiandone la propensione all'alterazione dei fatti. Nell'anedottica popolare un Thug è uno che, pur di venderlo a buon prezzo, gabella un asino per cavallo.

Un'annotazione sui viaggi di Hsüan-tsang (nato nel 602 circa), celebre pellegrino buddhista che si spostò dalla Cina all'India, sembra alludere ai Thug. Così, almeno, si può leggere tra le righe. Si dovrà aspettare un lungo periodo, però, per trovare brani più indicativi.

L'opera di Jean de Thévenot riferisce di un altro viaggio in India, compiuto nel 1684. Si accenna ai «ladri più abili e astuti del mondo»; per l'autore, non è forse un caso che si trovino proprio in India. Usano un cappio che avvolgono intorno al collo della vittima, di cui si erano guadagnati la fiducia in mille modi. A quel punto, strangolarla è un gioco da ragazzi. Spesso è una bella donna a sedurre il viandante, offrendogli la sua compagnia. Appena quello allenta le resistenze, intervengono i suoi compagni nascosti nel fogliame, o è lei stessa a eseguire l'omicidio. Questi espedienti non falliscono mai.

Altre descrizioni utili si trovano nel libro di John Fryer, dello stesso secolo e periodo: *A New Account of East India and Persia* (1698). La struttura del crimine è precisata nei dettagli, ma neanche qui si fa il nome dei Thug. Più correttamente, si parla di *phansigar* o «strangolatori». Sarà un medico, Richard Sherwood di Madras, a tirare le somme e riannodare i fili. I Thug ne emergono con le connotazioni per cui sono tristemente noti, e William Sleeman, lettore attento, poliziotto intuitivo e funzionario del governo inglese, completerà il quadro con altre nozioni.[5] Entra in scena la dea Kali.

Kali, non tra le prime nate nel Pantheon indù, risale al V secolo d.C. Kali, la controparte femminile di Shiva, la sua energia creativa o *shakti*. Kali, la dea dai molti nomi; tra cui, Durga e Bhavani. Lei, che distrugge la vita o la concede. Più nota nel primo ambito. Femmina tutt'altro che attraente, nell'iconografia ha due braccia in più e i suoi denti sono zanne atte al massacro. È una vergine, divinità della montagna e della guerra. Un'amazzone che si bea della propria solitudine.

Gli emblemi rivelano la sua connessione con i Thug: il cappio (*pasha*) o la spada (*khadga*); meno il bastone con il teschio sulla punta. A lei non si sfugge, così come non si può sfuggire al tempo, che è vincolato a lei. Dove avviene una sepoltura o una cremazione, lì giunge Kali. Anche questi riti troveranno spazio nei misfatti dei Thug. Un ulteriore prestito da Kali. Tanto la vita è relativa, e sfocia subito nella morte. «Se questi viandanti non li uccidevamo noi, li avrebbe presi Kali». Una razionalizzazione, che solo filosoficamente trova una ragion d'essere.

La dea è nuda, poiché non coltiva illusioni. Allo stesso modo, i Thug conoscono la vera natura del reale e non si lasciano fuorviare. Per loro, niente velo di *maya*. Sono i Thug, semmai, a occultare il reale truffando i carovanieri. Kali è nera, in quanto misconosce l'esistenza degli opposti: in lei tutto si annulla e coincide. I Thug sanno che il bene è indissolubilmente legato al male; chi annuncerà come districare il nodo? Kali si appaga della devozione di chiunque le offra un sacrificio. Può intendere il terrore e la paura, perché sono i segni distintivi del suo dominio.

Il novizio apprende «il sacro nodo» o l'arte del cappio. Ciò lo unisce a Kali, di cui emulerà la tendenza distruttiva. Se, come qualcuno ipotizza, non c'è alcun nesso storico tra i Thug e Kali, è indubbio che ne esiste uno teoretico e dottrinale.

Nei *Bhagavata Purana* si accenna a una banda di predoni, la cui patrona è Kali. Le si offrono bambini, per istigarla alla procreazione. Ma lei non sembra amica di questi delinquenti, né sembra provare per loro alcuna gratitudine: li decapita, bevendo il loro sangue. «La dea ha una sete di sangue inestinguibile», così alcuni Thug, nelle deposizioni giudiziarie. Il furore combattivo, di cui riferiscono i *Purana*: anche questo i Thug attinsero da Kali.

I *Markandeya Purana* sono l'opera che più si dilunga sulla ferocia della Nera, descrivendone la leggendaria lotta contro i demoni, allegoria di un dramma che attecchisce nella mente dell'essere umano. Lei inizia a guerreggiare, ma più massacra il demone, più questo si riproduce, generando tanti piccoli mostri. Dalle gocce di sangue ha origine una progenie minacciosa. Kali reagisce, e sfrutta le gocce di sudore che le imperlano la fronte per lasciarne sgorgare due giganti. Questi, con le loro sciarpe, un'altra arma dei Thug, si liberano dei demoni strangolandoli. L'incarico passerà ai Thug, emuli delle creazioni estemporanee della dea.

La voracità di Kali traspare dal racconto. Lei inghiotte senza posa elefanti e intere armate. Ciò spingerà gli strangolatori alla stessa attitudine, la brama. Non spargeranno sangue, perché Kali non vuole, ma ne stilleranno ogni goccia dai cadaveri, ubbidendo all'impulso rituale. Se la dea lo succhiasse, si inferocirebbe ancora di più, né la sua sete verrebbe placata. Queste e altre «delucidazioni» sono addotte *a posteriori* per legittimare un comportamento delittuoso. Kali dissangua persino gli Asura, i demoni più bestiali dell'universo.

Istruì i suoi servi nelle prime fasi della sacra alleanza. Dovevano abbandonare i cadaveri sul terreno, senza tentare di coprirli o seppellirli. E lasciare il luogo dell'assassinio senza voltarsi indietro. Un po' come Orfeo, o la moglie di Lot alla distruzione di Sodoma e Gomorra. Ma un giorno uno schiavo trasgredì, e si girò. L'intimazione serviva a occultare ciò che Kali faceva alle salme, e invece quello se ne accorse. Li scagliava nell'aria, restando completamente nuda. La reazione della dea fu furibonda. Da quel giorno, a causa della disubbidienza avrebbero dovuto provvedere loro stessi alla sepoltura e alla cremazione delle vittime. I corpi dei Thug si sarebbero macchiati del sangue dei cadaveri, estratto sino all'ultima goccia per non contrariare la dea.[6]

La narrazione fa appello a un'età aurea, quando la morte era impartita senza indugi. Ben altra cosa dai postumi della trasgressione, allorché l'omicidio diveniva un problema, un duro compito da assolvere. Nella transizione, si verificava la metamorfosi del Thug da bambino «innocente» a sicario senza scrupoli della volontà divina.

Era come se i Thug dipendessero esclusivamente da Kali. La dea richiedeva tutta la loro attenzione, sottraendola alle altre divinità del Pantheon induista. Questo nelle intenzioni, poiché la realtà dottrinale era ben diversa. Non c'erano soltanto indù all'interno della setta, ma anche e soprattutto musulmani, a giudicare dalle statistiche relative alla campagna anti-Thug. Come conciliare il culto della dea con le credenze islamiche? Ma i Thug delatori mostrarono di non tenere in alcuna considerazione il Corano: non giuravano forse sul loro gruppo, sul sacro piccone con cui compivano la sepoltura, quindi sulle loro armi?

Tutti coloro che ravvisano nei Thug dei semplici adoratori di Kali smarriscono connotazioni dottrinali molto rilevanti. Un luogo di culto poteva essere il tempio di Kali, al pari della tomba di un santo musulmano; si vocifera di un legame tra i Thug e i sufi. Ma altri Thug non professavano alcuna religione, né erano in contatto con i sacerdoti. L'unica figura di riferimento era un saggio, che fungeva loro da guida. Era questa la persona da consultare nelle situazioni critiche. Per non dire degli auspici: ci si affidava a loro, piuttosto che a convinzioni cultuali o religiose, per determinare se una missione doveva avere luogo. Ciò indica una diversità di attitudini spirituali, con buona pace della interpretazione semplicistica che voleva i Thug tutti induisti devoti a Kali. D'altra parte, non è che l'induismo approvasse i sacrifici umani. La questione è controversa, e forse questi si verificarono in tempi molto remoti, arcaici. I Thug potrebbero essere vicini ad alcune forme del tantrismo induista, inclini ad atti niente affatto ortodossi.

Un altro problema di non facile risoluzione riguarda i testi sacri. Ne avevano, i Thug? Alcuni lo smentiscono,[7] eppure vi si fanno allusioni. Un certo Bhasavarjña, nel IX secolo, afferma l'esistenza dei *thakashastra* («manuali o trattati sacri dei Thug»). È improbabile, però, che gli assassini vi facessero riferimento: chi ce li vede a dipendere dalla letteratura?

C'erano, almeno, delle figure di riferimento. Come Valmiki, il presunto autore del *Ramayana*, ma solo perché ladro lui stesso e protettore della categoria. O un santo sufi in possesso di qualifiche analoghe. In altre occasioni la generosità di un personaggio, più o meno leggendario, gli garantiva un posto d'onore nel Pantheon dei Thug o suscitava la loro ammirazione.

Alcuni Thug musulmani pretendevano di richiamarsi a Fatima, la figlia del Profeta; forse le dedicavano il frutto delle loro scelleratezze? Ma ciò non sembra documentato, mentre si può istituire un parallelo più fondato con gli Assassini di Alamut (cfr. il cap. IV). Dopotutto, gli ismailiti si erano stabiliti in certe zone dell'India sin dal XIII secolo, compiendovi opera di proselitismo: li si chiamava Khoja. Sleeman si spinse a ipotizzare una filiazione diretta. Ma era forse una inclinazione colonialistica, una confusione esotica dei mondi d'Oriente a scopo denigratorio.

Le analogie, comunque, c'erano, eccome! La tattica simulatoria è comune ai due gruppi. Come i Thug, gli Assassini si accattivavano la simpatia o la fiducia delle vittime, prima di mostrare il loro vero volto. Esistevano altre sette islamiche dedite all'arte dello strangolamento. Sulle gesta dei Thug e degli Assassini è fiorita la leggenda. La componente storica, talora di scarsa rilevanza, è stata esasperata sino a generare una mitologia sfruttata nella *fiction*, specie nel cinema.

In entrambe le sette, la figura del *leader* è predominante. L'omicidio segue uno schema rigido, seriale. Lo scopo religioso non sembra in secondo piano, ma ciò è più controverso nei Thug, per la loro eterogeneità dottrinale. Gli Assassini, però, perseguono una finalità politica in base al teorema dell'insostituibilità: si accaniscono contro bersagli precisi, mentre i Thug ignorano, di solito, persino i nomi delle vittime, e sono più attratti dai beni o dalle proprietà materiali. Ammesso che i Thug non adempiano a un compito politico, come si è pensato.

La rapidità dell'impresa è un'altra affinità: la fretta, ma non la frenesia, è di regola. I Thug, per motivi religiosi, si dedicavano alla sepoltura, un rito che gli Assassini non si sarebbero neppure sognati di celebrare. Forse i Thug hanno tratto ispirazione da loro; ma potrebbe darsi anche l'inverso se, come sembra, le tracce di una setta di strangolatori risalissero al

VII secolo, molto prima dell'avvento dei nizariti o degli ismailiti in India.

Ogni banda di Thug aveva un *leader*, che in genere era un abile strangolatore. Doveva vantare parecchie generazioni di antenati Thug: la biologia sembra avere un peso in sede genealogica. Doveva essere in buoni rapporti con le autorità locali, le quali, non di rado, agivano in combutta con i Thug, secondo il paradigma indiano dell'accordo occasionale tra ladri e governanti. Doveva essere un saggio, in grado di dirimere rapidamente le controversie all'interno della banda; l'erudizione era superflua, da cui il dubbio sull'esistenza di testi sacri o una letteratura di riferimento. Alcuni aggiungono che doveva essere di bella presenza e dal contegno austero, autorevole: ciò favoriva l'approccio con le vittime. Talora poteva essere un riccone, su cui non cadevano sospetti. Era il punto di riferimento della gang, un capo spirituale a modo suo.

Il crimine rincorreva un *pattern* lievemente monotono. Il lavoro debuttava con lo spionaggio. Senza saperlo, i Thug erano seguaci di Sun-tzu; lo stratega cinese ammonisce che nessun atto bellico ha valore, a prescindere dallo spionaggio o dal controspionaggio. L'intento era sempre il medesimo: raccogliere informazioni sul nemico, la vittima. Nel Ramasi, la lingua della setta, le spie erano definite «persone oziose» o «nullafacenti» (*bykuria*). Poi intervenivano i seduttori (*sotha*, letteralmente: «pulito» ed «elegante»), i quali si incaricavano di entrare in contatto con i viandanti. Prima ne stabilivano l'entità delle ricchezze o del bottino: niente errori, né perdite di tempo con carovane scarse o prede insignificanti!

Il compito più impegnativo spettava forse a chi doveva persuadere i viaggiatori ad accettare la compagnia della banda durante il tragitto. I Thug ricorrevano all'arte del travestimento, un altro punto in comune con gli Assassini. Potevano assumere qualsiasi forma, ma di solito si fingevano acquirenti di cavalli; oppure organizzavano festini, banchetti o spettacoli di danza e musica, pur di conquistarsi la fiducia delle vittime. Potevano simulare una malattia, per dare l'impressione di persone innocue. Oppure offrirsi come guardie del corpo in percorsi accidentati. Tra i camuffamenti più reiterati: carovanieri, soldati e asceti. L'ultimo tipo veniva suggerito da testi «autorevoli», quali *Il manuale dei ladri* (*Steya Shashtra*).

Una volta accolti nella carovana, i Thug si accingevano all'azione vera e propria. Al momento opportuno, destavano la vittima dal sonno per strangolarla in fretta. In questo si racchiudeva forse un significato metafisico: svegliavano gli illusi, coloro che non avevano intuito la natura autentica della realtà. E poi gli impartivano la morte, convinti di aiutarli ad abbandonare il ciclo delle reincarnazioni. Lo strangolatore era chiamato «colui che aiuta a dimenticare» (*bukote*), in una pretesa funzione salvifica o liberatoria. Veniva assistito da altri complici, ai fini di una maggiore efficacia.

Il segnale convenuto per chiamare a raccolta i colleghi ed eseguire la parte violenta dell'impresa era una frase in gergo. Qualcosa come: «Va' a pulire la ciotola!», una sentenza che nel buddhismo Zen, incidentalmente, è divenuta un famoso koan. Nei Thug la ciotola simboleggia la tomba pronta ad accogliere le vittime, già scavata in precedenza. Il capo può schiarirsi la voce, il che è un altro cenno d'attacco o, al contrario, sputare per terra in presenza di condizioni inibitorie o sfavorevoli.

La divisione dei compiti non è categorica, e gli stessi ruoli possono essere sbrigati da persone diverse. I tre incaricati del piccone, l'oggetto assurto a emblema della setta, sono definiti «amici», un termine dalla valenza spirituale in un contesto islamico. La parola che designa l'impresa è *wahurna*, dal sanscrito *varna*: nel Ramasi può caratterizzare l'offerta votiva a una divinità.

Per i Thug, un gran numero di vittime: addirittura diecimila all'anno, in alcune stime iperboliche. Si citano mercanti, ma anche povera gente o asceti. Sono tutti «portatori di tesori», nel gergo della setta. Dopo l'assassinio andavano decapitati e sepolti per occultarne i cadaveri. Molti crimini non lasciarono traccia.

Un coltello sulla gola e sugli occhi, per strapparglieli. L'offerta alla dea era più gradita, nel pieno rispetto del rituale. Il cadavere andava preparato meticolosamente. Un'allusione a uno stato *post-mortem*? Alla reincarnazione, o mere superstizioni, celebrazioni fini a se stesse? Non tutti i Thug potevano rivendicare un nesso con Kali, la Nera. Certi dettagli sembrano emergere soprattutto dall'indagine di Sleeman.

E poi, la spartizione del bottino. Anche questa seguiva un rituale come parte integrante del delitto. La si eseguiva sul posto, poco dopo l'omicidio. La sacralità dell'azione investiva entrambi: la spartizione e il sacrificio. Si diceva di «tesori», ma gli oggetti preziosi erano, oltre ai gioielli e al denaro, anche gli abiti e i turbanti.[8] Al capobanda spettava un decimo della razzìa. Alcuni oggetti risultavano non depredabili, come i talismani di buona fortuna. Chi si azzardava a impadronirsene correva il rischio di venire scoperto: le sue tracce sarebbero divenute visibili come per magia. Alcune persone tabù, come le donne o i bambini, dovevano restare incolumi. La regola, però, era facilmente trascurata, poiché anche queste potevano fungere da testimoni scomodi o indossare indumenti e monili da rubare.

Alla superstizione spettava un ruolo non secondario nelle convinzioni dei Thug. Tra i segni di cattivo auspicio tenuti in gran considerazione c'era la lotta tra due sciacalli, che scongiurava qualsiasi possibilità d'azione. Un altro elemento inibitore era il verso del gufo. Certe credenze suggeriscono un'origine arcaica dell'ideologia dei Thug e forse una componente tantrica.

Ma alcune osservazioni permettono di ridimensionare la portata della superstizione. Il pensiero vishnuita presuppone che la divinità assumesse forma umana o animale, manifestandosi come *avatar*. Gli auspici dei Thug sono perlopiù di derivazione animale. Confidando nella loro validità, i membri della setta ritenevano che una incarnazione del divino recasse loro preziosi consigli. Non a caso era il capobanda, il più esperto nell'arte, a conoscere il significato degli auspici e a svelarlo al gruppo. Il condizionamento derivante dagli auspici possiede una matrice culturale, né nasce da credenze immotivate sul piano simbolico.

Talora la simbologia presenta sorprendenti analogie con la psicoanalisi. L'avvoltoio o il cane che defeca di sera lascia presagire l'arrivo di ricchezze. La connessione tra gli escrementi e il denaro è un tratto del carattere anale, come si evince dai sintomi o dalla simbologia onirica. Freud ce ne erudisce sin dalla *Interpretazione dei sogni.* Il pensiero magico che sta dietro agli auspici non si genera dal nulla, ma si abbevera a una psicologia arcaica, che solo di recente l'Occidente ha preso a riscoprire.

Dopo tanti secoli, l'identità dei Thug è ancora avvolta nell'ombra. Chi li assimila a Kali o a un'ideologia, ravvisandone i frammenti dalle scarse testimonianze, si scontra con dati inconsistenti, eterogenei: i membri della setta appartenevano a tutte le caste, e nessuna poteva dirsi esclusiva o vantare la maggioranza. C'erano persino dei brahmani, il che sembra sospetto agli storici contemporanei, nonché degli intoccabili: dalla casta più elevata ai fuoricasta, la postazione infima della gerarchia indù. Tenevano conto delle caste, insomma, o no? Durante gli interrogatori rivendicavano l'appartenenza a una casta specifica, come se il loro stile di vita ne fosse impregnato. Ma come collocarli in una casta, per il loro atteggiamento empio e riprovevole? Sembra che derivassero da sette clan, ma anche questo è discutibile.

Talora la loro occupazione o il mestiere fungevano da schermi. Come i sufi, sia pure per altri versi, i Thug praticavano un'arte per mimetizzare l'appartenenza alla setta. Dimoravano nel mondo, ma non vi appartenevano. Ciò ricorda il motto sufi: «Siate *nel* mondo, ma non *del* mondo». L'anticonformismo delle loro imprese era celato dietro a un comportamento normale e prevedibile. Ma dietro il velo sussisteva un magma di impulsi ancestrali, turpi, in procinto di manifestarsi.

Talvolta la mimetizzazione era incompleta, e si poteva scoprirne la matrice: come quei Thug che lavoravano con le corde o i cappi, e che forgiavano cinghie per bardare i manzi. O quelli che, senza pudore, commerciavano in fazzoletti, una delle loro armi favorite. Con queste attività non si curavano di nascondere il segreto: gli stessi oggetti servivano per sostentarsi e per lo strangolamento. Anche qui può annidarsi un significato metafisico: la loro autentica natura era davanti agli occhi di tutti, ma quasi nessuno se ne accorgeva. Durante l'istruttoria, alcuni pretesero di esercitare un mestiere solo per supportare le famiglie, laddove la sola attività predatoria era insufficiente. Non si trattava di Thug a tempo pieno, come forse mai ne esistettero.

Qual era il rapporto con le famiglie? Queste sapevano dello strangolamento, o lo appresero dalla polizia nel corso dell'istruttoria? Alcuni Thug non si confidavano, tenendo le mogli all'oscuro. Come certi kamikaze di ieri e di oggi, i quali confessano all'ultimo momento la loro identità a chi ne condivide il tetto coniugale. La segretezza della setta era proverbiale: qualsiasi falla poteva tradire una affiliazione pericolosa. Non a caso la parola *nari*, che nel Ramasi sta per «donna», significa pericolo.

La generalizzazione, però, è ardua. Alcune famiglie, alcune mogli, erano persino complici. Ciò si evince dalla loro conoscenza non superficiale del Ramasi. Il che dà da pensare. Secondo alcune fonti, c'erano persino donne Thug. In questi casi si preferisce ipotizzare l'esistenza di famiglie criminali, i cui membri erano tutti dediti allo strangolamento. Ciò ebbe conseguenze sconcertanti nello sviluppo dell'indagine. Non si esitò ad accusare l'intera famiglia, infierendo sui figli maschi nel timore che perpetuassero le gesta paterne.

Ma non si diventava Thug solo per diritto di nascita. Occorreva un rito di passaggio, iniziatorio, da espletare con rigore e determinazione. Lo si celebrava intorno ai dieci o tredici anni. Si poneva nella mano sinistra del candidato un piccone, simbolo dell'attività Thug, su un fazzoletto bianco. Poi gli si faceva pronunciare un giuramento, con cui questi si impegnava a dedicarsi all'attività banditesca, e gli si dava da mangiare una manciata di zucchero grezzo. Era il padre a rivolgersi al ragazzo, rammentandogli i suoi doveri nei confronti della setta: la fedeltà, la discrezione e l'audacia. Poi gli leggeva la lista delle vittime. Enfaticamente, con una logica serrata e forse fuori luogo, il genitore precisava che salvo queste eccezioni l'umanità intera era disponibile per la distruzione.[9]

La seconda fase dell'iniziazione era di competenza del *guru*, un sacerdote di Kali. Questi implorava la Nera, mentre il candidato assisteva alla perpetrazione di un crimine. Anche per la legge, da quel momento ne era complice a tutti gli effetti. In assenza di auspici sfavorevoli, l'iniziazione era completa. Da quel momento il novizio intratteneva una speciale relazione con il guru, un'autorità più importante di quella dei genitori.

È stato osservato che alcune caratteristiche dell'organizzazione Thug contrastano con gli abituali requisiti delle sette indiane, quindi non consentirebbero di annoverarla tra queste. In realtà, non basta che i Thug, a differenza delle svariate correnti buddhiste o giaina, mancassero di una linea di filiazione riconosciuta o di una sequenza di maestri. Né che il rapporto tra l'allievo e il maestro (*guru*) non rispecchi quello usuale delle scuole brahmaniche oppure eterodosse. Che, pure, il *guru* non si identifichi con Kali non è un tratto inficiante. I Thug non seguono le norme, o le impostano a modo loro. Sono più vicini agli Assassini, i quali, però, disponevano di un proprio lignaggio. La loro istituzione non volle, o non poté, adottare i canoni delle sette indiane più note. La segretezza e l'iconoclastia, pur presupponendo una struttura e regole precise, fecero rientrare i Thug nell'eccezione.

Il carattere rituale delle operazioni era tutt'altro che trascurabile. Si veda la consacrazione del piccone, compito preliminare all'intera spedizione; la celebrazione di un sacrificio propiziatorio per neutralizzare i cattivi auspici; i pasti collettivi e gli alimenti offerti alla dea nei momenti salienti dell'operazione: lo zucchero, per esempio, atto a rinvigorire l'energia del gruppo; i tabù alimentari nei sette giorni antecedenti all'operazione, come nei kamikaze, relativi alla carne, burro e zucchero.

I divieti venivano sospesi con un pasto sostanzioso al giorno della vigilia, il che ricorda ancora i kamikaze, nonché il Ramadan. Mentre i kamikaze si purificavano attraverso una meticolosa, e persino ossessiva igiene, i Thug non si rasavano e indossavano abiti sporchi e laceri. Era il loro modo di incontrarsi con la morte. Essi, del resto, non si suicidavano, bensì impartivano la morte. Era un diverso atteggiamento, in forza di un altro destino dell'impresa.

Anche l'astinenza sessuale alla vigilia rammenta i kamikaze giapponesi, i quali, talora, indulgevano all'opposto: l'eccesso e l'orgia sessuale. Le prescrizioni si prefiggevano di differenziare i Thug dai brahmani: essi si beffavano delle abluzioni o delle severe misure igieniche raccomandate dalla prima casta indiana durante i sacrifici. Più in generale, con certe norme si tentava di separare gradualmente gli adepti di Kali dalle lusinghe e dai piaceri del mondo. Regole simili adempivano allo stesso ruolo nei kamikaze giapponesi, con la solita discriminante del suicidio, però. Si ignorano analoghe attitudini negli Assassini.

Le loro abitudini permettevano di etichettare i Thug come un gruppo a sé. Essi vivevano in società, esercitando dei mestieri come copertura, ma anche al di fuori di essa: norme e cerimonie rituali lo attestano. Non sempre, però, i Thug le rispettarono. Le vittime tabù erano spesso uccise senza pietà per brama di possesso. Talvolta, pur di trasgredire i Thug mentivano a se stessi.

La vacca era un animale sacro, e i viandanti che la portavano con sé non potevano essere molestati. Ma nulla impediva ai truffatori, un'altra resa di *thug*, di persuaderli a disfarsi dell'animale per poterli strangolare senza indugio. Un'altra interdizione riguardava le persone affette da handicap o malate. Si attribuiva un karma negativo a lebbrosi, ciechi e mutilati; di solito, li si risparmiava. Ma appena la cupidigia faceva capolino, si trovava presto il modo di eliminarli, se trovati in possesso di preziosi o tesori. Si poteva incaricare un Thug poco scrupoloso di strangolarli mentre gli altri erano lontani, quindi non correi. O celebrare una cerimonia riparatoria di ritorno al villaggio.[10]

Era il capobanda a garantire il rispetto delle norme, e lui chiudeva volentieri un occhio per bramosia. Le regole, però, erano abbastanza rispettate: il contrario dell'anarchia settaria. Mancava la convinzione brahmanica che l'esecuzione puntuale del rito comportasse la ricompensa prevista. Secondo i Thug la realtà era mutevole, e troppo imprevedibile: bastava un auspicio negativo per annullare un'operazione pianificata con cura. Loro non si muovevano nel cosmo rassicurante dei brahmani, né trovavano sostegno in un'ideologia consolatoria. In questo erano anticonformisti, rappresentando una posizione isolata nel variegato panorama del pensiero indiano.

Con l'unica eccezione delle sette tantriche, cui occorre assimilarli.

Proprio in queste sette si coltivava una fede cieca in Kali, senza badare a norme e consuetudini sociali. Gli Assassini avevano calpestato la Legge, ritenendola lettera morta: questa era un fardello, per gli uomini consapevoli. La stessa convinzione fu alimentata dai Thug e dalle sette tantriche «non metaforiche», in cui si presero alla lettera i rituali interdetti dall'induismo ortodosso. Il rapporto sessuale non era celebrato in effigie, bensì nel contatto dei corpi. Ciò differenziava le sette della mano sinistra, più «concrete», da quelle della mano destra. Si indulgeva all'antinomia, al capovolgimento degli atteggiamenti convenzionali. Una inclinazione che fu coltivata ad Alamut come nei templi di Kali, arricchiti dalle offerte dei Thug. Un anticonformismo che prescrive proprio le azioni che altri vietano, e che minaccia di convertirsi in un conformismo ancora più vincolante, qualora recepito alla lettera.

Il pensiero indiano si interroga sulla modalità ottimale dell'agire. Si debutta con il sacrificio, prescritto dai Veda. È doverosa l'azione rituale. Poi si giunge alla più matura concezione delle *Upanishad*: meglio sospendere ogni attività, inclusa quella rituale. Solo così ci si libererà dalla rinascita o dalla reincarnazione. La morte non ci coglierà impreparati, costringendoci ad assumere per l'ennesima volta altre spoglie e nuove identità.

La proposta della *Bhagavad Gita* è nota: non si rinuncia all'azione, ma solo ai suoi frutti. In questa logica, persino l'omicidio è lecito. In effetti, Arjuna non indietreggia al cospetto dei suoi nemici sul campo di battaglia. All'inizio coltiva il dubbio, ma poi il dio Krishna gli svela la dottrina del «non attaccamento», fugando ogni esitazione. Questa prospettiva sembra condivisa dai Thug. Essi non si interdicono l'atteggiamento combattivo, che nei Tantra viene definito «eroico» (*virabhava*). Con il nome di Kali, sulla bocca e nel cuore, si accingono a uno strangolamento che per loro ha un valore sacro. Arjuna diede prova del non attaccamento, offrendo il frutto delle sue gesta a Krishna. I Thug fanno qualcosa di simile nei confronti di Kali, pur trattenendo per sé gran parte del bottino.

Sleeman inaugurò la campagna anti-Thug, che doveva concludersi con la scomparsa della setta. Ebbe occasione di mettere alla prova il suo talento di poliziotto e di *detective*. La deposizione di Moti avviò il processo, un meccanismo di incriminazione e condanna che in breve tempo si rivelò incisivo. Pochi mesi dopo, intorno al 1830, si sapeva già tutto: l'attività dei Thug non era più un mistero, e a quanto pare neppure il Ramasi, loro idioma segreto. L'impresa fu affidata all'intraprendente agente di polizia anche grazie alla lettera di denuncia sul «Calcutta Literary Magazine». Con i suoi collaboratori, Sleeman si mise subito all'opera.

L'esito dell'operazione fu favorito dagli incentivi in denaro offerti generosamente dalla polizia inglese. Molte confessioni furono estorte così, o per salvarsi la vita. Qualche tempo dopo, le misure adottate contro i primi imputati divennero materia giuridica. La pena di morte per chiunque avesse aiutato o assistito uno strangolatore, il carcere a vita per qualsiasi Thug persino in base all'accusa di un solo testimone, la stessa pena per chiunque avesse partecipato ai riti dei Thug durante gli omicidi: la sepoltura, la fase di adescamento delle vittime, e così via.

Tra le prime deposizioni, Amir Ali confessò ben ottocento crimini. Sarebbe divenuto il discusso eroe di un romanzo, *Confessioni di un Thug*, scritto da Meadows Taylor, uno dei collaboratori di Sleeman. L'opera ha suscitato un forte interesse, ed è tuttora pubblicata da editori inglesi e americani.

Gli imputati tentarono la fuga o di trovare asilo presso i signori e monarchi locali che in passato li avevano appoggiati. Ma ciò gli riuscì solo in pochi casi, perché la polizia inglese si avvalse di metodi poco ortodossi pur di catturarli e schivare le lungaggini o gli impedimenti burocratici. Chiunque si fosse rifiutato di collaborare era ritenuto un complice.

Si pensò che molte confessioni fossero fasulle. La taglia, che in certi casi arrivò persino a mille rupie, faceva gola. Talora le condanne erano sommarie e sbrigative, pronunciate in base a pochi indizi o testimonianze inverificabili. Che molti innocenti vi fossero implicati non deve stupire. Pur di annientare la setta Sleeman non si curò degli eventuali errori giudiziari. Certo è che si violarono i più elementari diritti umani.[11]

Si approfittò che molti volevano sbarazzarsi dei Thug, interrompendo una connivenza perniciosa e controproducente. Appena il castello di accuse e le incarcerazioni furono piuttosto consistenti, gli avversari dei Thug uscirono allo scoperto. Per l'occasione, si capì che gli strangolatori non godevano di grandi simpatie.

I beni della setta furono confiscati dal governo inglese. Era un effetto non secondario della campagna anti-Thug. Non importava, il più delle volte, verificare i nomi delle vittime: meglio quantificarne le proprietà, per sequestrarle. Malgrado la sua indubbia efficacia, o forse proprio per questa, l'istruttoria mostra alcune zone d'ombra.

Sulla qualità delle deposizioni si resta in dubbio. Forse qualche delatore voleva sbarazzarsi di un nemico personale... Per tacere che si imputarono personaggi illustri in base a poche deposizioni, condannandoli senza vagliarne a fondo la colpevolezza. «Troviamo molte difficoltà nel produrre le prove», ammise un amico di Sleeman, «e dipendiamo principalmente dalle confessioni dei complici». Celebre lo scontro tra Lushington, rappresentante del raja di Bharatpur, e Sleeman. Quest'ultimo osò incriminare, in base a tre testimonianze di noti delinquenti, un rispettabile brahmano e persino la guardia del corpo del raja. Li arrestò in fretta, senza il conforto di ulteriori prove. Lushington protestò, ma i suoi superiori, per motivi politici, diedero ragione a Sleeman.[12]

Le confessioni venivano filtrate: solo quelle dei capi facevano testo, mentre alle altre non si prestava molta attenzione. Tuttavia, fu da una semplice pedina, Moti, che tutto era iniziato. La speranza di un alleviamento della pena alimentò deposizioni opportunistiche.

Una stranezza, più che una particolarità. La correlazione tra i Thug e Kali emerse soltanto nelle conversazioni private con Sleeman, e se ne trovano scarse tracce negli atti del processo.[13] O le si cancellò dalla procedura finale, trascurandole, o il movente religioso non era così determinante. Ciò riapre il dubbio sulla spiritualità dei Thug, sulla loro compattezza ideologica.

Niente emozioni. Era come se i Thug deponessero da *zombie*, uomini-robot imperturbabili. Era la vocazione spirituale a conferire un tale stato d'animo, o il disprezzo per la polizia inglese, intrusi che profanavano il sacro suolo della Nera? In tono monocorde, i membri della setta confessavano i crimini più efferati e le azioni più turpi. Senza batter ciglio. Quasi descrivessero eventi irrilevanti o di poco conto. Gli omicidi sembravano cosa quotidiana, naturale, il corrispettivo di un bicchiere d'acqua o di una passeggiata nella giungla. C'era da restarne sconcertati. Fu proprio questa la reazione degli inquirenti. Quando l'Occidente si incontra con l'Oriente, stentando a capirne le ragioni.

Lo stesso atteggiamento si riscontrò in altre fasi salienti dell'istruttoria. I Thug accolsero con freddezza la condanna a morte. Si facevano beffe dell'autorità, e ritenevano gli inglesi poco spirituali o inconsapevoli: che ne sapevano gli invasori della realtà vera dietro alle apparenze? Perché dar loro soddisfazione, e mostrarsi codardi o timorosi?

Sul carro che li portava al luogo del supplizio, i figli di Kali intonavano canzoni allegre o filastrocche monotone. Così, solo per passare il tempo, quasi facessero una gita! Ciò era di per sé sbalorditivo. Ma poi, accanto al boia si mostrarono ancora più tracotanti e coraggiosi.

Pretesero di saggiare la consistenza del nodo scorsoio con le mani. Dopo essersene sincerati, sfuggivano al carnefice mettendo loro stessi la testa nel cappio e, con salda presa, gettandosi nel vuoto! Un urlo lacerante ne segnava la fine. Era il loro lascito agli spettatori che, in silenzio religioso, seguivano la scena. Gli occidentali restavano sbigottiti. Che tipo di uomini erano quelli, da infliggersi la morte con tale audacia? Fino all'ultimo i Thug non vollero riconoscere l'autorità che li condannava, per far capire agli scarsi estimatori la propria statura morale e forse l'eroismo.

Era anche un modo per lavare l'onta. Non erano dei falliti, loro: il suicidio li accomuna ai samurai, nonché ai kamikaze. Più di tutti agli Assassini: erano questi che, con sprezzo del pericolo, si sopprimevano da sé, pur di non cadere nelle grinfie del nemico rischiando di svelare preziose informazioni. Un filo rosso li legava ai sicari di Alamut. Come quelli, i Thug avevano una loro dignità, un senso dell'onore, di gratitudine verso i capi e i colleghi, e ciò non gli permetteva di morire per mano di ignoranti.

Una grande ferocia, sui due fronti. Il carnefice fungeva da vittima, e viceversa. Da un lato, l'antefatto: Thug criminali, strangolatori, non solo esperti nell'arte del raggiro, spietati *trickster* che vanno fuori dalle righe. Dall'altro, una reazione stupefacente: la polizia di uno degli Stati più civili d'Europa si accanisce, non teme di fuoruscire dai binari della legge per ossequiarne un'altra, quella del taglione. Lo rimarcò lo stesso Sleeman, artefice di una inquisitoria discutibile. Un giorno, si avrà rispetto per la memoria di tutti gli innocenti condannati. Così si auspica, in India, ancora oggi.

Fu calibrata, adeguata, la replica degli inglesi? Alcuni giurano di sì, data l'entità della minaccia. Ma poi le stesse persone, lo stesso Sleeman, si affannano a elaborare un programma di rieducazione, di riabilitazione; per senso di colpa? I Thug non potevano essere scarcerati: questa la conclusione degli inquirenti. Occorreva ristrutturarne lo stile di vita attraverso i metodi opportuni.

Furono avanzate molte proposte. Persino Sleeman, l'amministratore poliziotto, il feroce avversario dei Thug, aveva la sua. Si sforzò di insegnare ai carcerati professioni che avrebbero praticato per tutta la vita. L'intento correttivo del progetto era evidente. Lo si attuò e sembrò arridergli un successo al di là delle aspettative.[14]

Si aprì un dilemma di non facile risoluzione. Come regolarsi con i figli degli strangolatori? Una volta liberi, non avrebbero condiviso il destino dei genitori, la stessa attività delittuosa? La questione fu posta da molti, tra cui il riformatore James Paton. Nel suo programma di rieducazione, propose di separare i figli dai padri come unica soluzione. Non gli si diede retta, e gli fu preferito il progetto Sleeman. Ma non è importante che la sua pedagogia ne uscisse sconfitta, bensì che essa poneva l'accento su una tematica raccapricciante. Il legame tra figli e genitori non implicava che l'arte dello strangolamento era ereditaria? Così come si trasmettono le caste, non c'era il rischio che anche l'atteggiamento Thug fosse biologico, ben radicato nel Dna? Non era meglio segregare le mogli dei Thug, per scongiurare l'imminenza di una procreazione minacciosa?

Il razzismo, nient'altro che una forma di razzismo. La questione dei Thug si spostava dal piano sociale al biologico. E lì appariva insanabile, qualsiasi proposta rieducativa si adottasse. Non restava che un passo per giungere al concetto di casta criminale, e lo si compì. Il *puzzle* era completo. L'India è terra di delitti efferati, dove il germe del male si insinua dalla nascita, o anche prima. L'attività dei Thug non si riscontra in altri Paesi, è tipica di questo continente. Può esistere solo qui, e le leggi o convenzioni umane non sono in grado di stroncarla. Era il parere di J. Currie, segretario del governo inglese in India, in risposta a una lettera di Sleeman, dove si chiedeva una legislazione speciale per altre associazioni indiane a delinquere.[15] Un'opinione perniciosa, impostata sull'inclinazione al razzismo.

Al giorno d'oggi, ce lo si chiede ancora: quali furono le cause del declino dei Thug? Solo una indagine ben condotta, articolata, sradicò l'albero malato, stroncando persino il germe del pericolo? Nel 1840, il governo elogiò Sleeman per aver annientato i Thug: «Ne rimangono solo pochi gruppi qua e là, non daranno fastidio; anzi, forse non ce n'è più nessuno...». Dopo questi commenti, ci si volse ad altri obiettivi, ad altre sacche di criminalità ancora da scoprire.

Gli stessi Thug danno una spiegazione del loro tramonto. Troppe violazioni delle norme, scarso rispetto per i princìpi spirituali che ne dettavano il comportamento, troppa disattenzione per gli auspici negativi, e soprattutto la cupidigia illimitata che avrebbe spinto a uccidere persino i brahmani, le donne e i bambini. Era per questo, come Sleeman ricavò dalle deposizioni, che la dea non li favoriva più, consentendo che venissero impiccati. Una razionalizzazione che loro stessi trovavano inappagante?

Ciò equivaleva ad ammettere che fu il culto di Kali a trasformarli in criminali. I membri della setta non avrebbero ritenuto problematico il dilemma di Jorge Luis Borges: «I Thug erano banditi che santificarono il loro operato con il culto della dea Bhawani (= Kali) o fu il culto della dea Bhawani a renderli banditi?».[16] Le cose, però, non sono mai semplici.

O fu la stessa cultura dominante, la mancanza di qualsiasi apporto dall'esterno, a decretare la scomparsa dei Thug? Il piano di conquista degli inglesi richiedeva la soppressione di qualsiasi forma di banditismo. I sovrani musulmani non esitarono a sbarazzarsi degli Assassini, man mano che rafforzavano il proprio potere in Persia e in Siria ai tempi di Alamut e del Vecchio della Montagna. Una società alternativa non può che essere inglobata nella società dominante, appena questa si consolida e promuove l'omologazione dei suoi membri.

Secondo alcuni storici, la condizione degli Assassini non può essere confrontata con quella dei Thug. Si apre una questione spinosa. Nel primo caso, esiste senza dubbio una potente organizzazione, una setta pericolosa; riguardo ai Thug, invece? Nella storiografia recente ha preso piede un'ipotesi sconcertante: che la campagna anti-Thug non fosse che uno dei tanti esempi di caccia alle streghe. Indubbiamente, non si può negare l'esistenza degli omicidi, ma troppo in fretta, e per ragioni politiche, li si attribuì ai Thug.

I Thug furono un'invenzione di Sleeman, o degli inglesi in India? Questi trovarono ciò che avevano sempre cercato: di sgominare una banda di delinquenti creata da loro stessi?

L'ipotesi poggia su svariati dati, anche filologici. La parola *thug* non ha alcun nesso con lo strangolamento, bensì con l'arte del raggiro. Ciò non implica forse che si è equivocato sulla natura della setta, o che gli inglesi hanno mentito sapendo di mentire? I Thug potevano essere dei truffatori, ma non dei ladri, tantomeno assassini.

Pure la relazione con il culto di Kali è problematica. Era determinante il sacrificio alla dea o piuttosto il ricco bottino? Il movente del reato era spirituale, o economico?

Alla prima obiezione, filologica, si può replicare che una parola cambia di significato in altre epoche. Il termine *kamikaze* è stato usato per i piloti suicidi giapponesi e ai giorni nostri per i terroristi di Al-Qaeda. A dispetto del fatto che esso, inizialmente, rinvia a un contesto religioso tutt'altro che monoteista. I Thug potrebbero aver mutato attitudine nel corso del tempo, adattando la simulazione a una cornice criminosa.

Alla seconda, si risponderà che i due moventi potevano coesistere; forse quello spirituale si avvertì, con il tempo, come un fardello di cui occorreva sbarazzarsi. I capi dei Thug deploravano che il mancato rispetto delle norme spirituali fosse sintomo di decadenza. Non è che un fattore, sia esso spirituale o economico, escluda l'altro.

Le confessioni furono estorte con la violenza. Forse gli imputati dichiaravano quello che gli inquirenti si aspettavano, per salvarsi la vita od ottenere uno sconto della pena. Questa eventualità era tutt'altro che remota. Si potrebbero attribuire i misfatti a raffazzonate bande di predoni, non necessariamente a una setta ben strutturata. Stewart Gordon dell'università del Michigan ne è convinto: i Thug erano manigoldi locali, neanche organizzati, al pari di tanti altri, non certo delinquenti nati, efferati, che con il loro comportamento si mostrano in perfetta sintonia con un presunto «carattere nazionale indiano».[17]

Attraverso un'argomentazione tortuosa, alcuni storici giustificano ideologicamente la campagna anti-Thug. I membri della setta si sarebbero approfittati del vistoso incremento di carovane sulle piste dell'India per sferrare gli attacchi. Sapevano dello spostamento di ingenti somme di denaro per l'acquisto dell'oppio. I ricchi mercanti di Bombay pagavano in anticipo, in modo da assicurarsene quantità più cospicue. Erano danneggiati dalle continue incursioni dei Thug, e protestarono presso le autorità britanniche. Così i Thug, i quali agivano in combutta con i signorotti locali cui riservavano una parte del bottino, si ritrovarono nel mirino degli inglesi.

Rappresentavano una piaga sociale, ma la componente spirituale della loro ideologia era irrilevante o nulla. Seguendo questa interpretazione, c'è chi accomuna i Thug ai bersagli del senatore anticomunista McCarthy o a Osama Bin Laden, da alcuni ritenuto un mero capro espiatorio degli americani.[18]

Sempre in questa logica, si ridimensiona la portata del fenomeno. Alcuni ritengono eccessiva la pubblicità data alle gesta della setta, e che le si sfruttò per consolidare la necessità e la legittimità del dominio coloniale.[19]

Questa l'interpretazione impietosa della storia, che riduce i miti ai minimi termini. Il lettore che voglia approfondire il versante romantico delle gesta dei figli di Kali può utilmente rivolgersi alla *fiction*. Qui i Thug mantengono inalterato l'alone di leggenda e il fascino esotico. Che si tratti dei film di Indiana Jones o dei romanzi di Salgari, per limitarsi a due esempi vicini nel tempo o nello spazio, gli strangolatori non cessano di stupire. Nei primi la loro presenza è d'appendice, ancor meno che episodica. Negli altri, per esempio nei *Misteri della giungla nera*, i Thug appaiono più caratterizzati, sia pure in ossequio alla mitologia dell'epoca. Sempre attraenti, però: interessanti perché pericolosi, proprio come i samurai.

Ci si trova disorientati? A chi dar retta, agli storici o ai narratori? La «verità», qualsiasi cosa sia, sta come sempre nel mezzo. I Thug restano indifferenti a tali questioni: la loro identità si mantiene ambigua e altamente problematica oggi come nella loro età aurea. La segretezza che doveva avvolgerne le gesta, entro certi limiti, può dirsi rispettata.

VI

Samurai: un confronto con la morte

«Quando si ascolta qualcuno criticare lo stile di vita del samurai o gli affari della patria, gli si deve replicare con severità e senza alcun riguardo. Inoltre, lo si dovrebbe fare con risolutezza.»

Yamamoto Tsunetomo, *Hagakure*[1]

La voce del samurai tremava, ma a causa dell'ira e non dell'indecisione.

«Signori, sono lieto che abbiate acconsentito a lavorare per me. Per dirlo semplicemente, ho parecchie ragioni per uccidere Nobunaga. Penso anche che il tempo stringa. Sono stato spinto in una via senza scampo. Ecco perché ho scelto la ribellione».

I soldati del suo battaglione erano stupiti, ma non tanto. Qualcuno la trovava una mossa prevedibile. Altri, invece, stentavano a credere alle loro orecchie.

Akechi Mitsuhide non si scompose. Aveva già riacquistato il controllo di sé, e la sua mente progettava un metodo sicuro, e rapido, per sbarazzarsi di Nobunaga. In tempi del genere, non era la prima volta che un samurai cambiava bandiera. Ma il suo intento non sembrava opportunistico, né arrecargli dei vantaggi.

«Dobbiamo approfittare di questa occasione» continuò. «Nobunaga è rimasto con poche guardie del corpo. I suoi fidi sono impegnati altrove, in una lotta senza quartiere da cui, forse, usciranno vincitori. Ma questo non ci riguarda, il nostro obiettivo è un altro. Poi potrò restarmene tranquillo, in attesa dell'inevitabile rappresaglia di Hideyoshi».

Sapeva che non sarebbe stato risparmiato. Eppure si accingeva a sbrigare il suo compito. Aveva scelto il momento adatto. Si trattava di ghermire una vittima inerme, che in altre circostanze avrebbe reagito con violenza, uccidendola sul colpo.

Akechi poteva contare sui suoi uomini. Non si disubbidisce a un generale, e Nobunaga aveva riscosso tante antipatie nel corso della sua sfolgorante carriera da meritarsi una fine di quel tipo.

Occorreva ucciderlo, ma il movente rimaneva oscuro. Ognuno, poi, avrebbe fornito la sua interpretazione dei fatti.

Soltanto un'azione rapida e decisa, un *blitz* fulmineo poteva stroncare il condottiero degli Oda.

Le truppe del traditore invertirono la direzione, e tornarono verso Kyoto.

Nobunaga si trovava a Honnoji, la sua villa residenziale. Del tutto ignaro della piega degli eventi, partecipava alla cerimonia del tè nel suo piccolo tempio personale. Non perdeva occasione di mostrare agli ospiti i suoi tesori: tazze, ciotole e utensili che si era procurato nel corso degli anni. Diversamente dalle sue abitudini, e questo Akechi lo sapeva, aveva accanto a sé soltanto una trentina di persone.

Poi aveva giocato a go sino a tarda notte.

D'un tratto, le grida nella strada lo inquietarono. «Che succede? C'è qualche ubriaco in giro?» blaterò.

No, non si trattava di una zuffa: la vittima era lui.

Prima che potesse rendersi conto della minaccia, una freccia lo centrò su un fianco. Era il principio della fine.[2]

La tanatologia è parte integrante dell'insegnamento samuraico. Vi insistono i *Codici*, quasi sino alla nausea, senza temere di ripetersi. La morte va tenuta costantemente presente, per occupare lo spazio della mente. È il pensiero della fine, di una situazione-limite che può presentarsi in ogni istante, che si sia o meno pronti ad adempiere alle sue richieste e condizioni. Guai se essa ci ghermisse lasciando irrealizzato il nostro progetto esistenziale!

Il samurai può scegliere tra la vita e la morte. Come l'uomo comune, anche lui preferirebbe vivere, ma solo se l'esistenza ne appaga le brillanti aspettative; altrimenti, non esiterà a schierarsi dalla parte della morte con il *seppuku*. Che si parli di «suicidio rituale», per rendere il termine nella nostra lingua, è soltanto una approssimazione, ancorché giustificata da una complessa rete di riferimenti testuali che servono a illustrare il fenomeno.

Suicidio. Ma non il suicidio dello sconfitto, del fallito, il quale si sappia condannato dagli eventi. Il samurai assume su di sé la responsabilità della propria vita, optando per la morte. Si proietta in una logica alternativa, dove il dualismo tra vittoria e sconfitta non sembra più attecchire. Alla soglia dello scacco, per mano di un altro clan o delle forze imperiali, egli lo scongiura attraverso un gesto liberatorio, l'autosventramento. Quasi dicesse: «Non chiamatemi in causa, io sono fuori gioco».

Ma è il grido del vincitore, non quello disperato del perdente, con cui lo si confonde. Il suicida accede a una sfera alternativa, dove «successo» o «fallimento» divengono parole vuote. Non è che vinca, perché si toglie la vita, ma non è neppure sconfitto, perché i suoi nemici non possono seguirlo nell'Ade.

Egli si rafforza, realizzando se stesso: diviene «sincero», nel senso dell'espressione nipponica *makoto*, che implica la completezza o la totalità del benriuscito. Niente espiazioni o sensi di colpa: tutto è cancellato.

Lo stesso gesto aveva questo significato negli ammiragli da cui dipese la sorte dei kamikaze nella seconda guerra mondiale. Alla notizia della resa, alcuni di loro si tolsero la vita. Nella loro logica, era un modo per essere fedeli all'imperatore sino all'ultimo. Sapevano di non poter fare altrimenti, e che, data la natura del proprio progetto esistenziale, per loro non c'era spazio nel mondo postbellico. Un samurai non persegue altro intento: suicidandosi, evita che i nemici possano vantarne la cattura o di averlo abbattuto. Il *seppuku* non è una scappatoia, bensì l'ultima sfida di chi si sa invincibile. Secondo Sun-tzu, solo chi si astiene dalla lotta è il vero vincitore. Il ricorso allo sventramento esprime questo, e altro.

L'estrema prossimità nei confronti della morte permette di prepararsi all'eventualità, mai remota, del suicidio. Uno sfondo buddhista colora questa convinzione. L'esistenza è transitoria, fuggevole, al pari delle bolle di sapone o della schiuma: è come un sogno. Mai attaccarsi agli eventi, per poi dipenderne. La presenza della morte sulla spalla sinistra: una impressione che il samurai si allena a percepire dal mattino, ignorando se vedrà una nuova alba. «Se al mattino conosci il Tao, la sera puoi anche morire» – un assunto di Confucio, mai così pertinente. L'uomo può vivere oggi, ma domani? Dovrà cogliere tutte le occasioni che gli si offrono. Nient'altro predicano i samurai, sapendo di essere sempre esposti al tumulto della battaglia. L'attimo opportuno. Solo un attimo *dopo* sarà già troppo tardi per servire il signore o i genitori: la morte ci coglierà sprovveduti, negligenti. E la negligenza è la qualità infamante, da schivare. *Hagakure* si concentra su questo.[3]

Chiunque non percepisca accanto a sé l'alito della morte si illude dell'eternità, e scivola nel superfluo. Ormai è perso per la vita autentica. Se un samurai corre questo rischio, è meglio che si dedichi alle attività delle classi mercantili o contadine. Esse coltivano altre disposizioni: il pensiero del domani, l'accumulo o il raccolto, anziché la lotta. La vita spirituale è incompatibile con la cupidigia e l'egoismo.

Il pensiero della morte, sebbene coltivato anche da un monaco, è tipico del samurai. Un religioso non deve combattere, e sa che la morte non lo coglierà sul campo di battaglia. L'essere-per-la-morte appare una caratteristica dei samurai, contro l'intento di Heidegger, che vorrebbe estenderlo all'umanità intera, ritenendolo una qualità universale. I samurai vantano le loro peculiarità, attenti a non confondersi con la detestata gente comune.

È il furore della battaglia che essi serbano nell'animo, accompagnato dall'idea di una morte imminente. La spada che, talora, un artigiano può tenere con sé è arrugginita: non è la lama dei samurai, quella riverita da Minamoto Yoshitsune, alla vigilia dei suoi scontri con il fratello Yoritomo. Questa spada è un feticcio, l'emblema di una più ampia sfera di esistenza: la stessa lama diviene un *kami*. La parola designa una forza che alberga nell'universo, un piano di realtà che alcuni erroneamente ritengono animistico. La spada, antico retaggio della cultura nipponica, è un Nume tutelare, pur conservando la sua natura di oggetto. È uno dei tre tesori nazionali del Giappone, parte del lascito che i *kami*, spiriti della stirpe di Amaterasu, la dea solare, hanno concesso agli abitanti dell'arcipelago nipponico.

Un samurai entra in rapporto intimo con la sua spada, senza mai separarsene. La spada che dà la vita e la toglie: guai a smarrire un ambito, o sostituirlo indebitamente con un altro. Il samurai lotta solo se costretto, memore degli insegnamenti di Sun-tzu. «Non abbandonare la spada», questo il monito. Non la si lascerà ammuffire nel fodero, né la si sguainerà incautamente.

Il samurai è come l'uomo del Rinascimento, ma in un senso speciale. Affianca la cultura all'addestramento fisico. È versato nell'arte, specie militare. La sua stessa esistenza assurge a opera d'arte. La cultura è determinante, come letteraria o poetica, studio della storia del proprio clan o della strategia, politica o amministrativa.

Solo nelle epoche di confusione, di frenesia o di disordine sociale (*ran*), i guerrieri sono dispensati dalla coltivazione letteraria. A loro detrimento, però, perché così smarriscono il percorso dell'autorealizzazione. Da analfabeti, avranno bisogno di chi scriva una missiva per loro, o dia voce ai sentimenti che non riescono a esprimere.

In tempo di pace, la lunga pace più che bisecolare dei Tokugawa, non si hanno attenuanti. Il guerriero dovrà collocare, idealmente, il pennello su una spalla e la spada sull'altra. L'assenza di una qualsiasi delle due componenti espone al biasimo, e lo coglierà in fallo.

A differenza della maggior parte dei Templari, degli Ospedalieri o dei Cavalieri Teutonici, per non dire degli Assassini o dei Thug, un samurai non può esimersi dalla cultura. Certo, non sarà un erudito: la sua stessa attività, per mostrarsi efficace, glielo impedisce. Ma anche l'ignoranza sarebbe un difetto capitale, da cui deve cautelarsi. Le arti marziali, la calligrafia, il tiro con l'arco e l'equitazione, lo studio delle opere confuciane sono aspetti da non trascurare. Molti Templari non erano neppure in grado di leggere la Bibbia.

Nel caso dei samurai, al riparo dalle generalizzazioni, va osservato che talvolta, nei ranghi più elevati della loro casta, attecchiva un'alta cultura. Nelle frange inferiori l'analfabetismo era la regola. Ma quando si parla del samurai s'intende generalmente l'uomo colto, in grado di comporre *haiku* o tirare di scherma. Un personaggio come Miyamoto Musashi non costituisce l'eccezione bensì la regola; quantunque pochi samurai possano dire di averne uguagliato i livelli espressivi e artistici, supposto che fosse lui l'autore di un'opera immortale come *Il libro dei cinque anelli* (*Gorin no sho*).

Dal punto di vista dello spirito, il samurai incarna una commistione di stili di vita. È shintoista, nella sua devozione al sovrano e alla Patria. È confuciano, perché rispetta il suo signore, e la sua esistenza sociale si imposta in prevalenza su questa relazione. È buddhista, perché talora prende i voti al culmine o al termine della sua carriera bellica; i convincimenti del buddhismo, quantunque nessuno possa averglieli impartiti o ve lo abbia informato, rappresentano per lui un punto di riferimento imprescindibile, come mostra la tanatologia. È taoista perché nella lotta, il suo campo d'attività primario, ricorre alla spontaneità; in effetti, si astiene dalla lotta finché è possibile, né fa sfoggio della forza a meno che costretto. È persino cristiano: la sorte di molti samurai dopo la penetrazione della religione «occidentale» nelle terre della divinità solare. Continua a coltivare un'attitudine guerriera, tentando di conciliarla con la fede nel Crocifisso e nella Vergine Maria: scandirà i loro nomi in battaglia, mentre altri suoi colleghi si infervorano e combattono con il *mantra* del Buddha Amida sulle labbra.

Il samurai, in fondo, è laico, poiché la religione in Giappone ha un valore particolare. Se ne può coltivare una accanto all'altra, o una dopo l'altra, in differenti momenti od occasioni della vita. Nessuna religione, neppure il cristianesimo delle prime missioni, sembra richiedergli un'adesione incondizionata, totalizzante.

Ciò conduce a una polireligiosità, all'assunzione di una identità multipla, e la questione del rapporto tra lo spirito e le armi riceve una nuova collocazione. Non si esige l'ossequio a un unico culto, un unico stile di vita. Se ne scelgono diversi, alcuni dei quali non appaiono spirituali all'uomo occidentale. La relazione tra il samurai e il suo signore non sembra religiosa, ma solo perché è impregnata dal confucianesimo, dottrina che nell'ottica cristiana è difficile equiparare a un culto.

La pietà filiale (*ko*) del samurai è di derivazione confuciana. Ma persino i doveri verso i genitori passano in secondo piano, qualora si pongano in contrasto con i valori del feudo o del clan di appartenenza. Il signore serba la priorità assoluta. In una logica simile, i capi dei kamikaze pretesero il sacrificio di migliaia di giovani, senza che ciò urtasse la sensibilità delle famiglie. Le vittime si immolavano per il Paese, una sfera di potere più ampia di quella familiare. La loro violazione della pietà filiale, dell'obbligo di provvedere ai genitori sino alla loro sepoltura, era giustificata.

«Nella casa dove c'è un figlio che assolve ai suoi doveri verso i familiari, si trova il vassallo leale». La massima allude a questo stato di cose, da un altro punto di vista, ma sempre nella compenetrazione dei due ambiti. Un samurai sarebbe «non filiale» se fuggisse nel tumulto della battaglia, assillato dalle preoccupazioni per i suoi genitori; egli ne disattende le aspettative, perché tradisce il signore, fonte primaria di doveri e obbligazioni.

Un altro valore confuciano è la giustizia (*gi*), che implica il rispetto della retta posizione da assumere in società. Diversa dalla giustizia occidentale, quest'attitudine garantisce che il vassallo non trasgredirà mai i suoi compiti, o tenterà di abbandonare il padrone. Egli sa qual è il suo posto, né oserà travalicarne i confini.

È che, talvolta, un samurai indulgeva alla violazione delle norme. Se giustizia equivale a rettitudine, nel senso più ampio di «lealtà» o «fedeltà», questi tradiva persino sul campo di battaglia la sua armata, allettato dall'offerta vantaggiosa del nemico. Anche il principio confuciano della solidarietà tra fratelli è trasgredito nella persecuzione di Yoshitsune a opera di Yoritomo. Lo stesso Oda Nobunaga, uno dei grandi daimyo dominatori del Giappone, perisce per mano di uno dei suoi più fidi generali, Akechi Mitsuhide, per non averlo tenuto in alta considerazione.

Si accenni pure alla rettitudine, dunque, precisando però che vi si contravvenne spesso, in momenti non irrilevanti o sporadici della storia dei samurai. L'opportunismo e l'ambizione si fecero beffa di valori o ideali elevati, cancellandoli dalla scena come se nessuno li avesse mai propugnati. Ciò che inficia molti manuali, ormai invecchiati, sulla figura del samurai o il *bushido* è questa enfasi su elevate aspirazioni, senza sottolinearne l'inadempienza in concreto.[4]

Il signore è il polo centrale dell'esistenza del samurai. Questi è un guerriero e un servitore, come la parola giapponese suggerisce. Vive, o dovrebbe vivere, in funzione del signore. Si può tracciare un parallelo con gli *kshatriya*, la casta dei guerrieri in India. Anche loro coltivano una tradizione di spade sacre, quantunque i loro omaggi non si spingano al feticismo dei colleghi giapponesi; inoltre la tradizione nipponica, più agguerrita, assegna alla spada un ruolo più determinante. Il servizio prestato al signore era già caldeggiato in India, ma qui è inserito in un quadro confuciano che gli conferisce un significato più ampio. È il perno di una relazione sociale essenziale: il daimyo si rapporta direttamente allo shogun e all'imperatore, il samurai al daimyo.

Al samurai si dà lo stesso consiglio che gli scrittori confuciani impartiscono all'uomo in generale: «Siate prudenti, anche nella vostra solitudine». Si esorta a un comportamento impeccabile, anche quando nessuno potrebbe criticarci. Benché lo sguardo del signore, o dei genitori, non lo raggiunga, il samurai dovrà sempre tenerlo presente. Ciò alimenta il senso di responsabilità, vincolando il samurai al signore. Quest'attitudine rasenta la superstizione: «Non importa dove si passerà la notte per dormire, un guerriero non dovrà mettere i piedi nella direzione del suo signore neanche per un attimo. Allo stesso modo, nell'appendere lance o alabarde, farà in modo che le loro punte acuminate non siano rivolte in direzione del signore». Così un codice bellico, *Budoshoshinshu*, redatto da Daidoji Yuzan prima di *Hagakure*, intorno al 1676.

Per riassumere, niente di meglio di una massima che illustra l'ideale del samurai: «Un suddito leale sa che esiste il suo signore, e ignora l'esistenza di se stesso». Si è assorbiti dal gruppo, rispetto al quale spicca il signore o il feudatario. I monaci guerrieri cristiani si votavano al Cristo o alla Madonna, qui si rispetta un signore: ciò evoca il rapporto degli Assassini con il Vecchio della Montagna. Scompare sempre l'individualità, di fronte a esigenze collettive più ampie. Il *leader*, fisico o puro spirito, umano o divino, domina la scena. Rappresenta un io ideale di fronte al quale si dissolve l'io del servitore, cui si rammenta il suo ruolo subordinato.

Riguardo agli Ordini guerrieri cristiani, si possono tracciare analogie o paralleli. Il tenore di vita maschile, virile, predispone tutti questi gruppi all'omosessualità latente o manifesta. Nei samurai vige lo *shudo*, o «Via della promiscuità», una propensione indiscriminata per uomini e donne, che esclude qualsiasi relazione monogamica o esclusiva. Con questo termine si intende anche la «Via dell'amico speciale». Un samurai si lega a un maestro più anziano, il quale lo inizierà ai segreti delle armi e alle altre abilità richieste. Nulla impedisce ai due di coltivare una relazione omosessuale, che è anzi incoraggiata dalle consuetudini. Quando l'adepto si sposerà, potrà sospenderla. Non per questo terminerà la sua ricerca di rapporti promiscui: egli può sfociare nella bisessualità, o mantenere le antiche pratiche omosessuali. Ciò non deve stupire: nel Giappone dei samurai la questione del *gender* è assai sfumata. È già divenuto celebre il film *Gohatto* («Tabù») di Nagisa Oshima, dove un giovane samurai incarna l'oggetto del desiderio a tutto campo: è un forte guerriero, ma dai tratti femminei. A differenza dei monaci guerrieri cristiani, il samurai non vive l'omosessualità con un senso di colpa: la sua realizzazione personale ne trarrà vantaggio, al riparo da esami di coscienza inopportuni.

Un samurai poteva essere un bonzo. Persino molti daimyo famosi e molto violenti sceglievano di farsi monaci. Al termine della carriera molti samurai optavano per il buddhismo per scongiurare l'esistenza da *ronin* del guerriero senza padrone; alla lettera «uomo onda», un viandante senza mèta. Che dire di queste due sfere, che sembrano ripresentare la questione del tormentato rapporto tra lo spirito e le armi?

Rapporto che si riscontra già nel samurai «laico», non necessariamente monaco, in quanto l'ideologia assegna un significato alla sua esistenza. Esistono delle affinità tra lo spirito e le armi, i *Codici* le prendono in considerazione. La disciplina caratterizza la vita del monaco, al pari di quella del samurai. L'impegno nello studio risulta superiore nel primo caso. Ma poi, è inevitabile, i bonzi non si curano della strategia: svolgono altre mansioni. I redattori dei *Codici* non hanno in mente i monaci guerrieri, ormai estinti nell'era Tokugawa.

Esiste una incongruenza percepibile: i samurai che si fanno monaci devono continuare a esercitare la loro funzione bellica, mettendo a repentaglio le vite di larghe masse umane. Come potrebbero tener fede all'impegno che hanno assunto in qualità di bonzi? Si pone un problema di identità e di ruolo. Le affinità esteriori, basate sul rispetto della disciplina e l'enfasi sullo studio, non possono cancellare le differenze.

La forza va considerata sopra tutto. Lo studio, in alcuni casi, può fungere da ostacolo. In linea generale, alla cultura non si può rinunciare. La cerimonia del tè (*cha no yu*) fu praticata dai samurai prima, durante e dopo la battaglia. Aveva il compito di estrarne la parte femminile, ponendoli in contatto con l'eleganza e la raffinatezza. La calligrafia non si prefiggeva altro. Ma la cerimonia del tè predominava, negli interessi di grandi politici quali Oda Nobunaga e Toyotomi Hideyoshi.

Si apprendeva il distacco dal mondo, nella compattezza e nell'isolamento delle sale da tè, senza, però, smarrire l'amore per le creature o il rispetto per gli altri. Nel sorso della semplice bevanda si realizza l'universo. Il samurai di qualsiasi rango può godere in questi luoghi di un attimo di riposo, rispetto al tumulto della lotta. Nelle case da tè le spade sono vietate, al pari dell'omicidio.

Lo spirito si intrufola nelle pieghe del discorso, persino in attività che ne appaiono esenti, talmente quotidiane, comuni e ordinarie da non lasciar trapelare il loro potenziale liberatorio. Che la spiritualità passi attraverso la tazza da tè, alla stessa stregua della preghiera o della meditazione, è un'eventualità che può turbare la mente occidentale, mentre la nipponica vi ravvisa valori sublimi. Si deve avere un maestro nel tè, come nella calligrafia e nella poesia. È facile travisare gli assunti di certe arti, senza un'adeguata preparazione.

L'haiku permette, in altri toni, di cogliere la grandezza dell'attimo. La composizione si alimenta di un'esperienza improvvisa, intuita nel suo dispiegarsi. Ma il samurai non vi indulgerà, sapendo che la poesia è solo un accessorio. Al contempo, dovrà e potrà dar prova di grande maestrìa nella composizione. In questo la genialità di un appello ambivalente allo spirito e alle armi. Perché, poi, distinguere i due ambiti? Il *training* di un samurai li contempla entrambi, senza notarne la diversità ingannevole. Solo così si eviteranno gli eccessi, l'errore di lasciar prosperare un'arte a scapito di un'altra. Non si cadrà nella mentalità del mercante, il quale coltiva la cerimonia del tè per andare in cerca di oggetti pregiati, utensili rari e costosi come le ciotole, il bricco e altro. Diversamente, sarebbe meglio ignorarla, l'arte.

Qualsiasi prescrizione rischia di fuorviare, se non è intesa a fondo. La frugalità, essenziale nei guerrieri di basso rango, non deve assurgere a traguardo, né va perseguita da programma. Dovrebbe essere frutto della spontaneità, non un possedimento di cui inorgoglirsi o vantarsi. Il samurai svela la sua natura taoista: è un amante del «qui e ora», scrollandosi di dosso tutti gli orpelli o i condizionamenti superflui.

Non sono da emulare coloro che mostrano una soglia sontuosa, per poi far trapelare l'interno di una casa miserabile, mal arredata e fatiscente. Altrimenti sarebbe meglio non spendere nulla per la propria abitazione, e accontentarsi del suo squallore, o persino che la pioggia vi si infiltri copiosa!

Da certi consigli traspare che l'arte del guerriero, il *bushido*, predica il benessere spirituale, uno stile di vita per ogni circostanza, non solo per il combattimento. Questo ci rende i samurai, ancora oggi, degni di interesse. Certo, la loro storia copre un arco di circa settecento anni, e la generalizzazione non può cogliere nel segno. Quando si ha in mente la compiuta realizzazione nel pennello e nella spada si allude ai grandi guerrieri, meritevoli di menzioni speciali. La loro magnificenza consisteva, agli occhi dei contemporanei, nel non aver considerato il corpo come loro proprietà, per esporlo al pericolo senza paura se ciò aveva un senso e implicava l'adempimento di un servigio.

Un samurai abbandona la logica duale, il binomio «vittoria/sconfitta». Non solo con il *seppuku*, ma anche attraverso un'attitudine mentale che gli è congeniale. Altrimenti ogni gesto lo paralizzerebbe: sarebbe incapace di affrontare l'avversario, qualora condizionato dalla preoccupazione del trionfo o dal timore di schivare la sconfitta e la morte.

Non è che Miyamoto Musashi (1584 ca.-1645) la pensi diversamente, tranne che su un punto. Egli non vuole perdere, e tutti i suoi atti sono rivolti alla vittoria. Una tautologia? Niente affatto. Egli rappresenta un'eccezione, nell'accantonamento samuraico del dualismo. Musashi è il superuomo che non si cura di alcuna convenzione, neppure del *bushido*. Si vede realizzato nella lotta, e nel trionfo. La leggenda lo vuole invitto, benché talvolta i suoi ammiratori siano costretti a tortuosi giri di parole per minimizzarne i possibili scacchi o piccoli insuccessi. Tutto ciò va in secondo piano, rispetto all'esigenza di alimentare il prototipo dell'eroe invincibile, che funga da modello all'intero Giappone.

Quale enorme divario tra Musashi e Yamamoto Tsunetomo! Quest'ultimo è l'autore di *Hagakure*, il celebre codice dei samurai scritto nel 1716. Vorrebbe passare la vita a dormire, e non sta parlando per metafore! Musashi cerca la lotta, e vuole sgominare l'avversario. Tsunetomo teorizza su un'epoca al tramonto, sull'indebolimento della casta samuraica; Musashi ne incarna gli ultimi guizzi, ancora venati di eroismo.

Musashi lo ha sempre sostenuto, con l'impeto di una formulazione categorica, di non seguire alcun metodo tranne la spontaneità. Una spontaneità appresa con il duro lavoro sul campo di battaglia. Per scrivere il suo capolavoro, *Gorin no sho*, non ha attinto ai classici, cioè a Confucio, né alle opere strategiche in voga tra i guerrieri, né ai Sutra buddhisti.[5] Da dove proviene, allora, il suo sapere o la sua Via? Da lui stesso, il che è un solo un modo per lasciare insoluta la questione. «In alcuna circostanza ho mai avuto un maestro»: un'affermazione che stride in bocca a un samurai e che, nondimeno, qui è lecita. Qui, e solo in questo caso. Musashi non poteva ignorare che gli spunti strategici erano ampiamente disseminati nel suo tempo, agli albori dell'era Tokugawa: si respiravano nell'aria, e non occorreva che qualcuno glieli porgesse. Lui stesso poteva mettersi in ascolto, e li avrebbe intesi.

Tsunetomo, il quale non ha mai combattuto, è impregnato da un altro spirito. La sublime diversità tra i samurai, antidoto alle definizioni o generalizzazioni. «Se ci si cura di se stessi, si risulterà stabili e si realizzeranno i propri intenti originari».[6] Un programma di autorealizzazione personale, molto differente da quello di Musashi. Si appaga dell'ozio, non è più vita, bensì teoresi *sulla* vita. Tsunetomo si fa monaco buddhista, pur di sottrarsi alla indegna sorte del *ronin*, il quale, come un'onda, si spinge dove lo trascinano le circostanze. «Le qualità umane perdono consistenza, in rapporto ai tempi che cambiano».[7] Nessuna asserzione fu mai più vera, nel periodo di decadenza dell'intera classe samuraica degradata a lavori umili che non le si confacevano. È Tsunetomo a suggerire come risolvere il problema del tramonto, l'irresistibile rovina di una casta. «L'apparenza esteriore, in cui un samurai deve eccellere, si fonda nel sapersi adeguare ai tempi e ai luoghi».[8] Da ciò la convenzionalità del samurai comune, di contro all'eccelso anticonformismo di Musashi. Il samurai come specchio della società, piuttosto che antagonista.

Quando le «navi nere» dell'ammiraglio Perry bussarono alla porta del Giappone, intimavano un cambiamento sotto la minaccia dei cannoni. Gli shogun dovettero adeguarsi, e fu ripristinata l'autorità dell'imperatore. Come a dire: un ritorno al passato, che però doveva tener conto del nuovo, un'occidentalizzazione sfrenata, bramata quanto odiata. I samurai ne furono travolti: essi, quanto nessun'altra forza o classe nipponica, incarnavano un passato superfluo di cui sbarazzarsi. L'imperatore non era riuscito a piegarli, nonostante gli sforzi per restaurare il proprio potere. Né gli occidentali, sino a quel momento. Perivano di morte naturale intorno al 1867, assecondando lo spirito di un tempo che non li tollerava più.

La storia dei samurai si incrocia con quella del Giappone. Quantunque essi non vi siano sempre implicati, le conferiscono un senso o una colorazione indelebile, caratteristica. Una diarchia atipica, quella nipponica. L'imperatore possiede il potere nominale, mentre quello effettivo è esercitato dai guerrieri, e dallo shogun, loro rappresentante, una sorta di dittatore militare. La situazione poté reggersi, con alti e bassi o qualche variazione, per un lungo periodo: tra il 1192 e il 1877. La prima data segna l'avvento al potere del primo shogun di rilievo, Yoritomo: in precedenza, la carica aveva una portata più ristretta; la seconda corrisponde alla fine della rivolta degli ultimi samurai che si rifiutano di conformarsi alle decisioni governative, le istanze della Restaurazione Meiji.

Da semplici guardie del corpo, assistenti o servitori, guerrieri incolti, i samurai assurgono con Minamoto Yoritomo a una funzione governativa. Dovranno reinventarsi un ruolo, per acquisire abilità e competenze che ancora non posseggono.

Violeranno le più comuni regole del loro codice comportamentale sin dall'inizio della loro storia. Il più accanito rivale di Yoritomo sarà il fratello Yoshitsune: una vicenda, quella samuraica, che debutta con il tradimento e il fratricidio. Non trionferà, emblematicamente, il fratello versato nelle armi, più dotato nel duello, bensì l'amministratore, più avvezzo ai giochi della politica e ai compromessi. I Minamoto non furono una dinastia; nessun clan di shogun può avanzare questa pretesa, ma poi, di fatto, lo divennero gli Ashikaga e i Tokugawa. Il titolo di shogun si trasmise per diritto ereditario. Un dittatore che passa il testimone al proprio successore, il figlio o altri della famiglia.

C'è sempre un esordio amaro. Anche se si volesse ricondurre la storia dei samurai a Yamato Takeru, il principe semileggendario, le si imputerebbero sempre dei difetti: la vocazione alla sconfitta, piuttosto che al trionfo. Yamato ricorre al sotterfugio, pur di veder coronate le sue aspettative e i suoi progetti. Alla fine muore da solo, quasi dimenticato. Uno scacco che non sembra una macchia.

I Minamoto non godettero a lungo dell'esercizio del potere. Furono rimpiazzati dai reggenti Hojo, non particolarmente degni né encomiabili sul campo di battaglia. Qualcuno mise in dubbio, prematuramente, le qualità belliche dei samurai. Non le si può certo ravvisare negli Ashikaga, la successiva serie di shogun. Troppo effeminati, amanti del buddhismo e delle arti per compromettersi nel duello o nel combattimento. La perversione sessuale della classe samuraica, nonché l'indulgenza al vizio, all'indolenza, nascono da qui.

E poi la guerra civile, sanguinosa quanto poche altre. I giapponesi, i quali si ispirano volentieri alla Cina sino alla Restaurazione Meiji, designano il periodo con un'espressione che in Cina suona «epoca degli Stati combattenti» (giapponese: *sengoku jidai*). La durata? Tra il 1534 e il 1600, la più sanguinosa e cruenta sequenza di eventi nella storia del Giappone.

Tre *leader* ne emergono, in successione. Tre grandi samurai, o daimyo, «signori dalla brillante reputazione»: Oda Nobunaga, tra il 1573 e il 1582; Toyotomi Hideyoshi, tra il 1582 e il 1598; Tokugawa Ieyasu, tra il 1598 e la fine della guerra. L'aneddoto ne illustra le differenze senza fronzoli. Problema: far cantare un uccello recalcitrante. Ciascuno dei tre lo risolve a modo suo. Nobunaga: «Lo farò cantare»; Hideyoshi: «Lo ucciderò, se non lo fa»; Ieyasu: «Aspetterò *finché* non lo farà». La differenza si gioca su tre livelli, rispettivamente: l'avvio di un processo di rinnovamento, la prosecuzione del processo persino attuata con violenza, l'attesa diplomatica e il *savoir-faire*.[9]

Talora nella storia dei samurai le donne sono personaggi di rilievo, malgrado l'aura virile e *macho* del mondo dei guerrieri. Si trovano eroine che dividono il campo di battaglia con gli uomini, lottando spesso meglio, o dominatrici vere e proprie, governanti che si sostituiscono ai loro consorti o succedono loro, lasciando il potere nominale a figure esangui, inconsistenti. È il caso di Hojo Masako, la moglie di Yoritomo, la quale resse le sorti del Paese alla morte del marito nell'abito monacale: le vedove dei samurai si facevano suore buddhiste. Se lo shogunato poté perpetuarsi lo si deve a lei, a una linea politica risoluta che la spinse persino a entrare in conflitto con il padre. Che Masako assurgesse a una posizione così accentuata non era un fatto isolato. Le donne godevano di ottimi diritti intorno al XIII secolo. Erano equiparate ai fratelli, sul piano ereditario. In famiglia, condividevano con il marito la gestione del potere casalingo: era affidata loro l'educazione dei figli, tassello determinante del condizionamento culturale samuraico, nonché la direzione della servitù.

Soltanto in seguito, con il prevalere del neoconfucianesimo, il ruolo della donna fu più circoscritto. In certe frange della filosofia cinese si riteneva la donna inferiore all'uomo. Ciò aveva un riscontro pratico, malgrado il palese contrasto di questa inclinazione con altri assunti confuciani. Anche la filosofia giapponese ne risentì. La sposa del samurai era, spesso, femmina indomita: la sua devozione per il marito poteva indurla persino alla violenza, nei toni che una donna può concedersi. Le donne samurai sono una realtà. Ma il nuovo spirito del tempo le fece inclinare all'ubbidienza, a un'attitudine passiva che conservava poco dell'ardore primitivo. Fu a causa dell'influsso cinese che la donna giapponese perse terreno in molti campi.

Nel XVII secolo, i samurai entravano nella fase di declino e avvertirono di aver assegnato alla donna un ruolo del tutto inedito: ormai era soltanto l'educatrice dei figli, inadeguata a seguire gli spostamenti di un guerriero; tantomeno, poteva trovarsi sul campo di battaglia! La denigrazione della donna concorse a un incremento dell'omosessualità tra i samurai. Il vero amore non poteva essere rivolto alla donna, bensì al maschio. La donna come creatura senza importanza. Questo fu il lascito di un'opera del 1687, *Il grande specchio dell'amore per i maschi*, redatta da Ihara Saigaku.

Prima la donna aveva mostrato un grande coraggio, allorché la famiglia di un samurai sconfitto doveva scegliere la morte rapida per nobilitare lo scacco o scongiurarlo: lei si gettava in mare con i figli o i nipoti, praticando una sorta di *seppuku*. Tutt'altri tempi, e solo nella *fiction* si insisteva ancora su certi valori, assenti nella vita reale. All'inizio, si richiedevano la cura della casa e altre virtù domestiche accanto all'esercizio di qualità da amazzone. Le donne riponevano i pugnali nel seno, pronte a usarli contro chi volesse attentare alla loro verginità, o ricorrevano al *naginata* per trarsi d'impaccio.

In un disegno suggestivo, una donna, da sola, si avventa contro i samurai che ne hanno attaccato la casa; la sua furia lascia presagire che il bastone dalla lama ricurva possa aver ragione degli aggressori. Né si intuirebbe che alle donne difetti la predisposizione o la conoscenza delle arti marziali. In certe stampe ricorrono al *jujutsu* per dirimere le controversie tra di loro, con prese bloccanti che nulla hanno da invidiare agli uomini.

Scarse tracce femminili, negli Ordini guerrieri cristiani. Incontri occasionali, violazioni sporadiche o puntuali di tabù, e poco altro in Templari e Ospedalieri. Stupri, denigrazione della donna nei Cavalieri Teutonici. L'atteggiamento degli ultimi samurai, non quello dell'età aurea, coincide. L'omosessualità sembra una scappatoia rispetto alla svalutazione della donna. Eppure i primi samurai, quasi contemporanei dei monaci guerrieri cristiani, le assegnavano un ruolo sociale rilevante.

L'esaltazione della donna sembra conferirle tratti virili. Al giorno d'oggi, kamikaze femmina si fanno esplodere in Medio Oriente: qual è la differenza, rispetto ai maschi? La loro emulazione è l'obiettivo da raggiungere? Una presenza storica più vistosa delle donne sembra legata all'assenza o al ridimensionamento della loro componente femminile? Paradossalmente, quest'ultima sembra trasparire meglio nell'uomo che vive in stretto contatto con il proprio sesso, nella scelta omosessuale del monaco guerriero. Una scelta forzata, condizionata dall'assenza del femminile: il che non è un giudizio denigratorio, bensì una constatazione.

Alcuni samurai scrittori precisano il loro rapporto con la religione, in genere il buddhismo. «Quando si arriverà dinanzi ai *kami* e ai Buddha, affinché ci venga concessa la più grande abilità del mondo, si dovrebbe chiedere loro innanzitutto di avere un cuore retto».[10] Si ammette che in qualsiasi piano di realtà, nella vita presente o nel Paradiso di Amida, certe qualità appaiono indispensabili. L'arte del combattimento dovrà dipenderne, non potendo anteporvisi o prevaricarle.

La vera attitudine spirituale, però, concerne ancora una volta il rapporto con il signore. Solo questa figura va considerata in società: persino tra centinaia o migliaia di persone è lui che dovrebbe calamitare l'attenzione del vassallo. Il signore è la barca che permette al guerriero la traversata in mare aperto. Poi, si rivolgerà il rispetto che si nutre per questa persona a tutte le altre. La gentilezza è un valore dello spirito.

Se qualcuno tratta male la gente in questa vita, sarà maltrattato a sua volta nella prossima, poiché il karma è inesauribile in tutte le cose.[11]

Un samurai è buddhista anche quando non poggia l'accento sul Dharma. Né misconosce il karma, la rete di rapporti causali che condiziona l'esistenza. L'accettazione del karma esorta il samurai a non deplorare il fallimento. La consapevolezza che una potenza invisibile regge l'universo gli permette di vagliare meglio il proprio contributo alla determinazione della sorte. Tuttavia, il samurai non è un fatalista: non se ne sta in disparte a contemplare lo svolgimento degli eventi. Al contrario, vi ha una partecipazione attiva e responsabile, proprio perché sa che ogni atto, anche nella vita presente, deposita un frutto, cioè meriti o demeriti.

Lo stesso rispetto o cortesia va rivolto alla moglie e ai figli. Si dovrebbe prestar loro attenzione, e il samurai è un buon ascoltatore. Anche se i loro discorsi sfociano nell'irrazionale, non vanno disprezzati. Per supportare la sua tesi l'autore, Hojo Shigetoki (1198-1261), poi monaco buddhista, attinge alla religione shintoista. Ci ricorda che Amaterasu, la divinità solare, assunse i panni di una donna, mentre il dio della guerra, Hachiman, governò sin da bambino.[12]

La tolleranza e la stima delle opinioni altrui vanno estese ai membri delle classi umili. Shigetoki parla da buddhista, ma il suo è uno spirito samuraico. Egli indica all'uomo l'inconsistenza del mondo, il suo carattere onirico: qualcosa che il samurai dovrebbe rammentare nella frenesia del combattimento. Un battito di ciglia, e la vita è trascorsa. Un'esistenza affine alla rugiada si assoggetta ai mutevoli toni della vita e della morte. Shigetoki conclude la sua breve opera, un compendio di consigli non solo per samurai, con la formula rituale di Amida: *Namuamidabutsu*. Coglie la compresenza di virtù buddhiste e attitudini samuraiche, da altri impugnata o deplorata.

Shiba Yoshimasa (1350-1410), di un ramo cadetto degli shogun Ashikaga, ragiona più da confuciano. Neanche lui, però, manca di tratteggiare il lato spirituale dell'esistenza del samurai in rapporto al buddhismo. Insiste sull'interiorità, sapendo il valore della metafora.

> Anche se non abbiamo mai offerto neppure un singolo servigio al Buddha, né siamo mai stati in pellegrinaggio in un chiostro shintoista, se il nostro cuore è puro e retto, nonché pieno di compassione, né i kami né i Buddha ci troveranno manchevoli.[13]

Ogni atto può rappresentare l'equivalente della meditazione o della preghiera. Non occorre trovarsi in difficoltà per ricorrere ai riti. La stessa battaglia, talora animata dalla compassione, è un rito. Ciò traspare dalle lucide annotazioni di questo critico della religiosità fasulla. Yoshimasa condanna l'egoismo, così diffuso tra i samurai, in qualsiasi forma attecchisca, anche come materialismo spirituale per usare l'espressione di Chögyam Trungpa. Tanti si dedicano alle arti marziali, attratti solo dai benefici fisici e l'incremento della forza, senza intenderne i presupposti.

> Soprattutto l'uomo che si occupa dell'uso delle armi dovrebbe quietare la sua mente e scrutare in profondità nell'animo altrui. Questa è la componente migliore delle arti marziali.[14]

Si tocca una questione sovente trascurata. L'arma più difficile da padroneggiare non è la *katana* o il *naginata*, né l'archibugio, bensì la propria mente. Yagyu Tanenori non alludeva ad altro con il suo motto: «L'arte della guerra non consiste nel trionfare sugli altri, bensì su se stessi». Un assunto che i praticanti sembrano dimenticare spesso, più attenti alla coltivazione della forma fisica e, talvolta, alla mera violenza a scopi competitivi. Non vi si insisterà mai abbastanza: in questo consiste il contributo dello Zen alle arti marziali.

È ancora Yoshimasa, un confuciano, a rimarcarlo: «Non c'è nulla di più grossolano, per un essere umano, che arrabbiarsi troppo spesso. Non importa *quanto* ci si inquieta, il nostro primo pensiero dovrebbe essere di pacificare la mente e pervenire a un chiaro intendimento della situazione in cui ci troviamo. Poi, se si ha anche ragione, incollerirsi è giusto».[15]

Quante sfumature dottrinali, nel pensiero dei samurai! Si rischia di schivarne l'essenza, ricollegando le sentenze a un ambito spirituale ben preciso. Yoshimasa non propende per la calma totale, che un guerriero trova controproducente. Non è che i samurai e i buddhisti coltivino le medesime attitudini. Poco dopo, l'autore dirà che non è bello starsene in disparte inermi, mantenersi tranquilli e non polemizzare mai: lo farebbe un bambino di tre anni, che non sa farsi rivalere! Un buddhista non tollera certe asserzioni, ma il confuciano lo taccerebbe di passività, se non di codardia. L'atteggiamento taoista del «lasciar scorrere», della non violenza, qui non è perseguito, ed è addirittura deplorato. Molto composito, il ventaglio dottrinale dei riferimenti samuraici.

Yoshimasa accomuna l'effeminatezza e il narcisismo, grazie all'egocentrismo. Molti samurai, che avevano una personalità carismatica e ne erano consapevoli, non apprezzerebbero certe osservazioni. Loro sarebbero stati capaci di pavoneggiarsi tutta la vita davanti allo specchio, nell'illusione di essere i più belli e i più forti del mondo!

Un altro samurai, molto tempo dopo, sembra replicare a Yoshimasa: è Yamamoto Tsunetomo, allusivo ma efficace. «Se ci si abitua alla stupidità, è difficile pervenire all'assenza di egoismo».[16] Ciò è singolare: che un samurai risponda a un altro, aggiungendo dopo alcuni secoli una postilla a una questione centrale e cogliendo nel segno. Questo perché il nemico, l'individualismo, si mantiene il medesimo in un contesto spirituale relativamente nuovo.

Tra i guerrieri dello spirito, ai samurai sembra spettare un posto d'onore nella considerazione dei nostri contemporanei.

Analoghe valutazioni sembrano coinvolgere i Templari, oggetto di varie curiosità, ma in tono minore: i samurai seducono in Oriente come in Occidente. Per i kamikaze sussiste, purtroppo, un analogo interesse, dettato dall'attualità. Come mai proprio i samurai si stagliano su uno sfondo di leggenda incoraggiando i più disparati campi della *fiction*?

È che, in effetti, li si ritrova dappertutto. Non sono forse samurai i guerrieri di *Star Wars*, i quali, pur agendo nel futuro, sembrano ispirarsi ai medesimi canoni comportamentali dei servitori degli shogun? Talora sono direttamente catapultati nell'immaginario collettivo: *Ghost Dog* ha lasciato il segno sfondando una porta aperta, facendo appello a un interesse latente di vecchia data. Che il protagonista del film di Jarmusch sia un killer della mafia non storna l'attenzione dalle sue gesta; si teme di dire che desta ammirazione per un coacervo di tratti seduttivi.

Il periodo di declino dei samurai non si presta a certe considerazioni: per l'occasione, li si scoprì uomini comuni, disperati e nevrotici proprio come tutti. Mancavano di un'identità, e si trovarono esposti al dileggio di chi un tempo li temeva. Con l'ascesa di nuove classi sociali, quali i cittadini, regredirono nell'ombra: erano preservati da una *fiction* che però assegnava loro un ruolo comico, ridicolo.

L'attuale *revival* dei samurai, nei film come *Kill Bill* di Quentin Tarantino e non solo nei capolavori senza tempo di Kurosawa, li riscatta dall'oblìo e dallo scherno. Una consolazione effimera, che non li risarcisce dell'indegno tramonto nel mondo reale.

Essi si prestano a compensare l'insicurezza di noi tutti, uomini di oggi. Il che è semplicistico, e può occultare alcune proiezioni: un rischio che sempre si presenta in campo orientalistico. Potremmo attribuire al samurai ciò che noi stessi non siamo, però vorremmo essere. Ciò detto, non si spiega perché i Templari non siano stati investiti di una analoga funzione compensatrice. Addurre la maggiore fascinazione dell'esotico, nel caso dei samurai, è una tautologia, un modo per accantonare la questione anziché risolverla.

Ci piacerebbe, forse, condividere i voti del samurai, pensare che qualcuno di loro sia riuscito ad adempierli: un compito che oggi appare inattuabile. Si tratta dei seguenti: 1) non subire alcuna disfatta; 2) rendersi utile al sovrano; 3) coltivare la pietà filiale verso i genitori; 4) realizzare se stessi in vista del benessere altrui, animati da una grande compassione.[17]

Il primo è ampiamente smentito dagli eventi. I samurai stessi, a eccezione di Musashi, tentarono di ridimensionarlo: gli innumerevoli *seppuku* lasciano capire che il voto si poteva disattendere.

Il secondo è perlomeno discutibile: talvolta fu violato sul campo di battaglia, nei confronti di un signore in difficoltà o in vista di offerte mirabolanti. Se, poi, lo si rapporta all'imperatore, il voto è puntualmente trasgredito: i samurai furono sempre in lotta contro di lui, relegandolo in una sfera di potere sempre più angusta; dettavano legge le esigenze degli shogun. I sovrani che non volevano conformarvisi furono osteggiati, e debellati.

Il terzo voto non può essere rispettato, poiché un samurai finisce per subordinare la pietà filiale al rispetto per il signore: si consideri l'obbligo di perire in battaglia per il proprio feudo. Come nel caso della fedeltà samuraica all'imperatore, si tratta di un impegno puramente nominale.

Il quarto voto cozza contro l'egocentrismo che, ancorché vietato, afflisse i samurai per vocazione. L'autorealizzazione, una nobile mèta, fu perseguita ai danni di altri clan, nella soppressione immediata dei rivali politici. Né si vede come un programmma di liberazione personale possa imporsi di coesistere con il benessere della massa. Ci si appella alla compassione, certo, ma è molto arduo praticarla con le armi in pugno. Alcuni samurai attribuirono alla compassione un valore puramente nominale nella Via del guerriero; altri, con maggiore realismo, la condannarono esplicitamente.

Troppe le contraddizioni e gli influssi spirituali nella vita del samurai, per dedurne di poterli ricomporre in una sintesi. Furono trascurati doveri troppo austeri, sapendo che non si era mai i soli a farlo. Del dualismo tra lo spirito e le armi, che talvolta può generare incongruenze macroscopiche e insanabili, ne risentirono forse più di altri i samurai. È questo a suscitare ancora oggi ammirazione nei confronti di personaggi che appaiono emblemi della libertà, mentre la loro esistenza concreta fu caratterizzata da obblighi costanti e costrizioni. Veneriamo quei pochi di loro che, ancorché dilaniati da conflitti e ambivalenze, seppero vivere in armonia con se stessi.

Ogni valore samuraico, qualora perseguito, sembra incappare in una contraddizione che lo annulla. Ci si prefigge la morte come obiettivo, ma nel contempo la mèta è la vittoria. Il samurai non dovrebbe deviare dal senso comune, però occorre, nel contempo, distaccarsene. Odia i buddhisti per la loro passività e la scarsa padronanza delle armi, ma poi, alla fine della vita, si fa buddhista; o esalta questa religione nei suoi scritti, mutuandone gli assunti senza ricondurli al Buddha o al clero. Detesta, soprattutto, i monaci guerrieri: si veda la collera di un Nobunaga... Ma li ammira pure, lasciando capire che, tra i religiosi, sono loro a fungere da modello. Dice che la cultura è irrinunciabile, per poi assegnarle un peso secondario nella formazione del guerriero. Predica il rispetto della famiglia, e poi le antepone il sovrano, pascendosi degli esempi storici che possano confortarlo. Sembra condannare il fanatismo, ma poi vi indulge se il suo progetto esistenziale venisse disatteso.

È come se la schizofrenia lucida che si richiede al guerriero dello spirito trovasse nei samurai ostacoli insormontabili. Eppure, proprio per questo, si continua a insistervi: dal modo in cui risolve la scissione o la affronta si vedrà come chi ha scelto le armi *e* lo spirito può completarsi in entrambi i campi, costruendosi una identità salda e indistruttibile. Alla fine, i samurai potrebbero anche essere periti per il peso di questo fardello insopportabile.

Essi sono il gruppo di guerrieri più prolifico dal punto di vista letterario tra quelli qui considerati. Si può attingere ai loro scritti per ricostruirne la dottrina, mentre in altri casi si incede a tentoni e con cautela. Certo, per i samurai un libro non aveva la funzione che possiede nella società dei consumi. Si trattava di codici, in cui essi esponevano le regole del proprio feudo o clan. Ciò implica che neanche *Hagakure* possa ambire a pretese di universalità: è l'espressione di una realtà autorevole, ma pur sempre locale. Un codice di samurai che può vincolare certi gruppi, non tutti.

La tradizione orale preesisteva a questi *Codici*. Tra gli altri, furono Daidoji Yuzan e Yamamoto Tsunetomo a rappresentare con maggiore incisività la collettività samuraica. Ma forse è un giudizio dettato dalla circostanze, poiché i loro *Codici* sono sopravvissuti, a differenza di altri, magari più esaustivi.

Queste opere, e altre più frammentarie, ci permettono di ricostruire un pensiero che altrimenti si dovrebbe arguire dalle gesta e le imprese militari, come per altri guerrieri dello spirito. I samurai ne emergono più netti e distinti, malgrado il mistero che li avvolge: perché mai proprio loro riscossero tanta attenzione, o sembrano assurgere a modelli di una perfezione vagheggiata, certo irraggiungibile?

Ci restano le opere dei samurai che si prefiggevano di scrivere libri, il caso di Musashi, mentre non risulta che tentativi analoghi siano stati compiuti dai Templari o altri gruppi nell'intento di delucidare la dottrina o il proprio stile di vita. Le confessioni dei Thug sono state redatte da un occidentale, nella distorsione deliberata degli eventi storici. I kamikaze furono abbastanza prolifici, e c'è molto da imparare dall'opera di Nagatsuka, *J'étais un kamikazé*. Non a caso quelli giapponesi nascono da una costola dei samurai. La morte, ancora una volta, funge indiscutibilmente da collante.

Dove si trovano oggi i samurai? Domanda strana, che non sembra pertinente agli altri gruppi di guerrieri dello spirito. Quelli sopravvissuti non sembrano interessanti, per la mancanza di rinnovo della vocazione bellica. Il che coinvolge, per ciò che ne rimane, gli Ospedalieri e i Cavalieri Teutonici, mentre la questione non si pone per i Templari. Gli Assassini sono tornati in altre forme, non più nella struttura originaria. Dei Thug, senza rimpianti, si perdono le tracce; si chiede giustizia nei confronti della loro fine, piuttosto che una reviviscenza di dubbio gusto. I kamikaze sono ancora tra noi, chissà per quanto tempo. I monaci guerrieri del buddhismo? Riappaiono, ma per autodifesa nei conflitti d'Oriente.

Dei samurai sembrano interessare le metamorfosi. Oggi non li si vede più impegnati nella lotta, all'infuori della *fiction*. Ma se si vuole ancora focalizzarli, si osserverà che l'industria sembra averli preservati. In Germania, in Giappone e in America prolificano i corsi per manager basati sulle opere di Musashi e di Tsunetomo. Se ne dedurrà che i samurai risorgano nel *marketing*? Qualcuno lo smentisce, per caldeggiare un improbabile purismo. Gli uomini d'affari non usano le armi, quindi... Una deduzione erronea. Poiché i samurai rappresentano la storia del Giappone, non è incauto asserire che non ne siano mai usciti: hanno lasciato una pista da tesaurizzare. La loro logica e la loro strategia tornano utili in svariati settori. Chi non sa recuperarli nel Giappone di oggi non assegna alla metafora un ruolo sociale, e perde di vista le connotazioni della società nuova, che, pure, non si astiene dall'attingere al passato.

«Quando senti parlare di un maestro eccellente, non devi credere, deprimendoti, di non poterlo uguagliare. Anche il maestro è un uomo, uno come te. Se pensi di essergli inferiore, entrerai subito nello stato d'animo corrispettivo».[18]

A parlare così non è uno psicologo o un guru, bensì Tsunetomo. Se ne intenda il non detto, e lo si adatti senza forzature alle condizioni di un *business* oppressivo.

Per effetto dei venti della Restaurazione, i samurai si avviarono al declino. Uno spettacolo raccapricciante, ma istruttivo. Che il loro aspetto esteriore ne risultasse alterato, non fu la conseguenza più drammatica della metamorfosi. Non avevano più la tradizionale cresta, loro segno di riconoscimento. Le nuove uniformi di stampo occidentale, intorno al 1868, rendevano poco pratica la capigliatura di un tempo. Cambiano le epoche, quindi le acconciature: in Giappone, nessun rinnovamento potrebbe prescinderne.

La disoccupazione fu un flagello. Non che l'epoca Tokugawa la ignorasse, ma ora i samurai venivano persino privati dell'identità nominale. L'intera casta, a ragione, si sentiva a rischio. Le prefetture avevano sostituito i domìni, e i samurai non avevano più ingaggi né punti di riferimento. Stavano per essere travolti dalla miseria in agguato. Solo questione di tempo. Quando furono costretti a vendere le spade per trarne un minimo di sostentamento, si capì che erano alla fine. Il ricavato viene definito, non a caso, «denaro delle lacrime». Ma la rendita aumentava di poco.

Certo, si poteva reagire fondando una scuola di arti marziali o entrando in polizia. La marina nipponica, nella seconda guerra mondiale, era costituita dai discendenti di questa classe disgraziata. Si suppone che i suoi valori fossero più intensi e sentiti di quelli dell'esercito, le cui milizie provenivano perlopiù dai cittadini. Altri samurai, però, confluirono nelle file dei mercanti e degli artigiani: non era più tempo di scrupoli!

Altri non seppero rinunciare al passato, e si crogiolarono nei ricordi, senza poterli ravvivare. Una sorte impietosa, niente affatto invidiabile. Furono le vittime dell'ozio, incapaci di risollevarsi da una vita allo sbando.

Altri, più tormentati, insistettero con la forza delle armi nei propri ideali, opponendo un categorico rifiuto ai nuovi dominatori del Paese – nuovi? Ma tra loro non c'era forse l'imperatore? Fu questa la vicenda di Saigo Takamori, l'ultimo samurai, fautore di una sfortunata rivolta antigovernativa.

Saigo, che si era espresso contro la Restaurazione, finì per appoggiare coloro che non tardarono a tradurre in pratica le sue parole. Si impegnò nell'impresa, senza rendersi conto che era condannata. Quale piccola armata poteva avere la meglio su un esercito possente in assetto di guerra? Che l'ultimo samurai fosse un illuso non depone a suo sfavore, né ne svaluta gli ideali.

Lo invitarono ad arrendersi, gli amici di un tempo che non ne comprendevano la caparbietà. Dal fronte nemico avanzavano una proposta vantaggiosa. Ma Saigo, epigono di una tradizione ardimentosa, non poteva che respingere le negoziazioni. Si avviò a un destino già segnato, dove non era lui a contare, quale singolo individuo, bensì i presupposti del *bushido*. Occorreva rispettarli, se necessario sino alla morte.

Trentamila soldati contro i ribelli, il 24 settembre 1877, data ufficiale del tramonto dei samurai. Il divieto di portare le spade, un anno prima, non era bastato a scoraggiarli: i guerrieri si credevano nel giusto. Il governo tradiva gli ideali della patria, infirmando il sacrificio degli eroi. Perché volgersi all'Occidente? Non era meglio resuscitare le istanze soprannaturali del Paese degli dèi? Solo così ci si mostrava riconoscenti alla stirpe che decise di occupare le isole nipponiche *in illo tempore*, alla creazione del mondo. Fu la sua matrice shintoista che spinse Saigo a perseverare. L'imperatore andava preservato dall'imperatore. Lo stesso ragionamento che, nella seconda guerra mondiale, fecero i *leader* della fazione militarista giapponese, incapaci di accettare una resa formulata e voluta dall'imperatore stesso. Ciò li portò al colpo di stato, che però fu stroncato sul nascere. Niente da dire, la vita del samurai è un coacervo di contraddizioni, che nessuno tenta di risolvere.

Saigo non poteva che scomparire con il *seppuku*. Neanche qui fu una scelta personale, bensì strutturale: fu stimolato da un passato che doveva cancellarlo, per annullarsi nel contempo. Venne decapitato da uno dei suoi più fedeli seguaci, dopo che si era aperto il ventre. Nei samurai, avvertendo la morte in ritardo, era questa la prassi.

Poi le truppe governative si impadronirono della sua testa. Le tributarono gli inchini doverosi: però, non era solo una formalità. Non sapevano, o forse sì, di celebrare un rito pluricentenario. Tutto come da copione. La popolazione partecipò ai funerali di Saigo con grande reverenza, non mancando di compiangerlo. Lo stesso, fecero i suoi nemici. Un riconoscimento del valor militare che, da qualsiasi fronte, non si negava mai ai samurai. Calava il sipario su una vicenda che vide Yamato Takeru come capostipite e Saigo Takamori entrare in scena per ultimo. Prima degli applausi.

L'idealizzazione, come pericolo o minaccia dell'incomprensione storica. Riguardo ai samurai, tratteggiati come esemplari di una specie umana in via di estinzione, l'idealizzazione fallisce o si attenua a causa del *kirisute*. Questo principio, sancito dai codici dei Tokugawa, conferiva loro «il permesso di uccidere sul posto e andarsene». Gli era lecito uccidere chiunque gli sbarrasse il passo; né dovevano sforzarsi di addurre motivazioni al loro gesto. Non solo non sarebbero stati perseguiti dalla legge: ne erano tutelati, e persino incoraggiati. Molti ne approfittarono per sbarazzarsi in tal modo dei nemici personali. Come resistere alla tentazione? Nessuno poteva rivalersi contro di loro: l'impunità, l'impunità assoluta.

Anche Ieyasu esercitò il diritto, in circostanze dubbie che non depongono a favore del suo carattere o della personalità. Le sue guardie del corpo tagliarono in due un vecchio mercante che ebbe l'ardire di insultarlo![19]

Sì, tutto ciò mitiga l'idealizzazione di questa casta di guerrieri, rendendola impraticabile. Meglio ricordarne i molteplici volti, austeri e feroci, sereni e violenti. E ritenerli uomini comuni, che di tanto in tanto si permisero di varcare il confine tra la nostra specie e il superuomo, distogliendosi dall'emulazione della bestia.

VII
Monaci guerrieri nel buddhismo

«Rasandosi il capo e indossando l'abito talare, certe persone recano soltanto su di sé i segni esteriori della santità, e somigliano a un pipistrello che finga d'essere un uccello.»

Sakai Tadatsugu,
vassallo di Tokugawa Ieyasu

Nara divenne capitale del Giappone nel 710. I grandi monasteri buddhisti, quali il Todaiji e il Kofukuji, stavano acquistando una notevole rilevanza politica. Sì, però non ancora attraverso le armi. Un evento singolare: la relazione tra il buddhismo, religione pacifica, e la violenza. Qualcosa che, a questo punto, però, non dovrebbe stupirci. Il ruolo dei *sohei*, «monaci guerrieri», non è dissimile da quello dei Templari o dei Cavalieri Teutonici: il pugno armato è sorretto da un ideale spirituale. Non è insolito: l'Oriente, come l'Occidente, fornisce prove in merito.

Nel 794 la capitale fu trasferita a Kyoto. Le convinzioni ataviche della stirpe nipponica: al cospetto della morte si cambia residenza per scansare il tabù. L'imperatore dispone di una nuova sede, da cui esercitare un potere evanescente, quasi incorporeo.

Il monte Hiei assurge, quasi simultaneamente, a un ruolo di prestigio. A nord-est di Kyoto cresce la fortuna di uno dei suoi templi, l'Enryakuji. Esso avrà una storia. Lo fonda il monaco Saicho (767-822). E svolgerà una funzione tutelare nei confronti della capitale, di cui sarà lo spirito guardiano.

Saicho era stato inviato in Cina, secondo l'*iter* abituale dei bonzi. Ne tornò con qualcosa di inatteso: la conoscenza di nuovi sviluppi del Dharma, la facoltà di istituire altre sette buddhiste. Gli aristocratici lo appoggiarono nella sua opera di promozione del Tendai. Nella versione di Saicho, la dottrina verte sul ritualismo: salute e prosperità, longevità per tutti, adepti e officianti. Quale chiostro poteva garantire meglio la totale chiusura della Porta dei Demoni?

Un complesso maestoso, quello dell'Enryakuji. Nell'XI secolo possedeva già tremila alloggi! Perdipiù, tentava di sottrarsi al controllo imperiale. Ve lo legavano ancora due fattori: il diritto del sovrano alla designazione dei priori, e che i monaci che lo dirigevano provenissero dalle famiglie dei nobili di corte.[1]

Presto i primi tumulti: i monaci del Todaiji a Nara non erano soddisfatti di una nomina imperiale e lo resero noto con la violenza. Cinquantasei di loro, nel 949, si radunarono sotto la residenza di un funzionario di Kyoto per una manifestazione di protesta. Alcuni vennero uccisi. Diciannove anni dopo altre contestazioni, stavolta non violente, furono inscenate dall'altro grande chiostro di Nara, il Kofukuji, contro la famiglia Fujiwara, responsabile della gestione effettiva del potere. Tali impetuosità, fisiche o verbali, hanno per oggetto la corte imperiale e i suoi *supporter*.

Più tardi, il gioco si spostò su un altro piano: le controversie tra i monasteri. Tra gli stessi di Nara, poi contro l'Enryakuji. Alcuni storici sostengono che le dispute non erano di natura religiosa o spirituale, bensì politica, vertendo su questioni territoriali o sulla mancata accettazione dei priori designati. In entrambi i casi, in realtà, la componente religiosa ne era influenzata. L'abate di un determinato orientamento faceva la differenza, imponendo la propria linea dottrinale a scapito di un'altra. Ogni ampliamento del potere non poteva che avere ripercussioni dottrinali più o meno immediate, sebbene le antipatie fossero dettate da ragioni politiche, quali l'appartenenza a una fazione avversa. Come si può pensare che l'espansione territoriale di un chiostro, quindi la maggiore diffusione di una scuola o di un lignaggio, generasse soltanto effetti politico-economici? L'intento del proselitismo, ancorché non originario, ne era una conseguenza.

Quando il monastero Gion di Kyoto entrò in polemica con l'Enryakuji, i bonzi di questo pensarono di ricorrere alle armi. Da allora, intorno al 970, si decise di mantenere una milizia in pianta stabile nell'Enryakuji per sedare le dispute e a scopo di difesa.

Il procedimento faceva a pugni con la dottrina che lo stesso Ryogen, priore del monastero, aveva promulgato, vietando ai monaci di portare armi. Si ipotizzò che l'Enryakuji disponesse di una armata mercenaria, e che i bonzi non partecipassero alla lotta. All'inizio ciò era anche probabile, ma poi la distinzione tra monaci e guerrieri fu invalidata. Gli stessi monaci del chiostro, lo stesso Ryogen, di lì a poco sarebbero passati all'attacco contro i loro rivali. A quel punto, ogni disquisizione era superflua.

Oltre alle dispute con altri monasteri di Kyoto, l'Enryakuji si scontrò con un tempio della sua stessa corrente, il Tendai, cioè il Miidera, il «tempio dei tre pozzi». Si trovava nei pressi dello stupendo lago Biwa, dietro al monte Hiei. L'Ordine della montagna, appartenente al complesso dell'Enryakuji, entrò in lotta con l'Ordine clericale, rappresentato dal Miidera.

Ci furono nuove polemiche per assegnazioni e incarichi sgraditi. Spesso il nuovo priore era scoraggiato dall'insediarsi, e la decisione imperiale veniva disattesa. Yokei doveva dirigere il tempio di Hosshoji, ma i bonzi dell'Enryakuji riuscirono a dissuaderlo con le minacce. I seguaci di Yokei persero la pazienza, e dopo qualche tempo ricorsero alle armi per far valere i loro diritti. Marciarono verso il monte Hiei, mettendo a ferro e fuoco i templi della fazione avversa. Ma questa non perse tempo, e si vendicò su larga scala, ripagando l'avversario con la stessa moneta. Si determinò una insanabile scissione dottrinale, e ogni corrente andò per la propria strada.

Dopo quarant'anni, i dissapori non si erano attenuati. I Fujiwara, ancora detentori del potere, vollero rimescolare le carte, e proporre un abate del Miidera come priore dell'Enryakuji. Stavolta l'ira del grande chiostro dello Hiei si accanì contro i samurai, risparmiando il Miidera. All'inizio, si tentò per via diplomatica di far recedere i Fujiwara dalla loro posizione. Ma quando si capì che erano irremovibili, si passò alla forza. I monaci scatenarono una battaglia all'ultimo sangue, per nulla intimiditi dalla furia dei samurai. Ebbero addirittura la meglio, imponendo la loro volontà. Altri sforzi di collocare i bonzi del Miidera alla direzione dell'Enryakuji subirono la stessa sorte: non valsero a nulla, di fronte alle intimidazioni.

I monaci guerrieri erano ormai una istituzione. La loro presenza nei grandi monasteri era giustificata a scopo di difesa, per le brame di potere dei samurai e le pretese esorbitanti degli esattori governativi. Si veniva meno agli imperativi più elementari del buddhismo, ancorché in nome della sopravvivenza. Oppure, nei casi estremi, per espandere la sfera della propria influenza.

La rivalità tra l'Enryakuji e il Miidera non dava segno di scemare. Talvolta poggiava su ragioni squisitamente religiose, come anche gli storici più inclini a spiegazioni politico-economiche sono costretti a riconoscere. Malgrado la scissione, l'Ordine della montagna si ostinava a negare all'altra fazione il diritto all'ordinazione dei monaci. Con quale autorità? Solo la minaccia del ricorso alle armi. Non mancarono scontri violenti, nel 1074 e nel 1141. Ne risentì soprattutto il Miidera, i cui edifici arsero in fiamme per l'irruenza degli avversari.[2]

Malgrado ciò, le due correnti non mancarono di coalizzarsi contro il nemico comune: il Kofukuji. Nel 1081 fu una breve alleanza, ma fu rinverdita nel 1117. Ciò può stupire, ma era un segno della irrequietezza dei monaci.

Da un paio di secoli anche le istituzioni shintoiste, non solo quelle buddhiste, si dotavano delle proprie milizie. Si reclutavano spesso degli *akuso* (letteralmente: «monaci empi»), un termine che avrebbe finito per caratterizzare i *sohei,* attribuito in origine ai delinquenti che si rifugiavano nei monasteri per sfuggire alla legge. Essi divenivano preziosi, per il supporto militare che erano in grado di fornire.

L'espansione dei monaci guerrieri non andava trascurata, e persino gli imperatori dovettero prenderne atto con rammarico. A Goshirakawa è attribuita una sentenza che la dice lunga sui *sohei*: «Tre cose si sottraggono al mio controllo: il lancio nel gioco dei dadi, le piene del fiume Kamo e i bonzi del monte Hiei».

Non si sbagliava, né alludeva soltanto al potere militare, ma anche alla padronanza delle arti magiche da parte dei monaci. Disperava di avere un figlio, e chiese l'aiuto di Raigo, un bonzo del Miidera. Si pensava che i religiosi potessero, in forza dei loro riti, superare certe difficoltà. Infatti, all'annuncio della nascita dell'erede, Goshirakawa seppe che doveva al monaco una grossa ricompensa. Raigo pretendeva che al Miidera fosse concesso di consacrare i propri bonzi indipendentemente dagli auspici dell'Enryakuji. Ma l'imperatore glielo negò, ben conoscendo le risorse militari del grande chiostro. Il bimbo nacque morto: Raigo si era forse avvalso dei suoi poteri?[3]

Un'altra risorsa magica dei *sohei* va individuata nel *mikoshi*, una sorta di altare portatile, che racchiudeva uno spirito. I monaci guerrieri lo portavano con sé nelle manifestazioni di protesta a corte, per rendere più efficaci le proprie petizioni. C'era un intento intimidatorio: in caso di rifiuto, l'ira dei *kami* si sarebbe accanita sulla popolazione.

Non tutti riverivano il *mikoshi*, però, lasciandosi irretire dalla sua funzione religiosa. Una volta Kiyomori, condottiero dell'illustre clan dei Taira, osò bersagliarne uno, incurante delle conseguenze. Ma quest'unica freccia ebbe tremende ripercussioni: urtò la sensibilità dei monaci del monte Hiei, i quali inviarono a Kyoto un'armata di circa settemila uomini per chiedere un risarcimento. Lo ottenero, e Kiyomori fu costretto a versare un indennizzo. Persino la potenza dei samurai si piegava alle pretese dei monaci guerrieri.

Essi hanno un archetipo, o prototipo elettivo, nel personaggio semileggendario di Benkei. Nella saga, è un monaco dell'Enryakuji, espulso per scorrettezza. La causa non poteva essere la sua predilezione per le armi, però, visto che i bonzi del chiostro l'avrebbero condivisa. Si dice che Benkei si rifugiò in un tempio solitario costruito per l'occasione, senza abbandonare il monte Hiei, sede iniziatica del suo viaggio spirituale.

Gli si attribuiscono imprese mitiche, del tutto irrealistiche, quali il furto della campana del Miidera, che si sarebbe caricata in spalla. Lo rievoca, al giorno d'oggi, una carta di credito telefonica: Benkei è ritratto in contegno truce, prostrato dallo sforzo. Il gesto ne indica la forza sovrumana, sua caratteristica predominante. Ma nel suo tempio la campana avrebbe emesso un suono sordo, quasi lamentoso, inducendo Benkei a riportarla a calci al luogo di origine!

Malgrado la sua forza straordinaria, il monaco fu sconfitto dal grande samurai Minamoto Yoshitsune, sfortunato fratello di Yoritomo, il primo shogun di rilievo. Le loro strade si incrociarono come da copione, in maniera stereotipata: dall'ostilità all'affetto. Dovevano attraversare un ponte, e nessuno dei due intendeva cedere il passo. Benkei non si trovava lì per caso: sfidava puntualmente i guerrieri in transito. Con Yoshitsune, però, non la spuntò, e si arrese dopo un furibondo corpo a corpo. Ma fu proprio quell'incontro a suggellare una appassionata amicizia. Benkei avrebbe accompagnato il samurai in tutte le sue peregrinazioni, specie nel periodo della caduta in disgrazia o persecuzione da parte del fratello.

Yoshitsune si era travestito da *yamabushi*, monaco itinerante, sperando di sfuggire ai posti di blocco che Yoritomo istituì in tutto il Paese. Una guardia di confine, però, stava per riconoscerlo, incuriosito dalle movenze di quello strano eremita. L'intervento di Benkei fu provvidenziale. Osò dare uno strattone, e persino una bastonata al suo grande amico, incitandolo a camminare più in fretta. Ciò fugò ogni dubbio. Il fratello di Yoritomo non si sarebbe mai fatto trattare così![4]

Si vuole persino, ma è il tratto meno convincente della storia, che Benkei sia stato vicino a Yoshitsune sino all'ultimo. Nella battaglia di Koromogawa, il samurai avrebbe fatto *seppuku* al cospetto del fedele monaco, per esserne, presumibilmente, seguito nella morte.

Intorno al 1180 infuriò la guerra dei Gempei, che vide coinvolti i clan dei Taira e dei Minamoto. Su ciascun fronte si auspicò l'alleanza con i *sohei*, i quali diedero un notevole contributo alla battaglia di Uji, una delle più significative del conflitto.

Di Kiyomori, il leader dei Taira, è già noto l'atteggiamento sprezzante per le istituzioni religiose. Sul fronte dei Minamoto era stato reclutato il principe Mochihito per guidare una rivolta contro il clan avversario. Ma l'impresa fallì, e il principe riparò presso il Miidera. I samurai dei Taira lo inseguirono, né intendevano mollare la presa. L'appello del Miidera all'Enryakuji, in nome di una antica sintonia (!), fu disatteso. Il Miidera dovette fronteggiare da solo la minaccia dei Taira. I suoi monaci, spalleggiati dai Minamoto, decisero di allearsi con quelli di Nara, che offrivano loro supporto. Ma la battaglia di Uji vide trionfare i Taira, e la rivolta fu stroncata. Anche in questa occasione i monaci guerrieri diedero prova di valore. Ma Kiyomori non si dimenticò di loro: attaccò il Miidera, e i templi di Nara che avevano appoggiato la causa dei ribelli furono dati alle fiamme con i loro abitanti. Qualche anno dopo, intorno al 1183, l'unica istituzione superstite del gruppo iniziale dei monaci guerrieri era il complesso dell'Enryakuji, che però si guardava bene dall'entrare nella mischia.

Ancora nomine sgradite, per l'Enryakuji. Nel 1308 se ne incaricò il governo di Kamakura, che debuttò con gli shogun dei Minamoto per poi passare ai reggenti Hojo. Il monastero adottò un'altra linea. Chiuse i templi sul monte Hiei, per infierire sui chiostri shintoisti della zona. La protesta traspariva in altre forme.

Più tardi, si tornò alla solita marcia su Kyoto a scopo intimidatorio. Ma i tempi erano cambiati. Benché la corte imperiale si lasciasse atterrire e fosse pronta a cedere alle richieste, i samurai, nuovi dominatori, non valutavano la funzione dell'Enryakuji a tutela dello Stato. Seguivano lo Zen, ed erano uomini d'arme. Per loro il monte Hiei era un covo di criminali travestiti da monaci, di cui occorreva sbarazzarsi al più presto. Questa convinzione, da quel momento in poi, sarà condivisa dagli shogun e dai grandi daimyo del Giappone. Il rispetto religioso fu accantonato, e i monaci guerrieri vennero ritenuti una potenza militare, niente affatto o poco spirituale. Quelli entreranno nel ruolo, manifestando una sempre più accentuata violenza bellica. Si avrà persino timore di andare a prelevare in questi templi i numerosi delinquenti che vi trovavano alloggio. Fu la guerra, non sempre fredda, tra lo Stato e i *sohei*.

Intorno al 1331 Godaigo tentò di ripristinare il potere imperiale, e i chiostri del monte Hiei offrirono riparo al figlio, il «principe della grande pagoda». Questi troverà nei monaci guerrieri dei fedeli alleati. Ma la rivolta ebbe un esito fallimentare: i samurai di Kamakura la stroncarono nel sangue, sbaragliando le truppe di Kusonoki Masashige, lealista e *supporter* dell'imperatore. Questi non aveva, peraltro, dei *sohei* al suo fianco.

Nel 1338 l'insediamento dei nuovi shogun, gli Ashikaga, relegò in secondo piano i monasteri del monte Hiei. I favori del nuovo gruppo governativo si volsero allo Zen, una corrente più in sintonia con gli ideali dei guerrieri. Già nel periodo Kamakura si aveva sentore di certe preferenze. La dottrina Zen del «non pensiero» sembrava appellarsi ai samurai, a una istintività spontanea che si interdice la riflessione.

Questa attitudine suscitò le proteste dei chiostri «tradizionali» del Giappone, i quali temevano di perdere i loro privilegi. L'Enryakuji era pronto per la solita marcia di protesta a Kyoto, ma gli shogun adottarono la linea dura, senza cedere alle pressioni dei religiosi. La minaccia: confisca di tutti i territori e deposizione dei priori. L'Enryakuji recesse dalle sue posizioni. Per il momento, gli shogun erano più forti.

Nel 1367, circa vent'anni dopo, esplose una disputa tra i monaci. Il Miidera balzò in primo piano. Un novizio venne ucciso mentre tentava di varcare la barriera del tempio Zen di Nanzenji. Le linee protettive o sbarramenti godevano del beneplacito del governo, e l'atto costituiva una palese violazione dei diritti. Per vendicare l'adepto, i monaci del Miidera si accanirono sulla barriera, e riuscirono ad abbatterla. Ci furono scontri sanguinosi, con l'intervento degli shogun. Ma il Miidera era riuscito, nel frattempo, a guadagnarsi il supporto degli altri chiostri del monte Hiei, e le truppe governative furono respinte.[5] Anche antichi nemici potevano contrarre alleanze per motivi religiosi opponendo un fronte comune agli shogun. I monaci guerrieri contro i samurai, come all'inizio della loro storia turbolenta.

Altre polemiche furono suscitate da parole sconsiderate, inopportune. «Siete soltanto delle scimmie e dei rospi» – così il priore del Nanzenji, agli adepti del Tendai. L'Enryakuji esigeva rispetto, e protestò con lo shogun. L'incauto priore fu esiliato, ma non bastava. La porta del Nanzenji andava demolita.

Ancora. Le richieste dell'Enryakuji, il tempio più turbolento del Giappone, non accennavano a scemare. La protesta usuale per le strade di Kyoto e la solita lotta cruenta con le forze governative. La porta del Nanzenji venne abbattuta. Facile capire a chi arrise il trionfo.

Ancorché ragguardevoli, le risorse militari dell'Enryakuji o il suo furore bellico non erano neppure comparabili a ciò che potevano offrire i nuovi gruppi di monaci guerrieri, sorti nel periodo della guerra civile o *sengoku jidai* (1534-1600), che alcuni antedatano alla guerra di Onin (1467 ca.). È qui che prese corpo la temibile lega Ikko-ikki.

Mentre le istituzioni dei *sohei* riguardavano l'area della capitale, le nuove forze si originarono nelle province, grazie all'ascesa al potere di daimyo ambiziosi e intraprendenti. In queste istituzioni militavano soprattutto i contadini, latori di una impetuosità inedita. Erano movimenti popolari di massa, alimentati dalle sette buddhiste di recente formazione.

Si riscontrò un pericoloso fondamentalismo o integralismo religioso, sino allora pressoché sconosciuto in Giappone. Si combatté, e si era pronti a morire per i propri ideali spirituali. Non occorrevano soldati mercenari. Queste comunità coltivavano l'arte della guerra per imporsi nel clima tormentato di una battaglia continua. A questo punto, non c'era più distinzione tra il monaco e il guerriero. I *sohei* erano monaci *e* guerrieri; talvolta, con l'accento sulla seconda qualità. In questo caso, invece, non si trattava più, necessariamente, di monaci, bensì di laici che condividevano l'ideale buddhista, guerrieri a tutti gli effetti. Le nuove sette enfatizzavano ancora di più il laicismo; si attenuava la già precaria distinzione tra religiosi e profani, tipica del Mahayana o Grande Veicolo. I loro membri erano fedeli in quanto soldati, e viceversa. A rigore, per caratterizzarli andrebbe ripensato lo stesso termine *sohei*. Non si può dire che trascurassero i riti o altri precetti del buddhismo. Ma anche a loro può essere mossa la critica di fondo: disattesero sistematicamente la non violenza predicata da Shakyamuni, il Buddha storico.

L'espressione *ikko-ikki* designa una associazione, una lega, concentrata su un unico obiettivo. Finì per incorporare anche il significato di rivolta permanente. Il suo primo *leader*, il monaco Rennyo, era fuggito dal monte Hiei per fondare una nuova istituzione. Capitò nella provincia di Kaga, dove guidò l'insurrezione contro i samurai governativi. Riuscì a trionfare grazie al supporto dei contadini, insoddisfatti del regime degli shogun. Una nuova forza si affacciò sulla scena politica, assumendo il controllo dell'intera provincia. Laici e religiosi al contempo, una miscela inedita, persino dal punto di vista dei *sohei*. La lega vantava diversi castelli, tra i quali lo Ishigama Onganji, con la sua meritata fama di inespugnabilità e che darà del filo da torcere ai grandi protagonisti del *sengoku jidai*.

L'Ikko-ikki, che si alimentava al buddhismo shin, mise radici anche nella provincia di Mikawa. Qui entrò in lizza con il giovane Ieyasu, destinato a divenire il primo *leader* dei Tokugawa. Nella battaglia di Azukizaka (1564), ad alcuni guerrieri dello Ikko-ikki si pose un conflitto di interessi. Alcuni erano vassalli di Ieyasu, eppure, in qualità di membri della lega, dovevano combatterlo. Trionfò la fedeltà al signore, un valore samuraico, ed essi si schierarono, con non poche esitazioni, dalla sua parte. Di solito, nel caso di conflitti era l'elemento laico, per il maggior peso del *bushido*, a prevalere.

La scuola shin, o Jodo shinshu, derivava dalla scuola Jodoshu o della Terra Pura, fondata da Honen (1133-1211). La istituì Shinran (1173-1262), per molti aspetti un riformatore. Anch'essa fa perno sul Buddha Amida, il quale guiderà i suoi adepti al Paradiso d'Occidente o Terra Pura, ma in maniera più radicale di Honen. Secondo Shinran, l'adepto deve affidarsi completamente a questo Buddha. Ci si basa sul «potere dell'altro» (*tariki*) molto più di quanto supponesse Honen. Lui faceva dipendere la salvezza dalla fede e dalla recitazione sincera del nome di Amida. Shinran sostiene che qualsiasi pratica, persino la recitazione e lo spirito con cui la si effettua, dipende dai favori e dalla volontà del grande Altro, Amida.

Ieyasu aderiva ai princìpi originari della setta, alle posizioni di Honen. Non era un riformatore, sul piano dello spirito. Un tempio di questa setta, dove erano stati cremati i suoi antenati, mandò un contingente di monaci guerrieri ad appoggiarlo.

L'intervento si rivelò determinante, e l'Ikko-ikki del Mikawa fu annientato. Ieyasu non ebbe pietà, e rase al suolo tutte le costruzioni della lega. Con un mellifluo trattato di pace, non si era forse impegnato «a riportarle al loro stato originario»? Niente da dire: aveva preso il compito alla lettera!

Lo stile di vita dei monaci guerrieri ci viene riferito, paradossalmente, da un missionario gesuita, Caspar Vilela. Conosceva soprattutto i chiostri dello Shingon, il buddhismo esoterico, e soggiornò nel Negoroji, uno degli ultimi a essere abbattuto dal potere samuraico.

Vilela rintraccia una analogia tra i *sohei* e l'Ordine degli Ospedalieri.[6] Vede entrambi i gruppi animati dalla stessa ferocia. Poi si spinge a supposizioni non confortate dall'erudizione: i residenti nel tempio dai capelli lunghi non potrebbero essere monaci, bensì guerrieri. Sembra dimenticare la possibilità di una duplice vocazione, che invece riconosce negli Ospedalieri.

È costretto a prendere atto che i monaci si dedicano alla fabbricazione delle armi, e si addestrano all'uso: che si tratti di archibugi, o arco e frecce. Lo sconcerta che gli omicidi occasionali, durante il *training*, non destino scalpore e vengano trascurati. Questi monaci sarebbero alcolizzati e libertini! Il suo è un giudizio sommario, sorretto da una logica dogmatica: quindi, non possono essere *monaci*!

In effetti, i *sohei* indulgevano spesso al sake, pur non disdegnando il più salutare tè verde, bevanda più comune.

La lotta contro lo Ikko-ikki entrò nella sua fase più cruenta con l'entrata in scena di Oda Nobunaga. Ora i membri della lega avevano un nemico giurato, pronto ad accanirsi contro di loro sino all'ultimo. Nobunaga avviò il processo di unificazione del Giappone. Non poteva tollerare sacche di resistenza e ribellione come quelle dell'Ikko-ikki. La lega, perdipiù, disponeva di robuste fortificazioni: la più temibile, Ishiyama Honganji. Dopo la disfatta nel Mikawa, il quartier generale della lega si spostava a Osaka, nell'area del castello. Perciò, era lì che si doveva colpire. Si prese tempo.

Intanto una nuova setta si era fatta avanti nel clima torbido della guerra civile o degli «Stati in lotta», un'altra resa dell'espressione *sengoku jidai*. Prende il nome dal suo fondatore, il monaco Nichiren, un singolare Savonarola nipponico, intransingente e polemico, fondamentalista a oltranza. I suoi adepti si organizzarono in istituzioni simili a quelle dell'Ikko-ikki, dotando i loro templi di fossati e barricate a scopo protettivo, coltivando l'arte della guerra.

Com'era prevedibile, entrarono in lizza con la lega. Furono i membri di questa, però, a compiere il primo passo, marciando contro la capitale. Lo shogun, Ashikaga Yoshiharu, ne fu atterrito e lasciò in fretta Kyoto. I seguaci del Loto, un altro nome della scuola Nichiren, si videro attaccati di sorpresa. Ma respinsero gli aggressori.

Solo cinque anni dopo le ostilità ripresero per l'impeto della scuola del Loto. Con il supporto di Hosokawa Harumoto, appartenente a un clan che vantava la discendenza dai Minamoto, i suoi membri si spinsero nei pressi di Ishiyama Honganji, la fortezza inespugnabile. Sapevano di non avere alcuna possibilità, ma intendevano offrire una prova di forza. La lega doveva capire con chi aveva a che fare, e ritirare le sue milizie da Kyoto, come presto avvenne.

Questo tipo di lotta nasceva da un movente inedito nella storia del Giappone e del buddhismo. La scuola del Loto promuoveva l'esclusivismo, a scapito di tutte le altre forme di buddhismo. Quantunque la sua rivalità con la lega fosse dettata anche da ragioni politiche, vi si ravvisa la causa del proselitismo: i seguaci di Nichiren volevano convertire alla loro dottrina i membri delle scuole rivali. Solo la loro setta era nel giusto, mentre le altre si sarebbero macchiate dei più nefandi crimini: persino di aver condotto il Giappone alla sventura con le loro convinzioni scriteriate, al punto di provocare l'invasione mongola! Lo affermò Nichiren stesso per rimarcare la bontà delle sue dottrine.

La setta si attirò le antipatie dell'Enryakuji, che si trovò spodestato nella considerazione popolare e governativa da questa nuova corrente. I *sohei* del monte Hiei calarono su Kyoto per devastare i templi di Nichiren. Non volevano perdere i loro privilegi, e riuscirono a infliggere un colpo mortale alla struttura bellica del Loto. Lì, nella capitale, i seguaci di Nichiren non erano più dei rivali temibili. Se ne avvantaggiò Nobunaga, allorché entrò trionfante a Kyoto niente affatto ostacolato da questa fazione di monaci guerrieri.

Le ultime imprese dell'Enryakuji, e la sua triste fama, convinsero Nobunaga della necessità di toglierlo di mezzo. Da tempo il monastero non godeva più del rispetto degli shogun, i quali non si astenevano dal minacciarlo di severe ritorsioni in caso di fastidi. Nobunaga era contrario a qualsiasi istituzione religiosa, quantunque si servisse dei cristiani per far cadere in discredito i buddhisti. I suoi strali si appuntavano soprattutto, per ragioni comprensibili, contro i monaci guerrieri. Si era prefisso di stroncare una volta per tutte i due focolai principali di resistenza: il monte Hiei e lo Ishiyama Honganji. Perdipiù, a rinfocolare antiche ostilità i monaci dello Hiei avevano soccorso due suoi grandi rivali, i clan degli Asai e degli Asakura nella battaglia di Anegawa (1570), sventandone la distruzione. L'anno dopo, questi si rianimarono stringendo un'alleanza con i *sohei* ai danni del condottiero.

Nobunaga ponderò a fondo la questione. Dopotutto, il monte Hiei era assai più sguarnito e vulnerabile del tempio-roccaforte della lega. Occorreva incendiare l'Enryakuji con tutto il suo monumentale complesso architettonico per evitare qualsiasi recrudescenza del potere monastico. L'ostilità verso questa corrente buddhista era alimentata dai fatti recenti, che Nobunaga trovava intollerabili. La sua natura aggressiva, inoltre, non gli permetteva di temporeggiare. La questione dello Hiei andava affrontata subito. I monaci erano troppo vicini alla capitale per lasciarli sopravvivere.

Trentamila uomini. Certo che Nobunaga non intraprendeva le campagne militari in economia! Andavano mobilitate ingenti risorse contro un avversario così temibile. L'intento era esplicito, risolutorio: distruggere tutto, senza risparmiare un solo nemico né una sola pietra.

Fu un passo avviato con difficoltà. Non tanto per Nobunaga, ma perché alcuni dei suoi collaboratori continuavano a nutrire stima per il monte Hiei e la sua funzione spirituale. Non tutti condividevano il laicismo di Nobunaga. «La pace della nazione è stata garantita da questo tempio per ottocento anni. Distruggerlo porterà sfortuna all'intero Giappone!». Ma il condottiero sapeva come replicare.

Elencò una lista di azioni riprovevoli, compiute dai *sohei* contro di lui. Lo avevano provocato, e ora non poteva tirarsi indietro. Uno dei suoi biografi ne riferisce la deduzione: «Non sono io che anniento il monastero, è il monastero che si annienta da sé». Questa la sua protesta. Nobunaga era indignato. Si era prodigato con ogni mezzo per mitigare l'ondata di violenza della guerra civile, tentando di restaurare, a suo dire, il potere imperiale in declino, nonché di migliorare i costumi e le convenzioni. Aveva cercato di perpetuare i benefici del governo e della religione (!), e ora questi monaci frapponevano un ostacolo insormontabile alla sua buona volontà! Ciò che non aveva digerito, in effetti, fu l'alleanza dei bonzi con i clan rivali.

«Se non fosse per loro, la pace regnerebbe già da tempo. Chiunque li aiuti è un traditore della patria».

Da ciò, la conclusione terrificante: «Non sarà risparmiata la vita di nessuno. Neanche una, una sola. E poi ho già offerto loro la possibilità di arrendersi, ma non l'hanno accolta. Ho minacciato che avrei annientato la cattedrale principale, il tempio del re della montagna; che avrei decapitato tutti gli abitanti, monaci e laici, chiunque, a meno che non avessero collaborato. Ma loro non danno segni d'intesa, e mi costringono a intervenire».

Era una intimazione inequivocabile: ogni aspirazione alla formazione di un potere bellico monastico ne avrebbe preso spunto, per capirne che sarebbe stata stroncata sul nascere.

«Non sarà risparmiata la vita di nessuno. Neanche una, una sola». Parole molto eloquenti, niente affatto iperboliche.

Tra i gruppi considerati in questo libro, nessuno è stato annientato da un altro analogo per motivi religiosi, bensì da un potere più ampio. I Templari sono stati abbattuti dall'Inquisizione e dal re di Francia, gli Assassini dai mongoli, i Cavalieri

Teutonici da Ivan il Terribile. Talvolta un potere alieno a quello della propria dottrina. I samurai soppressero se stessi per lo spirito del tempo: le nuove esigenze storiche non gli permettevano di sopravvivere. Gli Ospedalieri furono minacciati, ma non schiacciati, dagli «infedeli»; semmai, furono ridimensionati da Napoleone. I Thug furono sterminati dagli inglesi, il Grande Altro, per un conflitto di aspettative culturali. I monaci guerrieri suscitarono l'ira implacabile, e devastante, di Nobunaga, cioè di samurai che non ne condividevano le istanze dottrinali, addirittura deridendole, senza però contrapporgliene altre della stessa valenza religiosa.

Il pretesto per entrare in lotta non sembra mai dettato da motivazioni spirituali, da un mero conflitto di valori. Nobunaga combatteva i monaci in quanto guerrieri. Fossero stati cristiani, la sua posizione non sarebbe stata diversa. Riuscì nel suo intento perché non partiva dai presupposti dei suoi avversari, che restavano monaci anche nei frangenti più bellicosi. Forse neppure per i kamikaze odierni si verifica uno scontro effettivo di spiritualità, ma solo di culture. Difficile, però, tracciare i contorni tra spirito e civiltà. Oggi la questione perde rilevanza, com'è giusto che sia nell'epoca dove tutto appare religioso, o non religioso, in base ai punti di vista.

Il 29 settembre del 1571, la cima del monte fu circondata da una poderosa armata. Lo Hiei aveva le ore contate. Al segnale convenuto, i samurai invasero i sentieri che portavano ai chiostri. Furono spietati ed eseguirono gli ordini, avventandosi contro chiunque capitasse a tiro. Nell'Enryakuji c'erano anche laici di ogni età, vecchi, bambini e donne. Non fare prigionieri. Di notte, risaltavano i fuochi dell'incendio. Devastazione, e nient'altro. La volontà di Nobunaga veniva rispettata. I religiosi si mostrarono buddhisti sino all'ultimo, scagliandosi tra le fiamme con distacco e indifferenza. Se ne lasciarono consumare, consapevoli che ogni esistenza è pregna di dolore. Si parla di ventimila morti, e di una caccia all'uomo furibonda alle prime luci del mattino per cancellare i pochi superstiti. L'Enryakuji non esisteva più. O almeno, niente più monaci guerrieri tra le sue mura, in attesa di tempi migliori. La caparbietà di Nobunaga era stata premiata a caro prezzo. Il massacro, un massacro totale, indescrivibile.

Fu uno degli episodi più disumani nella storia dei samurai. Un gesuita, in Giappone all'epoca, espresse un parere sconcertante. Non poteva misconoscere la carneficina, ma si azzardò a legittimarla. Le vittime subivano il castigo divino, per questo nessuno era scampato. La strage dei «falsi sacerdoti» seguiva i disegni dell'Eterno![7]

Incoraggiato dall'esito della campagna contro il monte Hiei, Nobunaga rivolse di nuovo le armi contro l'Ikko-ikki. Aveva già tentato, in precedenza, di attaccare le roccaforti della lega a Nagashima, ma invano. Durante queste occasioni, trionfali per l'Ikko-ikki, suo fratello era rimasto steso sul campo di battaglia. Molti moventi per riprendere la lotta con ostinazione.

Il comportamento di Nobunaga ubbidiva soltanto ai suoi *standard*. Non si vietò di distruggere uno degli avamposti della lega, dopo aver stipulato un trattato di pace. In tal modo, faceva capire ai suoi nemici cosa potevano aspettarsi. Stavolta si incaricò personalmente della conduzione dell'impresa.

Un altro tentativo, malgrado un consistente reparto di archibugieri, andò incontro al fallimento. Un anno dopo, nel 1574 il supporto dell'ex pirata Kuki Yoshitaka si rivelò provvidenziale. La sua flotta bombardò senza tregua le roccaforti della lega nella provincia di Ise, che furono ben presto conquistate. Anche perché le navi non permettevano agli assediati il rifornimento di viveri o munizioni.[8]

A quel punto, soltanto Nagashima e un'altra rocca si mantenevano salde. I membri della lega capirono che la situazione era disperata. Tentarono di negoziare, ma Nobunaga respinse le proposte. Dichiarò che si doveva infierire su ogni collina e vallata. Non era più tempo di trattati di pace, bensì di sterminio. Si accanì senza misericordia sui suoi nemici, e li costrinse a stiparsi all'interno della roccaforte, per poi dar fuoco a un'immensa pila di legname accatastata su una palizzata. Il vento lo aiutò. Anche qui, ventimila vittime: un bilancio sconcertante. Ma Nobunaga pensava solo a Ishiyama

Honganji: la lega andava colpita al cuore, per impedirle di risollevarsi.

Il *Sutra del loto*, l'esistenza di tre piani di realtà, il superamento o la denigrazione del buddhismo originario: questi alcuni dei marchi di fabbrica del Tendai. Il *Sutra* restò un'opera di riferimento essenziale per tutto il buddhismo giapponese. Ma cosa c'entra tutto ciò con il ricorso alle armi?

Non è forse proprio quest'opera, sincretistica e di larghe vedute, a condannare senza appello la violenza, persino quella coltivata negli sport o nella lotta? Le arti marziali non ne sono esenti, e si apre un contrasto insanabile tra la dottrina e l'applicazione pratica. I monaci di Shao-lin lo evidenziano: praticavano il *kung-fu*, all'ombra del tempio che avrebbe assistito alla pluriennale meditazione di Bodhadharma. Una serie di telefilm, David Carradine per protagonista, lo svela ai nostri giorni. Ma dai monaci del Tendai ci si aspetterebbe una diversa attitudine. O no?

Forse una scuola sincretistica, quale quella Tendai, può persino accogliere l'esercizio della forza: non solo teoricamente, bensì dando esempio lei stessa, e quale esempio! L'imperatore e gli shogun ne seppero qualcosa. E Nobunaga! Ma la condanna buddhista della violenza è netta: solo l'uomo ignorante, per il suo egocentrismo, se ne infischierà. Un brano dei *Vinaya*, «regole disciplinari», lo attesta: il monaco non può neppure permettersi di osservare le parate o l'addestramento militare. Come pensare di scendere sul campo di battaglia? Persino i cacciatori sono da vituperare, per la loro inclinazione all'assassinio.[9]

Non è che la tematica sia controversa, ma, come tutte le questioni religiose, si presta a interpretazioni. Che il Buddha non tolleri la violenza, è assodato. Tuttavia, qualcuno tenta di mitigare certi assunti, pur dicendosi buddhista. Si ricorre a una ermeneutica che, sia pure con qualche forzatura, avanza i suoi diritti, appoggiandosi ad altri passi e momenti della storia del buddhismo.

Per principio, la violenza per autodifesa potrebbe non rientrare nelle forme interdette. Né quella, ancora più legittima, impiegata per proteggere i deboli.[10] Alcuni brani sembrano persino giustificare la sommossa popolare contro un sovrano iniquo o prevaricatore.[11]

Alcuni buddhisti ammettono «il corpo della compassione irosa», una componente che tutto può tollerare, tranne i soprusi. Seguendo questa logica, però, ci si spingerebbe lontano, finendo per ammettere insurrezioni o rivolte. Di fatto, al pari di certi monaci cristiani, anche quelli buddhisti hanno offerto, sul fronte opposto, un contributo alla guerra nel Vietnam. In queste occasioni, è stato trasgredito il divieto dell'uso delle armi. Armi che i monaci non potrebbero né produrre, né riparare, né detenere, né ammirare.[12] Gli *escamotages* che giustificano le arti marziali e il combattimento a mani nude risultano superflui. La dottrina non sembra in grado di inibire certi comportamenti.

Anche qui, però, si può plasmare un alibi ideologico. Il buddhismo non predica forse, in tutte le sue forme, il carattere transitorio dell'esistenza, legandolo alla consapevolezza del dolore? Il corso del tempo distrugge ogni illusione di durata o permanenza. Se è così, quale miglior esempio del combattente che, sul campo di battaglia, ravvisa la caducità di ogni cosa, l'abbraccio costante tra la vita e la morte? Il guerriero buddhista si sente pericolosamente vicino all'Arjuna della *Bhagavad Gita*. Entrambi lottano in un mondo che ha la stessa consistenza del sogno, una realtà evanescente. Ciò non basta, però, a legittimare la violenza: un buddhista non sa che farsene di un avallo mistificante. Nello stesso tempo, si deve prendere atto che l'esercizio della forza appare in episodi storici non marginali della sua religione.

I Thug si dicevano armati dalla mano di Kali; i Templari, gli Ospedalieri e i Cavalieri Teutonici dal Divino. Nelle ideologie al confine con la laicità, e il buddhismo vi rientra, il problema è più arduo. Non c'è la mano di qualcuno a istigare i combattenti. Nelle diverse versioni della Terra Pura, potrebbe forse trattarsi di Amida? Ma quale intento perseguirebbe questo Buddha nel dirigere le imprese omicide della lega Ikko-ikki? D'altra parte, se la stessa recitazione del nome sacro del Buddha, come Shinran ammette, si deve ad Amida, ogni violenza non può che essere perpetrata da lui. I monaci guerrieri hanno trascurato di prendere in considerazione questa conseguenza della loro impostazione teorica: ne sarebbero stati legittimati, ma forse la violenza da loro praticata non aveva bisogno di moventi. Vi indulgevano tranquillamente, senza conflitti interiori.

Nobunaga non lesinò le sue risorse contro lo Ishiyama Honganji. Debuttò con semplici prove di forza, per saggiare le capacità di difesa della lega. Talvolta ne uscì malconcio. Poi si prodigò, con maggiore fortuna, per indebolire gli alleati e i fiancheggiatori dei buddhisti. Fu infaticabile. Arruolò la flotta di Kuki, da cui era già stato aiutato: la roccaforte nemica dava sul mare, e anche da lì si poteva infierire. Ma il clan dei Mori, nemici giurati del condottiero, giunse in soccorso della lega. Con alti e bassi, la lotta si protrasse a lungo. I seguaci dello Ikko-ikki capirono che intorno a loro si faceva il vuoto: ormai lottavano da soli contro un nemico tenace, niente affatto disposto a cedere.

Nel 1578 iniziò un assedio che sarebbe durato due anni. Intanto, i Mori erano indeboliti: con le sue navi micidiali, il nemico li aveva privati della fonte di sostentamento viveri. I tempi in cui i membri della lega marciavano vittoriosi contro lo shogunato sembravano lontani. «A che serve rammentare la felicità, nei giorni di miseria?» – devono averlo pensato, i buddhisti prossimi alla fine.

Un attacco terribile, senza tregua, mirato alla distruzione. Proposito: sfoderare lo stesso impeto che aveva portato al declino il monte Hiei. Le munizioni scarseggiavano, e i Mori non potevano rifornirle. I buddhisti continuavano a resistere con la forza della disperazione, ma anche di chi vuole impedire all'avversario la minima soddisfazione.

Si parla di una resa singolare, strana, motivata da una missiva dell'imperatore su istigazione di Nobunaga. Di condizioni accettabili, senza spargimento di sangue. Finiva così la storia di una fortezza gloriosa. Nobunaga, con insolita generosità, risparmiò la vita ai suoi avversari.[13] A quel punto, soltanto alcuni fiancheggiatori dell'Ikko-ikki, i monaci guerrieri del chiostro di Negoroji, mantenevano una postazione ribelle nei confronti delle nuove forze che si stavano impadronendo del Giappone.

La proverbiale tolleranza dei buddhisti non mancò di attecchire, sorprendentemente, in alcuni aspetti della storia dei *sohei*. Non ci furono, per esempio, controversie con lo shintoismo, e alcune componenti di questa dottrina si ritrovano tra i monaci guerrieri. Nelle manifestazioni di protesta si ricorse spesso al *mikoshi*, un elemento di derivazione shintoista. Gli stessi sacerdoti della «Via degli dèi» vi parteciparono, tra le file dei buddhisti insofferenti per una nomina inattesa o altre petizioni.

Era più facile mostrarsi intolleranti verso i membri del proprio culto, cioè altre sette buddhiste, per una lotta di potere. L'Enryakuji disprezzava le nuove correnti del buddhismo riformato, che sottraevano adepti, quindi la possibilità di nuove ricchezze e onorificenze. La persecuzione di alcuni dei nuovi maestri, quali Honen, è emblematica. Anche i dissidi con la setta di Nichiren, molto aspri, sembrano motivati da questo. Ma i rancori si potevano accantonare per far fronte contro il nemico comune: l'occasione più eclatante fu la coalizione di nemici proverbiali, quali il Tendai e lo Shinshu, contro Hideyoshi; vi si unì lo Shingon, setta esoterica.

Mai la tolleranza verso i propri simili! Un'attitudine che, sul piano dello spirito, fu già degli Assassini, molto più inclini a combattere i fratelli musulmani che i cristiani. I Templari furono spesso in migliore sintonia con gli islamici che con gli Ospedalieri. Un'accesa rivalità separava gli Ordini guerrieri cristiani in Terrasanta. Ciò non impediva che, all'occorrenza, si combattesse tutti insieme il nemico comune, come il Saladino. Al giorno d'oggi, rispetto ai kamikaze delle Due Torri sembra che il nemico sia l'altro, non un nostro simile.

L'intolleranza poteva essere una parola d'ordine nella setta di Nichiren. Dopotutto, uno che propugnava soltanto i valori della propria scuola a eccezione delle altre, contrapponendosi al buddhismo tradizionale, cioè al Tendai e allo Shingon, nonché a tutte le altre forme, Terra Pura inclusa, non poteva che infondere ai suoi seguaci, foss'anche per via indiretta, l'amore della violenza. Una violenza verbale, d'accordo, che poteva esaurirsi nelle dispute logiche, ma anche degenerare in forme fisiche. Era facile fraintendere il messaggio di Nichiren e recepirlo in maniera sciovinista, come in altri momenti della storia del buddhismo giapponese.

L'Ikko-ikki portò il suo mantra, la recitazione del *nembutsu*, il nome di Amida, sui campi di battaglia, trasformandolo in urlo. Erano forse differenti i samurai cristiani che si lanciavano nella mischia con la croce sul petto, travolgendo i nemici al nome di Maria o del Cristo? Ciascun gruppo esibiva il suo contrassegno dottrinale. Meri atti esteriori forse, dietro ai quali, però, si celava un significato interiore, una preferenza cultuale ben precisa.

Alcuni esponenti dell'Ikko-ikki lo dichiararono, ignorando di atteggiarsi a cristiani o musulmani: chiunque periva in battaglia per la loro causa si guadagnava, *ipso facto*, il Paradiso di Amida. Una guerra santa non dissimile da quelle della Gente del Libro (*ahl al-Kitab*). Mancava solo questo passo per legittimare l'ideologia dei bonzi guerrieri. Così, i membri della lega risultarono ancora più monaci dei *sohei*.

Pure loro, come i colleghi cristiani degli Ordini guerrieri, venivano scambiati per falsi monaci: erano né carne né pesce o, secondo le parole di un vassallo di Ieyasu: «Come un pipistrello che finge d'essere un uccello».[14]

Nel novero non si poteva far rientrare gli adepti dello Zen: essi non produssero monaci guerrieri. Era la loro dottrina a impedirglielo? La ricerca del non pensiero e l'assenza di un significato della vita, l'invito a individuare nell'attimo la sorgente dell'esistenza – tutto ciò li dispensava dall'esercizio della violenza? In effetti, non ci furono *sohei* nelle loro file. A prescindere dalle scaramucce e l'incidente della barriera di Nanzenji, essi non diedero alcun contributo alle lotte tormentate della storia giapponese.

Forse, però, fecero di più. Legittimarono l'ideologia del combattimento, lasciando capire che la spontaneità poteva convivere con la pratica della forza. Predicarono la «lotta della non lotta», la «scherma della non spada», collocandosi, a modo loro, nella lunga scia di guerrieri ispiratisi ad Arjuna. Permearono l'ideologia dei samurai in fasi non irrilevanti del suo sviluppo, da Kamakura in poi. Talvolta si confusero con essa: difficile capire dove iniziava l'una o finiva l'altra. Musashi rappresentò un esempio illustre di samurai non influenzato dallo Zen, persino critico di questa forma di buddhismo. Ma in certi periodi rappresentò l'unica eccezione: troppi aspetti dottrinali dello Zen coincidevano, o furono concepiti come tali da guerrieri che sapevano il pericolo della cultura eccessiva e di uno studio libresco, non corroborato dall'azione. Per loro il «volto originario» dello Zen equivaleva alla realizzazione del samurai sul campo di battaglia, senza alcun artifizio o fronzolo superfluo: una maschera che tradisce l'immediatezza, la natura interiore dell'uomo.[15]

Dopo la morte di Nobunaga per mano di un traditore, la storia dei monaci guerrieri volgeva alla fine. I superstiti dell'Ishiyama Honganji si schierarono addirittura dalla parte del Taiko, il nuovo signore del Giappone, già collaboratore di Nobunaga: Toyotomi Hideyoshi. Spirava un altro vento, verso la conclusione del XVI secolo.

Il chiostro del Negoroji, intanto, uno degli alleati dell'Ikkoikki, attendeva la sua sorte. Sapeva che sarebbe stato punito, e Hideyoshi intervenne tempestivamente. Lo diede alle fiamme, per scagliarsi con ferocia contro i pochi bonzi superstiti. Il castello di Ota, gestito dai monaci guerrieri, era un altro vivaio di rivolte. Stavolta fu l'acqua, non il fuoco, a piegarlo. Hideyoshi aprì una diga nelle vicinanze, e lo inondò assestandogli il colpo fatale. La guarnigione non si riprese: aggredita dalla fame e da forze soverchianti dovette arrendersi. I monaci guerrieri inclinarono al *seppuku*, lasciando capire che il suicidio non era prerogativa dei samurai. Solo i contadini furono liberati.

I guerrieri buddhisti erano completamente sgominati. Hideyoshi aveva campo libero, e si permise persino di agevolare l'erezione di alcuni templi, rendendoli del tutto inadatti ad azioni militari. Si manteneva in piedi l'istituzione monastica, ma per soli fini religiosi. I nuovi padroni del Giappone non speravano di meglio.

Certo, occorrevano misure precauzionali per scansare *revival* inopportuni. Il gigantesco complesso dell'Enryakuji, già privato della funzione militare, passò dal ragguardevole numero di tremila edifici circa a centoventicinque. Hideyoshi non voleva correre rischi, ben sapendo l'ostinazione e le qualità dei *sohei*.[16]

Aveva un forte intuito militare, e pensò di sfruttare al massimo la postazione favorevole dell'Ishiyama Honganji per scopi personali. Vi fece erigere un castello imponente, al centro di Osaka. Un riconoscimento indiretto del valore bellico dell'Ikko-ikki.

Anche Ieyasu, il definitivo fautore dell'unità nazionale, ravvisò i meriti dei monaci. Ne assunse molti del Negoroji come archibugieri al suo servizio: era la loro specialità.

Una delle più pericolose istituzioni del Giappone tramontava così, senza enfasi. L'ultima rivolta che i Tokugawa si trovarono a fronteggiare sembrava ispirata anch'essa da motivazioni spirituali: di sicuro, era fomentata da religiosi. Si trattava di cristiani, però. Dimostrarono un coraggio e un valore militare non comuni, a Shimabara, nel 1638. Tennero testa ai samurai governativi, i quali, per sconfiggerli, dovettero avvalersi di ogni tipo di risorsa. Ancora un esempio di conflitto politico per motivi religiosi, dove i samurai si trovavano a contrastare un culto. Per uscirne vittoriosi, come al solito, ma a caro prezzo. E rasentando il disonore, per mancanza di autorevolezza nei confronti di un avversario non molto agguerrito.

Il buddhismo è una religione pacifica? Non lo si può negare, almeno in materia dottrinale. Salvo poche eccezioni, come il fondamentalismo di Nichiren, sembra che per principio escluda qualsiasi tipo di violenza. Può darsi, però, un insanabile contrasto tra la teoria e la pratica. Non si spiegherebbe, altrimenti, la presenza di fazioni o gruppi bellici come i monaci guerrieri giapponesi, dalle imprese inequivocabili. Essi non rappresentano un fenomeno isolato nella storia del buddhismo. Il loro equivalente tibetano è dato dai *dob-dob*, i «monaci atleti». Li si legittimerà in base alle condizioni socioculturali.

Nella cosiddetta «teocrazia» tibetana, il termine è improprio, i monasteri erano fonti di ricchezza, più ancora che in Giappone. Erano fortezze, alla stregua dell'Ishiyama Honganji, e centri di un potere incontrastato sino all'invasione cinese del Tibet. Dovevano, quindi, disporre di armate proprie per rintuzzare gli attacchi delle numerose bande di predoni che infestavano i passi di montagna.

I monaci guerrieri adempirono al compito. Erano reclutati tra il basso clero, coloro che non avevano la possibilità di assurgere a cariche o funzioni ecclesiastiche più prestigiose. Come negli Ordini guerrieri cristiani, dove gran parte degli affiliati vantava un'estrazione analoga, non elevata. Spesso erano, per necessità, gli analfabeti o gli incolti a scegliere la via della coniugazione tra lo spirito e le armi. L'affermazione si attaglia ai *dob-dob* tibetani.

Il loro addestramento fisico era completo, stando ai dettami dell'epoca. Praticavano il salto, la corsa, la lotta con il bastone, attività competitive e non. Talvolta partecipavano ai tornei indetti dai monasteri, gareggiando per la vittoria e la reputazione. Oppure fungevano da guardie del corpo a funzionari o alti dignitari nelle strade accidentate del Tibet. La loro forza era fisica e politica al contempo. Erano rispettati e temuti, malgrado la scarsa cultura o erudizione.

Possedevano una doppia identità. Nei chiostri, come tutti, avevano il capo rasato. Quando, però, si spingevano nel mondo, mutavano aspetto per adattarsi ad altre regole. Si acconciavano diversamente, ancorché in maniera caratteristica, «con i capelli rasi al centro del cranio, ma lunghi, a boccoli, e arrotolati come corna di montone, sopra le orecchie».[17] Coltivavano la propria peculiarità, ma lasciavano capire di partecipare del profano.

Talvolta erano degli *outsider*, incapaci di adattarsi alla disciplina monastica, anticonformisti per vizio e non virtù. Si lasciavano crescere i capelli, né facevano ritorno al monastero, preferendo vagabondare senza mèta nelle aree desolate del Paese delle nevi. Vengono idealizzati, perché se ne sa poco, ma taluni li ritengono libertini e perversi, niente affatto differenti dai delinquenti e dai predoni. È che loro si erano scrollati di dosso le costrizioni, come gli Assassini di Alamut o i Thug, e il loro comportamento non era più intelligibile a chi scelse di permanere nell'esistenza convenzionale. Erano più audaci, più spregiudicati dei *sohei*, malgrado le indubbie affinità esteriori.

Rappresentano un enigma, anche perché gli stessi Ordini non riformati del buddhismo tibetano ne assimileranno i tratti. Difficile tracciare, in tutto l'arco della religione tibetana, una linea di demarcazione netta tra il bene e il male, la regola e la trasgressione. Dove lo stesso Milarepa, una delle figure più sante del Tibet, vanta un passato criminoso, da tremendo mago nero.[18]

Pure loro aderiscono a un codice violento, ancorché monaci; chi li dice spretati, al puro scopo di legittimarli, non ne afferra la continuità con la tradizione, la spiritualità profonda, ancorché nella devianza. Il Tibet è il Paese dove un lama come Hgos-khri-bzan bruciava vivi i suoi nemici, e ogni monastero disponeva delle proprie prigioni o sale di tortura.[19] Ciò però non impediva ai bonzi di conquistare i più elevati traguardi dell'autorealizzazione.

Si riaffaccia il problema che si è posto più volte in queste pagine. Fino a che punto sono compatibili la forza e lo spirito? Religione pacifica, il buddhismo ha ospitato nel suo seno fenomeni quali i monaci guerrieri giapponesi o gli atleti tibetani, per non dire dei cinesi di Shao-lin e altri. In alcuni contesti non si trattava di casi eccezionali, bensì di gruppi che dominarono per lungo tempo la scena religiosa. Eppure le acquisizioni spirituali si mantengono innegabili, persino quando il tessuto della legge è disatteso, non solo a causa della violenza, ma anche per il sesso. Ben noti, i casi di omosessualità o pedofilia nei monasteri giapponesi, tibetani e cinesi.

Può il religioso essere un perverso, un violento, senza smarrire le proprie connotazioni? I modelli del presente capitolo, forse più di altri, indicano di sì. Resta vero ciò che la psicologia transpersonale e studiosi attenti ai fenomeni dello spirito hanno permesso di vagliare. Il religioso consegue alte vette, pur essendo carente nelle sfere comuni della vita: la violenza e la perversione ne sarebbero gli effetti. Con la lente d'ingradimento scientista si suppone che lo spirituale attecchisca in altre sfere della psiche o dell'anima.[20] Ciò permette di scongiurare il contrasto o attenuarlo. Si cita volentieri il *medium*, come modello probante: un personaggio psichicamente instabile, spesso nevrotico o addirittura psicotico, eppure in grado di raggiungere le sfere di un mondo al di là del consueto. Sembra riproporsi, in nuova veste, la triade alchemica spirito/psiche/corpo, dove le alterazioni o i difetti di un ambito non ne intaccano necessariamente un altro.

Nell'iconografia nipponica i monaci guerrieri hanno un aspetto minaccioso, feroce: non esibiscono in alcunché i tratti dello spirito. Si dirà: non si poteva, sono colti dal pittore nell'atto della battaglia! Dove passano indenni sotto a una pioggia di frecce o si avventano sul nemico che, spesso, è il bonzo di un altro monastero. Brandiscono il *naginata*, sorta di pertica o bastone dalla lama ricurva, usato dai fanti e dalle donne. Sono protetti dal turbante che, in versione semplificata, caratterizza i samurai dalla vocazione monastica. Né si distinguono da altri guerrieri dell'epoca, i samurai, loro acerrimi rivali. Niente lascia presagire neppure una capacità superiore di riflessione, data dall'imperturbabilità. Non sembrano buddhisti, pur essendolo. L'unica eccezione è rappresentata da Tajima, l'intagliatore di frecce, eroe della battaglia di Uji. La statuetta d'avorio sembra ritrarlo in un moto di danza, eppure si accinge alla distruzione: non è forse un monaco guerriero?

VIII

Il suicidio come stile di vita: i kamikaze

> *«Mi ero solo convinto, semplicemente e mio malgrado, che la strategia suicida fosse l'ultimo espediente per difendere i miei connazionali e soccorrere la patria? È dunque vero che è solo il sacrificio a dare un significato alla morte? Il militare è obbligato a rispondere di sì, ben sapendo che la missione suicida non ha senso alcuno.»*[1]
>
> Nagatsuka Ryuji

11 settembre 2001. Si ferma, per qualche ora, la civiltà occidentale. Attraverso una distruzione incomparabile, puntualmente reiterata, filmata, dalle televisioni di tutto il mondo. Karlheinz Stockhausen, sconsideratamente, accenna a «una grande opera d'arte». Lo scenario delle Torri Gemelle tra la polvere e il vuoto. Donne come statue di sale a Sodoma e Gomorra. Ma il musicista coglie unicamente l'effetto estetico della devastazione. Non il dramma, il dolore, che martella dai video del pianeta. La colonna sonora è il silenzio, l'unica pertinente. È il mondo a bloccarsi. Un supplizio che ha una causa. Non è privo di senso, come vorrebbe l'analista frettoloso, il quale ha timore del nichilismo e ne ravvisa ovunque i tratti.

L'atto dello spirito, qualcosa che si teme a riconoscere. Lo spirito che si arma e che, anziché alla bomba atomica, ricorre ad armi-simbolo di progresso, gli aerei, inconcepibili ai tempi delle crociate. Il rimando storico, si vedrà, non è inopportuno. L'indubbia valenza metaforica del monumento deturpato. Un atto d'accusa contro l'Occidente. Fosse stato congegnato dal Saladino, nel Medioevo, su che cosa avrebbe infierito? Esistevano statue altrettanto evocative, del tutto svincolate dall'Oriente? Non certo il Santo Sepolcro, la cui demolizione avrebbe rappresentato l'atto più blasfemo.

Ci si accanisce contro la civiltà, la chiesa dei laici; luogo di culto della fede nel progresso, in cui il musulmano non può, né vuole, riconoscersi. Lui ha una storia. I Templari di Wall Street sono trafitti negli affetti più cari. Le Torri, segno di una potenza che blandisce il materialismo, non esistono più, cancellate con un frego di penna o dagli aerei. Sono gli Assassini, i residui di Alamut a compiere il gesto? O lo rivendicheranno i Thug, che si impadroniscono di armi più moderne, ma il cui nemico è ancora e sempre l'Impero britannico o i suoi epigoni?

Si parlerà di *kamikaze*, una parola che riecheggia altri conflitti, altre culture e altri mondi. Ma la correlazione esiste, ed è vitale. Il senso della morte, la polverizzazione, la rovina dei ricordi, il puntello smantellato di una civiltà vacillante, angosciata dai suoi dubbi. La domanda su chi abbia perpetrato l'atto passa in secondo piano; un'altra, ben più sconsolante: qualsiasi nemico può essere annientato, ma che fare con chi si diletta della propria morte? Costui stringe un patto con lei e, al pari di quello con il diavolo, sembra destinato al successo qualunque cosa accada, qualsiasi misura possa mai adottare l'avversario. Perché chi si dà per morto anzitempo trionfa. È proprio vero?

Il primo accenno letterario a una funzione kamikaze si trova in un'opera strategica cinese, redatta da Sun Pin: *L'arte della guerra*. Reca lo stesso titolo di quella, immortale, di Sun-tzu, presunto avo dell'autore. Nel cap. 14, *Principi di coordinazione militare,* se ne trova il riferimento.[2] Si parla di «combattenti votati alla morte», ossia di guerrieri scelti per essere sacrificati al nemico. Essi sono al corrente della loro funzione, e i comandanti li impiegano a questo scopo. In genere per azioni di sfondamento, dovendo penetrare con violenza nelle linee nemiche o scompigliarle. L'armata non risentirà della loro fine, anche perché si tratta di militi poco esperti; qualsiasi risultato positivo, invece, sarà valutato eccellente. Sun-tzu aveva affermato che il guerriero ideale si sa già morto, e che quest'attitudine gli conferisce un'energia indomabile sul campo di battaglia. Sun Pin lo prende alla lettera, e introduce il concetto di reparti speciali suicidi. Anche lui, però, come i suoi epigoni giapponesi del XX secolo, non userà mai un carattere cinese che si ricolleghi direttamente al suicidio.

Una puntuale applicazione della strategia si ritroverà parecchi secoli dopo nella storia dei samurai.[3] Nel 1638, il *bakufu* o governo militare si trova in difficoltà. Deve stroncare la rivolta di Shimabara, uno degli ultimi focolai ostili ai Tokugawa, ma i suoi nemici oppongono una fiera resistenza. Malgrado la disparità di forze, e le innumerevoli risorse dell'esercito. Una di queste, però, non era stata ancora impiegata.

Molte parole, per dire la stessa cosa. *Ongyo no mono*, «le creature senza forma», oppure *ninja*, o *kesshi*. L'ultima espressione si riallaccia alle parole di Sun Pin, che forse è stato letto da qualche daimyo o samurai. Oggi si potrebbe rendere con «squadra speciale»; letteralmente: «persone decise a morire». L'eccezionalità dei suoi componenti è data dal suicidio. Uomini pronti a tutto, i quali, come i ninja, tentano di occultare la loro presenza ai fini di una maggiore efficacia. Si intrufolano nottetempo nelle roccaforti nemiche, e i loro costumi neri si confondono con il buio. Per questo non hanno forma. E anche perché talora si tratta di spie riuscite a infiltrarsi nel campo nemico sin dall'inizio delle ostilità.

Durante la rivolta, alcuni di loro furono mandati dai Tokugawa nel castello di Hara, ultimo avamposto del nemico. Sapevano di non tornare, e in questo consisteva la missione. Protetti da una pioggia di fuoco, non solo dalla coltre dell'oscurità, questi precursori dei kamikaze si introdussero di nascosto nella rocca. Forse ricorsero alle corde per calarsi dagli spalti. Il loro intervento fu provvidenziale, e decisivo per la caduta del castello. Lo sostengono alcuni storici, ma è indubbio che essi determinarono un punto di svolta nella lotta. Una resistenza disperata, che sembrava imbattibile, mostrò le sue falle. Solo perché gli uomini di questi reparti accettarono di mettersi completamente in gioco e, incuranti della vita, superarono lo sbarramento. L'ultima volta che si ricorse ai ninja, o ai guerrieri «votati alla morte». Be', non proprio l'*ultima*.

Il manuale di addestramento di Al-Qaeda è stato rinvenuto in una serie di *file* militari, nessun equivoco sulla loro funzionalità. Una minaccia percepibile: si riallacciano tutti a una «dichiarazione di Jihad». La guerra santa, ovvero lo sforzo di convertire gli infedeli. Sforzo che, nell'Islam tradizionale, riguarda prevalentemente la sfera psichica, interiore. Qui si traduce nell'azione terroristica, una strategia della tensione che colpisce indiscriminatamente civili e militari. E si prefigge un obiettivo impegnativo: la distruzione dell'Occidente.

I tiranni, sono questi i nemici dei musulmani. Il *Manuale* si apre con la formula tradizionale: «In nome di Allah, misericordioso e compassionevole». Una formula che altrove sigilla testi sacri, niente affatto violenti. Di ben altra pasta. Qui suona fuori posto, e non solo alle orecchie del lettore occidentale.

La dedica. «Ai campioni, che si sono riconosciuti nella fede». Che hanno scritto i loro nomi con il sangue e la sofferenza. Poi la confessione che ne orienta le fatiche. «Il confronto che cerchiamo, rispetto ai nostri ideali...». Si prendono le distanze dall'Occidente, dalla triade che ne ispira la cultura. Niente dialoghi o dibattiti socratici, né ideali politici platonici, né il ricorso alla diplomazia aristotelica. La conversazione non può impiantarsi sulla maieutica, una direzione per cui non si è più adatti. La *Repubblica* platonica non può più rappresentare una fonte di spunti. L'aristotelismo è inquadrato come attitudine politica, nell'ambito di una mediazione. E ogni mediazione ha portato alla morte, al tramonto delle culture islamiche che vi hanno creduto ingenuamente.

Un altro tipo di dialogo, su scala ben diversa, risulta ancora valido. È quello delle pallottole, molto più persuasivo. A ciò si presta anche l'assassinio; un richiamo alla omonima setta di Alamut o siriana? C'è il bombardamento, nella sua versione più moderna e violenta: retorica di una distruzione su larga scala. La diplomazia non rispetta gli assunti della *Politica* di Aristotele, ed è sostituita dalle mitragliatrici e dai cannoni.

L'autoconsapevolezza storica: mai un governo islamico fu istituito dalla pace o la cooperazione democratica. Si votarono al compito la penna e la spada, la parola e i proiettili. Anche qui una duplice vocazione: lo spirito e le armi. La parola traduce i moti dello spirito, e giunge a destinazione presso coloro che, recependola, insorgeranno contro l'oppressore. La cultura e la strategia militare si pongono sullo stesso piano. «Con la lingua e con i denti»: metafora dello sforzo e della solita, duplice funzione. I samurai si dedicarono a un ideale analogo, consapevoli di non poter perdere di vista né la cultura né l'addestramento militare: li collocarono idealmente su due lati, il sinistro e il destro; miravano all'unità indefettibile.

Tra le frasi e gli emblemi, alcune sentenze del *Manuale* appaiono illeggibili. Una supplica alle sorelle nella fede, le donne che hanno abbracciato l'ideale islamico, e che sono state vituperate, oggetto di abusi per i cani umani. Si sigla un patto: come loro hanno sofferto, così soffriranno le femmine del nemico. Saranno rese vedove, i loro figli diverranno orfani. Il messaggio si sposta di continuo, allude alle islamiche e alle occidentali. Talora resta oscuro di chi si parli, per le vistose lacune testuali. Furono massacrate, come agnelli, sulle rive dell'Eufrate. Ogni regime apostata o ateo dovrà temerne la furia da Erinni. I kamikaze si impegnano a vendicare ogni torto, lasciando capire che loro stesse potrebbero assumersene l'incarico: il martirio appare tra le righe. L'Occidentale è un cane, e come tale va trattato.

Insomma, Allah non mente. Ogni azione ispirata da Lui, e offerta a Lui, verrà ricompensata. È dettata dall'illuminazione. Non si viene sviati. *La ilaha illa Allah.* Non c'è altro Dio che Allah. Niente colleghi o *partner*. Le asserzioni belliche si mescolano a quelle religiose, le ultime potrebbero trovarsi anche in un testo sufi.[4] Maometto è il suo servo, il suo profeta. Un'altra frase che appare fuori contesto, non fosse per la parola *jihad* che informa l'intero scritto. Essa è sottintesa, nel suo potenziale di minaccia. Il devoto non la dimentica, scoprendola determinante.

Si impone il timore di Allah, l'ingiunzione, o raccomandazione, di morire in terra islamica. L'11 settembre ciò fu disatteso, per motivi che sfuggono alla comprensione. La grande vittoria è già ottenuta, da chiunque creda in Allah e nel suo Profeta. Ma allora non occorre un trionfo militare: esso è superfluo, subordinato! La scoperta di incongruenze sembra inessenziale.

«Allah vi osserva». Per questo, lo attesta la *Postfazione*, non va introdotta alcuna innovazione nel *Corpus* della Legge: «Ogni novità è atto di eresia, e ogni eresia è un inganno». Non rappresenta, il terrorismo, una novità per il mondo islamico? O i kamikaze, come gli Assassini, attribuiscono alla violenza un potere ancestrale, superiore alla Legge, o perfettamente compatibile con essa? Niente eresie nell'Islam, questo l'assunto. Lo si smentisce, o lo si ribadisce?

L'*Introduzione* tratteggia la recente storia islamica, cogliendo un filo rosso, un motivo conduttore che legittima i kamikaze. La repressione da parte dell'Occidente, lo sfruttamento, il colonialismo, e poi un governo apostata, persino peggiore del colonialismo. I movimenti islamici vengono repressi con la tortura e la pena di morte. L'ideale di una ribellione è remoto. L'identità islamica è in pericolo; il mondo musulmano è frammentato, oppresso. Vi si infiltrano l'ateismo e i concetti occidentali, il socialismo, la democrazia e il comunismo. Come se il Profeta potesse legittimare tali ideologie!

Il pericolo è dato dall'occidentalizzazione: scuole e istituzioni di un altro mondo sono introdotte a viva forza, capziosamente, dai falsi governanti. Ogni aspetto dell'Occidente è valorizzato, assimilato ed emulato. Perché doversi rifare a un'altra civiltà, a una pianificazione diversa delle istituzioni, quando Allah è il miglior programmatore? Questa la logica, tracciando uno spartiacque tra le civiltà, un baratro incolmabile.

I tiranni, nello stesso mondo islamico, si approfittano dei giovani, e li condizionano con il lavaggio del cervello. Ma questi, inspiegabilmente, a un certo punto fiutano l'inganno, rifiutandosi di sottostare alle vessazioni. Ritornano alla vera religione. Capiscono che nell'Islam c'è già tutto, spiritualità, politica, pedagogia, e non occorre cercare altrove. Né si deve divergere dall'unica Legge, la *sharī'a*, eternamente e universalmente valida. Niente da stupirsi se, nel quadro della mistificazione occidentalizzante, è andata persa la vocazione alla guerra santa, come mero residuo arcaico. Gli Ordini guerrieri cristiani, con uno spirito analogo, deplorarono l'instabilità della vocazione alle crociate. Le ostilità dovevano protrarsi *ad libitum*.

I giovani, destatisi dal sonno, capiscono che l'unica modalità per ripristinare il giusto *status quo* è la violenza o la guerra. Le bombe o i fucili: niente possibilità di tregua con gli apostati, né dialogo! Il governo islamico si consolida a scapito degli infedeli. Non c'è via di mezzo, si deve affrontarli direttamente. Come per gli Assassini, il nemico si annida su due fronti. Ma i kamikaze punteranno le armi contro i cristiani, più che i confratelli musulmani. L'11 settembre è dettato da un'esigenza precisa.

Li incita il verso coranico, ripreso nel *Manuale*: «Contro di loro vi preparerete ad agire con tutte le vostre forze, inclusa la guerra, per seminare il terrore nei cuori dei nemici di Allah e i vostri nemici, e persino altri, che forse non conoscete, Allah, però, li conosce di certo». L'interpretazione. L'interpretazione di un versetto sarebbe vietata per principio. Si esce dal dilemma: il Corano va letto o interpretato? La sunna procede con cautela, gli sciiti si lanciano nell'esoterico. I kamikaze ritengono che dietro al versetto si celi l'istigazione a una violenza indiscriminata: la convinzione che i nemici di Allah possano celarsi ovunque. L'occidentalismo, da sempre, osteggia l'Islam. Si mira al contrasto totale, escludendo qualsiasi compromesso o mediazione tra i due fronti.

La prima lezione esordisce con un appello a tutte le forze islamiche. Solo la loro unità potrà padroneggiare una condizione intollerabile. Qualcosa di simile al contesto delle crociate, allorché il Saladino costituì una compatta coalizione contro l'Occidente. Gli arrise la vittoria, grazie a un'organizzazione impeccabile e all'efficace gioco di alleanze. All'alba del nuovo secolo, Al-Qaeda vorrebbe farsi portavoce di esigenze analoghe. La cooperazione funge da parola d'ordine: un obiettivo imprescindibile, in vista del trionfo.

Occorre un assemblaggio di risorse, un consesso nelle mani di un *leader*. Osama Bin Laden si presta al compito. Un personaggio carismatico, come le guide degli Assassini. «Se tre persone si riuniscono, hanno già bisogno di un *leader*». Una posizione tradizionale, qui ribadita.

Esistono alcune direzioni obbligate da imboccare, il rispetto della giustizia, il pellegrinaggio, il sostegno degli oppressi; ma anche la determinazione dei confini territoriali e, soprattutto, la guerra santa. Un sultano è l'ombra di Allah sulla Terra. Da qui, lo stretto vincolo tra religione e politica. Come se, nell'Islam, la schizofrenia lucida degli Ordini guerrieri cristiani fosse travalicabile: una duplice vocazione, da sempre, ne è la mèta. Niente conflitti, dove la separazione delle sfere non esiste. Una legittimazione sociale più marcata, che non solo non taccia di incongruenze il musulmano guerriero, ma lo pone in primo piano, quale necessità ineludibile.

Come nell'*Arte della guerra* di Sun-tzu, un'organizzazione militare deve fondarsi su certi princìpi: un comandante e il suo gruppo di consulenti; i membri individuali o militi; una strategia chiara. Solo così si raggiunge il traguardo: l'instaurazione di un governo islamico in sostituzione di quelli occidentali o guidati dagli infedeli. Il nemico è perfettamente definibile. Ma anche vago.

Un altro assunto suona intimidatorio, terroristico: «Sopprimete il personale del nemico, al pari dei turisti stranieri». I turisti. Ecco qualcosa che neppure le interpretazioni deliranti del Corano saprebbero giustificare. I turisti sfruttatori. I turisti che, per frivolezza, visitano Paesi di cui ignorano tutto, appartenenti a una cultura ostile, remota. Nella stessa logica procede la distruzione delle ambasciate. Atti che, già dagli anni Ottanta, furono realizzati ai danni degli Stati Uniti; come quel camion carico di esplosivo che a Beirut fu lanciato contro la loro sede diplomatica. Non c'è distinzione tra civili e militari. L'Occidente, di cui Spengler annunciò il tramonto prematuro, è l'Avversario; nel senso dello *shaytan*, il Diavolo? Non siamo noi, piuttosto, dai tempi dei crociati, a qualificare così i *leader* musulmani, attitudine che valeva per il Saladino, e che ora si ripete per Saddam o il solito Bin Laden – seguaci dell'Anticristo, o, ancora di più, loro stessi l'Anticristo? Ruolo, peraltro, non moltiplicabile nello stesso periodo storico.

Gli Assassini rifanno spesso capolino tra le righe del *Manuale*. Rimozione delle personalità scomode – il teorema della insostituibilità riattualizzato –, che ostacolano il cammino della fede. Militari, ma anche civili, intellettuali o pensatori; non si ragionava diversamente ad Alamut o tra i sicari del Vecchio della Montagna.

Una discriminante. I kamikaze giapponesi non infierivano contro i civili, non ne ebbero occasione, e si prefiggevano obiettivi militari.[5] Un'eccezione, poi rientrata, quel giapponese appostato al largo di San Francisco nel '41, poco dopo Pearl Harbor.[6] Si preparava a compiere una strage, ma fu fermato in tempo dal suo comando con l'imputazione di irragionevolezza. «Idiota! Non sai che gli americani stanno per celebrare una delle loro feste principali, il Natale? Vuoi generare, a onta della guerra, un insanabile incidente diplomatico?». Solo verso la fine del conflitto si pensò ad altre operazioni kamikaze da compiersi in territorio americano – chiunque poteva esserne vittima; ma i bombardamenti americani di Tokyo cos'erano, o la bomba atomica: terrorismo di Stato forse? Vi si sarebbero calati dai palloni aerostatici, con esplosivi e un chiaro intento suicida. Non ne ebbero il tempo. O forse sì, perché sembra che una donna e cinque bambini americani saltarono in aria durante un picnic, più o meno in quel periodo e nella zona indicata.[7] Peraltro i giapponesi, a differenza dei kamikaze che colpiscono i turisti, si accanivano su obiettivi militari. Niente terrorismo, dunque, ma sempre e solo strategia della tensione contro i militari, perché rappresentanti del nemico. Una discriminante che impedisce un'altra assimilazione di non poco conto tra i due gruppi che, pure, si fregiano dello stesso nome ai nostri giorni.

Infine, con la richiesta dell'assoluta segretezza e disciplina si chiude la prima lezione del *Manuale*. Contiene già, *in nuce*, l'essenza dell'addestramento e la sua dottrina.

Il requisito del kamikaze è uno, imprescindibile: la sua appartenenza alla causa musulmana. Questi non può professare altre religioni, né il comunismo. Come l'armata israeliana richiede dei combattenti ebrei, così quella islamica non può che essere composta dai membri del culto. A quindici anni, già pronti alla lotta. Lo legittima Maometto, attraverso la storia di Ibn Omar.

Ma poi si aggiunge un privilegio, logica conseguenza dell'altro: la disponibilità al martirio. Sacrificio, martirio, *non* suicidio. Questo sarebbe peccato grave, mentre l'altro dischiude le porte al Paradiso. Una distinzione strutturale, impugnata da molti musulmani, severi critici dei kamikaze.

La disciplina, l'ubbidienza e la segretezza. Si batte sull'ultima componente. I kamikaze giapponesi, spesso, non informavano neppure le famiglie della loro missione. Qui è lo stesso. «I cuori degli uomini liberi sono pieni di segreti». Una citazione appropriata. «Cercate di sbrigare i vostri affari in segreto». I versetti coranici si prestano, indebitamente, a conferma di un'ideologia del terrore.

Come i pellegrini alla Mecca, i combattenti sono dispensati in caso di malattia. La buona salute, un requisito primario. L'igiene del corpo e della mente. Ai kamikaze giapponesi si suggeriva la meditazione, e si istituivano servizi di *counseling* per vagliarne l'efficienza psichica e la disponibilità all'urto. La tranquillità dell'animo permette al kamikaze islamico di sopportare l'arresto, lo spargimento di sangue e qualsiasi altra contrarietà sul cammino.

La pazienza, la pazienza innanzitutto. Tra i giapponesi è la dote principale, che consentiva di adattarsi al frequente rinvio dell'attacco, al ritorno coatto che esponeva allo scherno e ai sospetti dei compagni. Il kamikaze islamico attende con calma il momento propizio per l'azione, sapendo che dovrà essere pronto a coglierlo. Ciò comporta la dedizione totale alla causa, la rinuncia alla libertà personale. La tranquillità assurge a sinonimo di imperturbabilità. La pazienza si accompagna alla cautela. Abbondano esempi e citazioni storiche per convalidare l'argomento.

L'arte della guerra non può prescindere dallo spionaggio; gli assegna un ruolo determinante alla riuscita di un progetto. Il *Manuale* sembra tener conto di questo aspetto, già sottolineato dai tempi di Sun-tzu. Come un ninja, l'adepto di Al-Qaeda saprà mimetizzarsi e cambiare posizione o identità, adeguandosi alle circostanze. L'esempio *in negativo* è quello di un ufficiale russo che, in uno scontro accidentale, perse i sensi e, nel delirio, tornò a parlare nella sua lingua. Solo allora gli americani capirono che era una spia.

Il luogo dell'addestramento è distante dai centri abitati. Su questo, i kamikaze giapponesi e islamici concordano. I primi erano tenuti al riparo dalle tentazioni sessuali e dai divertimenti delle città. Per loro, e per gli islamici, l'isolamento è fonte di riflessione, misura preventiva di un'igiene mentale ottimale. Ci si distacca dal mondo, a poco a poco. Per sentire più vicino l'alito della morte, e predisporsi alla missione fatale. Servizi medici o di prima necessità saranno disponibili anche in queste aree appartate, isole preliminari alla fine. Il *training* richiederà la sola presenza delle persone interessate. Aneddoti di donne che vanno in cerca dei figli, dei fidanzati, in basi giapponesi dove la missione kamikaze si è già consumata a loro insaputa. Segretezza di Al-Qaeda, dove i kamikaze si consultano tra loro, vivono l'uno a fianco all'altro, senza interferenze dall'esterno. Una sorta di invisibilità, in quanto gli addestrati si sottraggono al controllo del nemico; loro non vedono gli altri, né sono visti.

Una selezione durissima. Tra gli islamici, nessuno conosce l'altro. La solita segretezza impenetrabile. Ogni addestrato segue il piano che gli è congeniale. Individualizzazione. Ciò contrasta con lo spirito dei gruppi, diciamo, dei giapponesi. Qui la personalità si annulla, scoria di una civiltà greca mai assorbita.

Non si pone, qui, la questione del volontariato. Un kamikaze non esita a dare il suo consenso, votandosi alla morte, se percepisce una certa sfumatura nelle parole o nei gesti di un suo superiore; in forza di una velata imposizione? Conta il gruppo, in una lingua dove lo stesso carattere che sta per «piacere», nel senso di «gradire» (*amae*), rinvia agli altri, a una eterodipendenza ineludibile.[8]

Diverso il caso islamico: l'individuo è sempre al centro, anche di una cellula terroristica. Come si farebbe, altrimenti, a calcolarne la quota di responsabilità all'operazione, che, sola, schiuderà proprio a lui le porte del Paradiso? Nel caso dei giapponesi, atei, buddhisti, shintoisti, cristiani o confuciani, il gesto suicida è sempre fine a se stesso; semmai, si vuole il benessere della patria. Ma l'individuo non accede a Yasukuni Jinja, il tempio dei caduti? Non proprio. Con la sua resurrezione virtuale diviene un *kami*, uno spirito a tutela degli interessi e delle sorti della nazione, da una postazione sacra che accoglie solo eroi. Non è più un «io», si amalgama con le forze della natura, incarnandole. L'islamico raccoglie di persona i frutti del suo operato bellico.

I piccoli gruppi sono l'ideale. Lo si pensò anche in Giappone, nelle prime fasi dell'avventura kamikaze. Cinque aerei, compresa la scorta. Il numero ideale nei reparti dell'ammiraglio Onishi. Poi le sorti della guerra decisero altrimenti, e si giunse alle ondate di velivoli dell'ammiraglio Ugaki. Okinawa attestò lo schianto di masse di aerei, il suicidio continuo, incontrastato dominatore sulla scena. In Al-Qaeda sembra dominare la persona, e spesso ne basta una per compiere l'operazione. O due, o tre. Poche, comunque. Ancora l'efficienza del singolo. Per l'11 settembre una scarsa mobilitazione di forze, ancorché incisiva.

La lezione sulle armi può essere saltata. Sicuro? Eppure c'è di nuovo una sorprendente analogia tra Al-Qaeda e i kamikaze giapponesi, attraverso l'aereo. Nel secondo caso, si dà una sottolineatura culturale. *Kami* è lo spirito, in qualsiasi forma prenda corpo. Per esempio in un tifone, come quello che sconquassò le navi mongole nell'unica probabile, paventata, disfatta del Giappone. «Un tornado mandato dagli spiriti-guida (del Paese)»; l'espressione, in giapponese, suona *kamikaze*. Allorché i comandanti colti della seconda guerra mondiale battezzarono *shimpu* un'unità suicida adottarono un'altra lettura del composto *kamikaze*, sempre per alludere al tifone che risollevò le sorti della loro nazione nel XIII secolo.

Si vuol enfatizzare che un pilota si identifica con il proprio aereo, facendone una propaggine di sé. Dai kamikaze a Tetsu, l'uomo d'acciaio, il passo è breve. Un kamikaze è un *cyborg*, votato all'incorporazione della macchina in se stesso. Lui e l'aereo; lui è l'aereo. Qualcosa di simile, forse, nel gesto contro le Torri Gemelle? Ci si servì a caso di un aereo, un prodotto dell'odiato Occidente, per andare a schiantarsi contro il simbolo della sua civiltà? O forse in virtù della magniloquenza stessa dell'operazione? Perché solo l'aereo garantiva, come negli attacchi alle portaerei nel Pacifico, il massimo effetto, quale arma ottimale? Una coincidenza sinistra, che l'aereo sia il germe di distruzione per alcuni dei principali kamikaze della storia. Identificazione con la macchina per i giapponesi, impiego dell'aereo come elettiva arma d'offesa per Al-Qaeda.

Una considerazione sulla denominazione è doverosa. Se kamikaze rinvia alle forze della natura, al perfetto connubio tra l'aereo, l'acqua e l'aria, alla manifestazione dei *kami*, come si può usare la stessa parola nell'ambito monoteista, secondo cui «Non c'è altro Dio che Dio(Allah)»? Segnare l'incongruenza non è atto di pedanteria. Si può parlare di una contrapposizione dottrinale, tutt'altro che irrilevante, tra il monoteismo islamico e lo shintoismo giapponese, il quale, comunque lo si intenda, non propende per il monoteismo. I *kami* non sono dèi, né l'etichetta di politeismo centra il bersaglio. O quella di animismo. Si evidenzia una diversità insopprimibile, e la parola si rivela moneta corrente: acquista un senso contrapposto all'originario. Solo l'atto esteriore, il suicidio, sembra legittimarne il trasferimento in un contesto che, però, si mantiene *altro*. Oltre alla diversa articolazione dell'individuo in seno al gruppo, va osservato il diverso legame con la morte che la civiltà islamica e quella giapponese articolano nei modi a loro peculiari.

Sacralità della vita in Medio Oriente. La si abbandona per uno scopo, che non è il suicidio, bensì il martirio. Non viene meno la vocazione religiosa, né la speranza di una ricompensa al contempo spirituale e materiale. Tutt'altro. In questo, l'adesione al tessuto biblico che informa la civiltà europea od occidentale.

Con Yamamoto Tsunetomo, epigono dei samurai, in Giappone si delinea un altro quadro. La morte è compagna fedele del guerriero: tutt'altro che una presenza da esorcizzare. La si ricercherà persino, qualora si veda minacciato il compimento del proprio progetto esistenziale. Da sempre, dall'epoca leggendaria di Yamato Takeru, il suicidio permette di invalidare la sconfitta, persino di uscire dalla ferrea logica duale in cui il successo si oppone al fallimento. Niente più vinti, né vincitori, qualora il suicida suggelli il proprio gesto. Egli stesso, autore del *seppuku*, trionfa in qualche modo. La nobiltà della sconfitta, o accettazione del disfattismo come pietra miliare di una cultura nipponica che non teme lo scacco.[9]

Diversa prospettiva nell'Islam professato da Al-Qaeda. Niente tradizioni che legittimino il suicidio, anzi...! Si prendono le distanze da qualsiasi tentativo di equiparare le azioni terroristiche al suicidio, e ci si affretta a parlare di martirio. Neanche qui si tratta di cavilli, bensì di un'estrema attenzione formale. Un gesto militare è compiuto dallo spirito, dunque ha una rilevanza eccezionale. È determinante etichettarlo correttamente, per la cultura in cui il diritto si sposa con la religione o il misticismo.

Un membro di Al-Qaeda è come un Templare, un Cavaliere Teutonico, un kamikaze giapponese, un Assassino: non si chiede il perché degli ordini impartiti, e si limiterà a eseguirli. Niente domande improprie, su materie non di sua pertinenza. Niente ciarle superflue, né una disposizione confidenziale verso gli estranei, chiaro segno di imprudenza. Egli conosce il piano nell'essenziale, né vuol saperne di più: soffoca la sua curiosità, del tutto assorbito dall'azione.

Non darà l'impressione di appartenere all'area geografica islamica, nel tentativo di infiltrarsi e camuffarsi nell'ambiente ostile. La sicurezza, prima della missione, costituisce la sua preoccupazione. Si asterrà dal parlare a voce alta, per paura di essere scoperto o dare nell'occhio. Ancorché musulmano, dovrà conformarsi alle abitudini del posto, purché da ciò ne derivi un vantaggio religioso, o possa approfittarne per carpire i segreti degli infedeli o «politeisti», impedendo loro di nuocere, o per altri fini utili.

Egli non troncherà le sue relazioni abituali, e cercherà di attenersi al proprio stile di vita senza alterarlo, per non insospettire chi gli sta intorno. Un marito non rivelerà alla moglie il compito del *jihad*. I kamikaze giapponesi non si confidavano con le consorti sino al momento fatale, la vigilia dell'attacco; per lettera, esponevano infine le ragioni o le modalità del gesto.

Riguardo agli obblighi e ai doveri religiosi, il guerriero islamico non dovrà rinunciare al digiuno rituale, e addurrà scuse per non mangiare in compagnia degli infedeli. Quanto alle preghiere, di norma da recitare in diversi momenti della giornata, egli potrà compendiarle in un unico atto, seguendo l'esempio dello stesso Maometto. Ma non potrà, per alcun motivo, indulgere al divieto: non berrà vino, né fornicherà. Dal punto di vista della Legge, il kamikaze resta musulmano nelle intenzioni degli autori del *Manuale*.

Come trattare il nemico? È lecito prendere ostaggi, e persino ucciderli, qualora si rifiutassero di fornire le informazioni richieste. Ancora una volta, è il benessere della comunità islamica che non va messo a repentaglio. Al pari degli Assassini, i membri di Al-Qaeda giustificano qualsiasi atto in vista di uno scopo religioso.

Riguardo all'importanza della raccolta delle informazioni, si citano persino esempi di presidenti americani che vi hanno insistito a più riprese. A differenza del *Manuale* giapponese per aspiranti kamikaze,[10] si tenta, entro certo limiti, di persuadere l'adepto della validità delle prescrizioni o dell'ideologia che vi è sottesa. Si segue il metodo dell'argomentazione, di lunga tradizione nella filosofia islamica. In genere il pensiero giapponese non sente l'esigenza di ricorrervi, per una maggiore propensione a una logica non persuasiva, o più emotiva, a un diverso tipo di razionalità.

Necessario documentarsi, riguardo a giornali, tv e radio. La strategia della tensione si abbevera alla comunicazione. Nella guerra del Pacifico si fecero scelte precise: gli Alleati si astennero dal divulgare, finché era possibile, qualsiasi notizia sui kamikaze. Troppe differenze rispetto all'Occidente, nel rischio del terrore dell'ignoto. Si istituirono commissioni, incaricate di vagliare le motivazioni strategiche e lo sfondo delle azioni kamikaze. Si presero, al contempo, misure di sicurezza, ma l'indagine conoscitiva non fu mai trascurata. Non si penetrò in profondità, e il suicidio rimase incomprensibile e remoto, però la volontà di capire fu applicata al massimo.

Ben altra, la condizione odierna. Gli esponenti dei massmedia richiedono misure di immediata attuazione ed efficacia contro Al-Qaeda. Non capiscono che si può progredire soltanto istituendo al contempo indagini conoscitive sulla portata e la natura del fenomeno kamikaze. Irridono chiunque se ne faccia promotore, e credono che la sicurezza possa svincolarsi dalla comprensione, da una disamina delle ragioni e dalla struttura psicologica dei kamikaze. Invece gli autori del *Manuale* sanno l'importanza dei mezzi di comunicazione, e suggeriscono ai loro adepti di valutarli opportunamente, senza lasciarsi irretire dalla retorica propagandistica. Per loro anche le chiacchiere da bar o le barzellette rappresentano un materiale utile, da cui apprendere qualcosa del nemico o di come li inquadra; si tratta di un metodo largamente usato dai sufi anche ai nostri giorni, per conoscere le società che li ospitano. Ogni prodotto culturale, libro, film o altro, è valutabile in questa direzione. Come se, nel confronto, dovesse trionfare il gruppo culturale che meglio avrà saputo sondare l'altro, tentando di calarsi nei suoi panni. Solo così, inoltre, si potrà anticipare la strategia che ne anima le mosse.

Qualora non si conosca il nemico, afferma Sun-tzu, la disfatta è inevitabile; a meno che non si conosca bene se stessi.[11]

La propaganda è micidiale. Su qualsiasi fronte, si presenta l'avversario come feroce e disposto a tutto. Così gli americani, riguardo ai giapponesi; e viceversa; oggi gli islamici, riguardo agli americani, e viceversa. Nella guerra del Pacifico, alcuni militari o civili giapponesi preferirono uccidersi, piuttosto che cadere vittime degli Alleati. Si scopre che un gruppo proietta sull'altro le proprie tendenze o timori. I giapponesi potevano infierire sui prigionieri di guerra, non rispettando la Convenzione di Ginevra; credevano che anche i nemici si sarebbero comportati così.

D'altra parte, si parla di «pericolo giallo» o del «musulmano» alimentando la demonizzazione, quasi ci si trovasse davanti a un nemico spietato. Qualcuno dirà: «Ma certo! Non avete visto ciò di cui sono capaci i kamikaze?». L'allarmismo si rivela incompatibile con una serena, chiara, visione del fenomeno: predispone al terrore, anziché mitigarlo. Al pari dell'idea che chiunque può rivelarsi un kamikaze e passare all'azione distruggendo un autobus, una comitiva o una stazione – un'idea realistica, ma perniciosa nelle sue propaggini. È difficile trattare un tema attuale, che si modifica continuamente nella cronaca. Dalla propaganda, comunque, i giapponesi furono stimolati alle imprese kamikaze: prima ancora che per dovere verso un imperatore remoto, cercavano di proteggere le loro stesse famiglie, gli affetti.

Su alcune tendenze paranoiche si diffonde, esasperandole anziché ridimensionandole, il *Manuale* di Al-Qaeda. In un vicolo cieco, il terrorista starà ben attento a voltarsi spesso indietro per vedere se qualcuno lo segue. Vi si insidia una trappola? Lascerà, di proposito, cadere un oggetto dalla tasca, per vedere chi si affretta a raccoglierlo. Incederà veloce, per poi celarsi dietro l'angolo e constatare se qualcuno ha affrettato il passo temendo di perdere le sue tracce. Nei pressi di un negozio, in una postazione bene in vista osserverà se a sua volta è osservato: il gioco relazionale del paranoico. Salirà su un autobus, per scenderne precipitosamente e sondare se un pedinatore è costretto a imitarlo. Esigerà dai colleghi che gli indichino ogni sguardo sospetto che, inavvertitatamente, si posa su di lui.

Altri suggerimenti quasi si prestano a sviluppi metafisici. Non accettare gli eventi per come si presentano: un ammonimento a chi è stato sconsigliato Platone (!). Non lasciarsi coinvolgere in amicizie nate troppo in fretta o in dispute apparentemente irrilevanti. Non lasciar trapelare la propria identità. Non agire in maniera avventata o eccentrica, bizzarra; a meno che non si voglia dare nell'occhio per uno scopo strategico o per comunicare false informazioni al nemico.

Identikit di una recluta, ovvero chi va scelto come candidato e perché. Al primo posto, le qualità psicologiche. Il terrorista sarà un buon conoscitore di uomini (*Menschenkenner*), delle loro etiche e del comportamento. Avrà una forte personalità. Dovrà ricorrere al suo sesto senso, anche sviluppato dall'esperienza. Ancora sulla pazienza. Sarà abile nel mimetizzarsi – uno spunto già sottolineato. Praticherà due direzioni: induttiva e deduttiva, analitica e sintetica. Organizzerà un piano investigativo impeccabile.

Rispetto all'*identikit* del kamikaze giapponese, è un quadro molto più esigente. L'individuo deve possedere abilità specifiche, non è una persona qualsiasi. Tra i giapponesi spesso si reclutavano uomini comuni, ordinari, per poi pretendere che si trasformassero in supereroi nell'istante della collisione. Erano ben addestrati, certo, ma quel tanto che bastava per condurre l'aereo sull'obiettivo. Non erano i piloti migliori, né li si rifornivano dell'equipaggiamento o del velivolo migliore.

Sono in gioco compiti diversi. Non occorre uno psicologo per andare a cozzare con le portaerei. Al terrorista, invece, si richiedono svariate facoltà, per svolgere un ruolo più impegnativo nei rapporti interpersonali. Il giapponese può essere un antisociale. Il terrorista fingerà di non esserlo, e maschererà la sua vera natura per portare a termine il suo incarico. Il primo può anche non essere versato nella logica o nel ragionamento: gli si chiede di agire. L'altro, che pure soggiace a una aspettativa analoga, dovrà soppesare tutte le possibilità d'intervento e decidere d'acchito la migliore. Non è che un compito sia più arduo dell'altro, solo più articolato. Al giapponese si chiede di occultare la paura, di reprimerla, benché il rimosso esplodesse nelle camerate: i superuomini singhiozzavano di notte, ripensando alle famiglie e agli affetti prematuramente abbandonati. Una forte personalità non era una componente auspicabile, anzi...! Meglio se incolori. Erano i capi, protagonisti quali gli ammiragli Onishi e Ugaki, a vantare un solido carisma e l'autorevolezza. Altre virtù, la pazienza o la capacità di osservazione, sono condivise da entrambi i gruppi; quale strategia, poi, potrebbe farne a meno?

La diversità dei ruoli traspare in altri dettagli del reclutamento. Un terrorista ha difficoltà a individuare le persone idonee da destinare al lavoro. È ovvio: non può agire alla luce del sole, e rischia sempre di essere scoperto. Da ciò, la segretezza e la delega della mansione di reclutamento ad alcuni membri speciali. Tra i giapponesi, il reclutamento è ufficiale. All'inizio della strategia suicida si invitavano i piloti a esprimersi liberamente. Con le limitazioni di cui s'è detto. La decisione era pubblica. Qualcuno si rifiutò di adempiere a un ruolo che lo cancellava; sorprendentemente, non lo si punì. Ma si tratta di casi sporadici: per molti altri, la degradazione o altre misure punitive erano la regola. Con l'inasprirsi del conflitto, quando il loro *handicap* risultò sempre più evidente i comandanti militari giapponesi non invitarono più: *intimarono* il gesto kamikaze. Una intera nazione sarebbe stata pronta ad accollarsi il ruolo, non fosse stato per l'atomica o la propensione del gruppo imperiale alla resa.

Quali sono le ragioni del kamikaze islamico? Il *Manuale* le indica, ma solo alcune sono da incentivare per il buon esito dell'operazione. Alla coercizione spetta il primo posto. Strano? Talora si impiegherà persino chi non è del tutto convinto, chi quasi non avverte la rilevanza dello scopo ma agisce in virtù della costrizione. Niente da stupirsi che non lo si ritenga un requisito ottimale.

E poi la cupidigia, l'amore per il denaro. Qui si può intervenire, facendo leva sul movente. In molte famiglie l'acquisizione di una ingente somma può trascinare alla guerra santa. Ci si risolleva dalla povertà, ancorché in maniera fatale. Qualcuno si sacrifica per i genitori, la moglie, ecc., per il benessere che, strano a dirsi, deriverà dalla sua morte.

L'altro aspetto è l'amore per l'avventura o l'ostentazione del coraggio. Anche qui si farà perno. Va benissimo: c'è chi si sente una sorta di Indiana Jones, ma il paragone è irriverente in chiave musulmana. Si considera la vita un ciclo continuo di sfide: tanto meglio per chi recluterà questi individui, i quali batteranno una pista senza ritorno.

L'amore per il diversivo e il comportamento deviante può essere una motivazione, ma non va sfruttata. Troppo lunatici e imprevedibili sono i personaggi che li nutrono. Nessun affidamento sull'emotivo: un principio che ha una solida matrice sufi nella cultura islamica.

Gli ultimi due sono fattori da sviluppare: l'orientamento ideologico e politico, il timore per la propria incolumità. Il primo dovrebbe essere più rilevante: ci si aspetta che i membri di Al-Qaeda condividano tutti la stessa fede. Diverso il caso dei kamikaze giapponesi, i quali aderivano a ideologie diverse o a nessuna, come nel caso degli atei che non inclinavano neppure all'amore per la patria o alla causa militare.

D'altra parte, la religione ha una portata differente nello stile di vita dei giapponesi. Si possono professare parecchie religioni al contempo: un buddhista può essere anche cristiano, senza scandalizzare nessuno. Ogni ambito sociale richiede una attitudine che noi chiameremmo religiosa. L'amore per la famiglia è confuciano, al pari delle giuste apprensioni per i propri cari. La devozione all'imperatore, che dovrebbe stimolare il soldato, è shintoista. Il sentimento della morte come vocazione è buddhista. Si può essere persino cristiani, come molti kamikaze giapponesi, senza per questo trascurare l'essenza dell'operazione. Ciò non potrebbe darsi in Medio Oriente: non si è ancora sentito dire di kamikaze cristiani. Il tessuto islamico di corrispondenze tra un ambito e l'altro, la politica e la religione, appare più coerente agli occhi di un occidentale; ciò non implica che lo si condivida. Ma potremmo capire, entro certi limiti, il musulmano kamikaze, un po' meno quello giapponese che aderisce a parecchie ideologie, spesso contrastanti, nello stesso tempo.

La paura di patire un danno, l'ultimo motivo, è quello su cui ha puntato la propaganda nel Medio Oriente durante la seconda guerra mondiale. A ciò concorre la demonizzazione del nemico. Non è un caso che si possa insistere su questo aspetto: la propaganda dà i migliori risultati, riguardo alla qualità del reclutamento.

A partire da queste qualità, si può tracciare un quadro più preciso dei candidati ideali. Saranno preferibilmente, nell'ordine: contrabbandieri, individui in cerca di asilo politico; avventurieri, termine assai generico; il personale di servizio nei bar, alberghi e ristoranti, per il potenziale di pericolo rappresentato da un inatteso voltafaccia; chiunque si trovi in stato di indigenza; gli impiegati delle dogane, di porti e aeroporti. Si insiste sul bisogno, sulla necessità di aderire a un'azione terroristica; o sulla funzione che i candidati ideali, con il loro mestiere o la professione, possono esercitare ai fini dell'operazione. Ogni ricerca di analogie con i giapponesi, in questo campo, è sterile e inconcludente.

Il ministero della giustizia americano, che rende disponibile il *Manuale* su Internet, ne dà una parziale traduzione. Poiché non si vuole incitare i lettori al terrorismo, molti passi sono omessi o tagliati. Troppo dettagliate, per esempio, le descrizioni sul modo migliore di avvicinare un agente della Cia e incastrarlo.

Gli aspetti spirituali del *Manuale*, però, sono in evidenza. «Fratelli» è il termine con cui ci si rivolge ai colleghi dell'organizzazione terroristica. Molti sono i consigli pratici, che rinviano allo spirito e alla religione, in caso di cattura. «In prigione, il fratello dovrebbe essere un perfetto modello di altruismo (*selflessness*)». In arabo, l'espressione possiede una connotazione più spirituale che etica: si distrugge l'io, in tutte le sue manifestazioni. Il kamikaze è un Templare: niente egocentrismi, ci si annulla nel gruppo. Dopotutto, i giapponesi non sono così distanti da questo modello. Il terrorista non cesserà di essere islamico, e istituirà con l'aiuto di altri fratelli un programma educativo musulmano persino in prigione. Urlerà la sua appartenenza all'Islam, senza mai sospendere la recita del Corano; si atterrà alle prescrizioni e agli adattamenti liturgici previsti.

«A questa gioventù musulmana pura, al credente, al *mujahid* (guerriero), per amore di Dio, presento questo modesto sforzo come un contributo per lastricare a tutti loro la via che li guiderà a Dio Onnipotente e per stabilire un califfato secondo le linee direttive del Profeta».

La rilevanza del lavoro collettivo e l'esigenza della promozione incondizionata della religione islamica concludono la parte del *Manuale* che il governo americano ha deciso di tradurre e di rendere nota agli internauti, quindi al mondo intero. Infine, una postilla che suona minacciosa, perturbante: «L'uomo giusto va collocato al posto giusto».

Le somiglianze tra i due gruppi di kamikaze, di oggi e di ieri, del Medio Oriente e dell'Estremo Oriente (Giappone) sono superficiali e si incentrano sull'atto. Il suicidio. Atto esteriore, dal diverso significato interiore e ideologico; persino esoterico, qualora si assimilino i kamikaze odierni a precursori quali gli Assassini. Il suicidio fa da collante, in qualsiasi modo lo si intenda. Un interrogativo: Al-Qaeda si è ispirato ai giapponesi? A una strategia che appariva vincente o disperata? L'unica da adottare, al fallimento di ogni altra? Difficile dedurlo, anche perché l'etichetta *kamikaze* è un'attribuzione occidentale, persino nel caso dei giapponesi.[12]

Un paradosso. Nel dopoguerra, intorno agli anni Settanta, un minuscolo gruppo terrorista giapponese, «l'Armata Rossa», andò a istruirsi in Libano presso i terroristi locali. Contrariamente alle aspettative, erano i giapponesi a fungere da discepoli della strategia suicida che si sarebbe attuata di lì a poco. Si capovolge il quadro, continuando a porre l'interrogativo: *chi* si ispirò a *chi*, nella ripresa di una tattica intollerabile?

Il kamikaze islamico non è un militare. Combatte da guerriero, ma resta pur sempre un civile. Anche qui i toni scoraggiano gli accostamenti. Chiunque insista sulle analogie tra i kamikaze di ieri e di oggi è invitato a riflettere, semmai, sulle relazioni tra i *nikudan* («uomini proiettile») delle fasi iniziali della guerra nel Pacifico e i palestinesi o gli ebrei che adesso si fanno saltare in aria imbottiti di esplosivo. Oltre alle modalità dell'atto esteriore, rispetto a cui questi gruppi risultano ancora più affini, c'è da osservare che si tratta sempre di civili. Nel caso dei giapponesi erano perlopiù degenti di ospedali, individui male in arnese che si avventavano contro i tank americani in Nuova Guinea: andavano verso la morte, ma le bombe in cui erano avviluppati li riscattavano dalle grucce o dalle bende. La tattica fu mutuata dai russi, ma loro si servivano dei cani per condurre certe operazioni contro i nazisti. Ciò la dice lunga sul diverso rapporto dei popoli con la morte.

L'affinità esteriore, ancorché determinante, non si limita al suicidio. I kamikaze giapponesi o islamici compiono atti purificatori preliminari in vista dell'operazione. Sono, in genere, abluzioni, e vengono prescritte da entrambe le tradizioni, shintoista e islamica. Ciò è riferito nei manuali di addestramento di entrambi i gruppi. Come se la morte esigesse sempre lo stato di purezza e di candore, soprattutto se affrontata per scelta. L'operazione kamikaze acquista una tonalità solenne. In Giappone, i brindisi rituali a base di sake svolgevano questa funzione.

Ma l'igiene del corpo e della mente si coltiva pure in altri modi. Per esempio, nella condizione di isolamento preliminare dal mondo, suggerita a entrambi i gruppi. Ci si astiene dai rapporti sessuali – ciò è documentato presso i giapponesi – o si segue una dieta speciale, che spesso sfocia nel digiuno. Nell'Islam la funzione del digiuno è rituale, prescrittiva. Anche la meditazione o il raccoglimento interiore hanno il giusto peso. Come meditazione buddhista, nel caso dei giapponesi, o preghiera islamica, che sconfina nella meditazione, nell'altro gruppo.

Il *Manuale* di addestramento giapponese suggerisce al kamikaze di guardarsi bene intorno sulla rampa di lancio, per prestare attenzione a qualsiasi dettaglio dell'ambiente. Una respirazione profonda lo aiuterà a librarsi in alto; ne agevolerà il volo e, alla fine, l'intervento fatale. Gli si raccomanda di non chiudere gli occhi nell'istante della collisione, ai fini di una maggiore efficacia. L'11 settembre si richiedeva, pure, un totale controllo della situazione e una lucidità costante sino all'ultimo. Avranno chiuso gli occhi, i dirottatori degli aerei che andarono a schiantarsi sulle torri? Al kamikaze nipponico si rammenta che vedrà tutta la sua vita passargli davanti agli occhi in un attimo: il *flashback* della morte. Rivedrà la madre, la figura più rilevante del suo microcosmo. E il kamikaze islamico? Va anche lui incontro a una sequenza di immagini che gli preannuncia la scomparsa? E quali sono i suoi Numi tutelari, che lo assisteranno nello sconvolgimento finale?

Entrambi i gruppi di kamikaze ritengono di rappresentare una nazione eletta o il popolo eletto. La convinzione è supportata dalle rispettive religioni? Evidente, il caso del Giappone: i *kami* scelsero l'arcipleago nipponico per la loro epifania terrena. Meno evidente, e forse ostica, la stessa idea nel mondo islamico. È il fondamentalismo terroristico a sottolinearla, ampliando il concetto di guerra santa, e imponendola nei confronti degli infedeli, cioè le etnìe non musulmane. Però il Giappone, malgrado il forte sciovinismo che raggiunse il culmine con l'ideologia di Motoori Norinaga nel XVIII secolo, prova una profonda stima nei confronti dell'Occidente: vuole impararne e assimilarne i *patterns* culturali. Nelle fazioni di Al-Qaeda c'è la sfida, il totale disprezzo per gli infedeli. Molti kamikaze giapponesi erano universitari che studiavano le lingue, la letteratura e la filosofia dell'Europa. Anche alcuni islamici hanno un *background* analogo, ma lo valorizzano diversamente, impiegandolo contro la cultura detestata. Meno ambivalenze e ambiguità, per loro.

Entrambi i gruppi sostengono che la loro superiorità rispetto all'Occidente si fonda sullo spirito. I giapponesi credevano di poter trionfare sugli americani in virtù di questa componente, da cui prendeva corpo una strategia suicida che quelli non sapevano recepire: per il loro materialismo volgare, che li rendeva sordi ai valori dello spirito. In effetti, in Occidente la strategia del suicidio è temuta, come la più perniciosa ed efficace.

Quando accennano all'Occidente, entrambi i gruppi hanno in mente l'America, il nemico comune. Neanche oggi si sarebbero sopite in Giappone certe inclinazioni antiamericane. Le condizioni della resa e l'atteggiamento dell'America nel primo dopoguerra potrebbero averle alimentate, in una direzione revanchista che torna a profilarsi attraverso le commemorazioni dei kamikaze dopo la lunga rimozione nel ventennio successivo alla fine del conflitto.[13] La guerra nel Pacifico può essere vista, in generale, come la lotta del Giappone contro l'amata-odiata America. Al-Qaeda non si prefigge un obiettivo differente, in virtù del ruolo di polizia internazionale assunto dagli Stati Uniti.

L'aspettativa dei giapponesi andò delusa: un nemico spiritualmente inferiore, supposto che lo fosse, risultò vincitore. L'analoga aspettativa di Al-Qaeda potrebbe incappare nella stessa sorte. Sembra essere la condizione economica, la potenza dell'industria bellica, a determinare il risultato di una guerra, con buona pace degli idealisti che propugnano l'opinione contraria. Non a caso furono la superproduzione e le soverchianti risorse militari ed economiche degli Usa a consentire la rimonta, malgrado una serie di sconfitte e l'avanzata vittoriosa dei giapponesi sino alla battaglia delle isole Midway.[14]

Ciò che spinge i kamikaze al suicidio, o a ciò che noi occidentali riteniamo tale, è il superamento di una pulsione che si crederebbe invalicabile: quella di autoconservazione (*Selbsterhaltungstrieb*). Il termine è di Freud, convinto assertore della sua insopprimibilità. Soltanto nella seconda fase del suo pensiero arrivò a dare spazio alla pulsione di morte, *Thanatos*, su basi schopenhaueriane. Al punto cruciale l'individuo tende a tirarsi indietro, incapace di soffocarsi da solo. Ma i kamikaze fanno proprio questo, irridendosi di una psicologia occidentale che non li comprende. O che, per loro, dovrebbe modificare i propri schemi.

In Giappone, ciò è agevolato dall'attitudine secolare dei samurai. Per loro il *seppuku* è una realtà tradizionale: lo praticarono gli eroi, né si dovrebbe scansarlo. Esiste uno scopo, che poi si rivela un'assenza di scopo, nel suicidio: un gesto fine a se stesso, che legittima se stesso. Alcuni kamikaze confessarono che la loro missione non aveva senso, né perseguiva un obiettivo, nemmeno la liberazione o la vittoria del Giappone. Ciò si stenta a capire: in altre culture il fine, lo scopo, va sempre tenuto presente. L'Occidente non intende più le sue stesse radici, la prospettiva *nonsensical* che emerge, di prepotenza, dal *Qohélet*. Si insiste sulla necessità di una ricompensa, che legittimi l'operato kamikaze. Quanto agli islamici, si è soddisfatti di averla trovata subito: è il Paradiso, con le sue settantadue vergini! Una interpretazione piuttosto grossolana, che cozza contro il vero intendimento, di natura spirituale. Ma allora i giapponesi avevano ragione nel tacciare l'americano di materialismo?

All'islamico si fanno promesse concrete. La famiglia del kamikaze ne trarrà un vantaggio, anche economico. Lo stesso accadeva in Giappone dove il pilota suicida avanzava di due gradi, mentre la famiglia riceveva un indennizzo. È probabile che in certi casi l'azione suicida sia dettata da un tornaconto tangibile. Ma la generalizzazione è ardua, impraticabile: come si fa a sottoporre migliaia o centinaia di individui alla medesima chiave interpretativa? Lo spirito, solo lo spirito legittima il superamento della volontà di vivere e quindi l'adesione a una strategia che ciascuno, al pari dei giapponesi stessi, troverà innaturale e inaccettabile. Manca una gratifica reale, e lo spirito combatte una lotta fine a se stessa, per ragioni che si sottraggono all'osservatore frettoloso o inconsapevole. Ciò non legittima il suicidio, ma ne indica una valenza che talvolta la statistica o persino l'indagine antropologica stentano a individuare.

I kamikaze: vittime o carnefici? La missione li inquietava, o restavano imperturbabili, latori di un messaggio di morte? Si sapevano in posizione di vantaggio, o fungevano da agnelli sacrificali votati alla fine? La domanda vale oggi, come ieri, per i gruppi di Al-Qaeda o i «fiori di ciliegio dall'unica stagione» giapponesi. Si dà una relazione tra la vittima e l'aggressore, nell'impresa kamikaze. Quest'ultimo si suicida, ma trascina con sé il maggior numero di vittime. È sconfitto, pur trionfando; solo la morte gli consente la vittoria. Una strategia di sguardi: ci si rafforza attraverso l'angoscia della vittima. Di una vittima che, però, ci vedrà distruggerci. Una situazione analoga a quella del sadomasochismo. Freud e Lacan[15] osservano che il sadico, per godere, ha bisogno di scrutare l'orrore negli occhi della vittima. Lui dipende dalla vittima. Nel gesto kamikaze i ruoli sono scambievoli, ed esiste una mutua reciprocità. Il suicida è masochista, ma anche sadico.

Le vittime reagiscono in maniera singolare. Gli americani, marinai di servizio sulle portaerei in collisione, dichiarano di aver provato una certa ammirazione per i kamikaze giapponesi. «Al posto loro anche noi avremmo fatto lo stesso», ha persino affermato qualcuno. Un timore reverenziale verso chi è in grado di compiere l'azione più trasgressiva, togliendosi la vita. Anche se il ricordo degli attacchi tormenta ancora le vittime, a distanza di un cinquantennio. Nei loro sogni, queste rivivono il momento dell'incursione, come trauma incancellabile. Anche qui la psicoanalisi fornisce una chiave per comprendere il fenomeno. Si parla, a ragione, di «identificazione con l'aggressore», un meccanismo di difesa scoperto da Anna Freud.[16] Sarebbe presente, potenzialmente, in ogni tipo di aggressione. Si suppone che il suicidio ne incrementi gli effetti. Si teme la violenza dell'altro, pur godendone al contempo. Si ammira l'altro, pur disprezzandolo. In un coacervo di sentimenti contraddittori o ambivalenti, hanno modo di manifestarsi l'amore e l'odio per lo stesso oggetto.

Si può presumere che anche verso i kamikaze odierni si sviluppi un sentimento analogo, che però si fa strada più lentamente, e si relega nell'inconscio. I gruppi di Al-Qaeda atterriscono, e l'ammirazione, se presente, si mantiene celata. Si ha paura di esternarla, per la maggiore affinità con un nemico che, come noi, si alimenta alla tradizione biblica. È un terrore senza nome, inesprimibile: «Come fanno loro, uno dei popoli del Libro, a fare del suicidio una strategia?». La domanda non perviene ad articolarsi, poiché sembra ancora più sconcertante di quella rivolta ai giapponesi nel secondo conflitto mondiale.

Certo, neanche in questo caso all'America fu risparmiato l'abisso dell'angoscia. Le bombe atomiche furono forse motivate dal timore, più che plausibile, che l'intero Giappone ricorresse a una tattica suicida, assolvendo a un ruolo kamikaze. Il che sarebbe stato intollerabile. Da qui l'atomica, che destituisce di senso ogni strategia umana. Era un modo per esorcizzare i kamikaze, evitando di prendere atto di un fenomeno che avrebbe esposto chiunque, donne, vecchi e bambini, come a Okinawa, al suicidio collettivo, «sacro». Ciò è stato scongiurato, ma a prezzo di una violenza senza pari, giustamente condannata dalla storia.

Come ci si predispone all'azione suicida? Sui giapponesi disponiamo di molte informazioni che, con le dovute cautele, si possono estendere all'altro gruppo kamikaze. Essi cercavano di estraniarsi dal mondo a poco a poco, per penetrare nella terra di nessuno dell'impatto con la morte. Tuttavia, lo stile di vita abituale non andava infranto o alterato. La connivenza tra la calma e la tempesta, o la *calma* prima della tempesta. L'operazione poteva essere annullata all'ultimo momento. Un banco di nebbia, la mancanza di carburante o di bersagli tenevano a freno l'efficienza dei piloti. Ciò generava inquietudine, ma anche distacco. Il comportamentismo offre la chiave del fenomeno.

Pavlov sottopone un cane a una serie di stimolazioni simultanee: gli dà da mangiare, e fa suonare un campanello. Poco dopo, basta il suono del campanello per indurre l'animale alla salivazione: esso pregusta un cibo che, intuisce, gli verrà somministrato. Pavlov introduce una variazione nello schema: il campanello suona, ma al cane non si dà più niente. Con il passare del tempo, il suono del campanello, cui non è più associato il soddisfacimento dello stimolo alimentare, induce l'animale a una reazione apatica, abulica. Si mette in un cantuccio, del tutto indifferente a una stimolazione che, intuisce, non lo farà godere.

Lo stesso vale per il pilota kamikaze. Si prepara a disagio: dall'impresa, infatti, ne va della sua vita. I continui rinvii e le sospensioni delle operazioni generano in lui uno stato d'animo speciale. All'inizio, può esserne infastidito: il suicidio, dopotutto, è solo rinviato. Poi, però, se la stessa cosa dovesse ripetersi due, tre, quattro o cinque volte, il suo stato d'animo si altera, scivolando nella stessa apatia o indifferenza del cane di Pavlov. Alcuni riferiscono di aver provato una sorta di illuminazione, di distacco consapevole, e appagante, dalle vicende terrene. Man mano che si avvicinava il giorno dell'attacco, essi percepivano le cose sempre più nitide, un mondo completamente nuovo. Provavano persino compassione per i colleghi non impegnati in operazioni analoghe, in quanto «non riusciranno mai a rendersi conto di ciò che abbiamo provato noi alla vigilia dell'operazione».

Non sempre, però, il risultato era il *satori* o il *nirvana*. I piloti meno equilibrati indulgevano a comportamenti bizzarri e si accanivano contro i comandanti, minacciandoli di morte o addirittura sparandogli addosso: li ritenevano responsabili di una funzione da cui quelli, grazie al grado o alla posizione, erano esentati. Il risentimento contro gli ufficiali, i politici e persino l'imperatore si manifestava nell'anticonformismo; la consapevolezza di un bilancio negativo della propria vita giustificava gli eccessi. Forse anche tra i kamikaze odierni alberga un'ambivalenza analoga verso chi li manda alla morte. Qui non si tratta di militari, né si può parlare di obblighi o di ordini; i kamikaze islamici, però, sono spesso mossi dalla necessità.

I giapponesi davano sfogo alla loro irrequietezza nel pianto, pur essendo superuomini, almeno per la stampa. O entusiasmandosi dei fiumi di sake che scorrevano in alcuni reparti per facilitare l'accettazione del ruolo suicida.[17] Alcuni poterono essere drogati, o ubriachi. Era un modo per reagire ad aspettative soffocanti, ancorché ineludibili: la nazione aveva riposto in loro le sue più intime speranze, e non si poteva disattenderle. Da ciò le crisi di coscienza e inquietudini mai sopite.

La stessa entrata in scena dei kamikaze è singolare, e invita alla riflessione. Si passa all'improvviso dalla quiete alla tempesta. Il culmine dell'azione si raggiunge in poche battute, in pochi minuti. Non si vive il tumulto della battaglia comune e ordinaria. Il contesto muta di colpo. Si agisce in piccoli gruppi, o addirittura da soli. Può mancare il conforto di un amico o di un collega. E anche lo stridìo, il furore della lotta. L'irruzione sembra profanare il silenzio.

Più che l'accettazione di regole usuali di combattimento, ciò implica la condivisione di una strategia del terrore, di cui si è protagonisti assoluti, senza una preparazione adeguata al *clou* dell'operazione per il passaggio repentino dalla calma alla frenesia. Gli aerei giapponesi si annidano nei banchi di nubi, e scorgono finalmente le tanto attese portaerei. Vi si avventeranno contro in picchiata, prima ancora di averne colto i dettagli, la configurazione. Gli aerei che vanno a cozzare contro le Torri Gemelle: un cambiamento comportamentale improvviso, passeggeri che si rivelano terroristi senza il minimo preavviso, e che in pochi minuti dovranno completare l'operazione. Essi stessi spaventati dalla rapidità del gesto, dalla sua inconsuetudine. Un germe di violenza si infiltra in un ambiente asettico, tutt'altro che bellico. La potenza dei kamikaze di ieri e di oggi. Devastante, quanto più incontrollabile e imprevista.

Gli Assassini dovettero saperne qualcosa. Le loro armi erano meno letali, eppure ugualmente incisive per l'epoca. Anche loro colpivano senza preavviso: a un certo punto, l'amico o il confidente si mostrava l'avversario, membro di una setta infame. Un ninja non sarebbe stato meno abile. Si sarebbe sbarazzato dell'avversario, senza dare neanche traccia o il minimo cenno della sua presenza. Poi la morte si attribuiva a una circostanza accidentale, in assenza di un capro espiatorio. Non per questo la strategia era meno agghiacciante, ma i ninja risultavano coperti da un alone di mistero, mentre i kamikaze sono visibili, e anche troppo! L'aereo si fa sempre più gigantesco, agli occhi dei marinai che hanno quasi l'impressione di assistere a un film, di cui sono attori e spettatori. Ci si accorge del pericolo quando è troppo tardi per reagire. Ed è la morte stessa a ghermire gli inermi: si manifesta un terrore sacro, nei modi di un dominio incontrastato che non possiede neppure i tratti dell'umano.

Ciò attenua persino l'importanza dei manuali, cui ricorsero i due gruppi suicidi più famosi della storia. Il terrore non ha schemi, si lascia dietro regole o disegni. L'improvvisazione è il referente primario, di cui avvalersi in fretta. La decisione suicida va adottata senza indugi, né dà spazio a esitazioni o la benché minima programmazione. Esiste un progetto, da integrare e modificare in base alle necessità e soprattutto agli imprevisti, una situazione concreta che elude simulazioni o previsioni.

Non può essere diversamente, se si vuole sfruttare l'intero potenziale del suicidio, se si vuole che esso sia efficace. Deve possedere una valenza spirituale, e lo spirito, nelle più svariate tradizioni, non si assoggetta ai *patterns*: li rifiuta, per incedere nelle sue modalità abituali, in forza di un ideale che promette al guerriero l'invincibilità. Più che la strategia, è determinante questa convinzione: il suicida si crede in possesso di un armamentario spirituale irresistibile. La sua mano appare indomita, perché non teme di rivolgersi contro il suo stesso corpo, dilaniandolo per trascinare nella distruzione il detestato nemico.

Conclusione

«La guerra è l'alimento costante dell'anima, che da essa sa trascegliere per sé quanto le basta di dolcezza e di bellezza. Ciò facendo distrugge e procrea il nuovo, lotta accanitamente, ma attrae soavemente il nemico dalla sua parte per un'intima unione.»

F. Nietzsche, 27 marzo 1864[1]

Non è auspicabile, ma la strategia kamikaze sembra quella del futuro. Non se ne farà a meno, per svariate ragioni.

Nella lotta, si fronteggiano almeno due avversari. Anche quando è interiore, e si svolge all'interno di uno stesso individuo. Colui che sopprime l'altro, sopprimendo al contempo se stesso, è indomito. Raggiunge una postazione da cui il dualismo trionfo/scacco non ha più ragione di essere.

In Occidente si coltiva una duplice attitudine nei confronti del suicida. Che lo si condanni come un debole o lo si esalti come un eroe, è rispettato, perché atterrisce, e tanto basta. Lo indicano i modelli del nostro tempo, benché potrebbe essere una situazione antica quanto l'uomo. I giapponesi ricorrono al *seppuku* dagli albori della loro storia. Li si dirà primitivi, ma il terrore reverenziale non per questo viene meno.

Che la strategia kamikaze rappresenti l'avvenire può anche essere frutto dell'epoca, di una propensione nichilista universale.

Ho sostenuto che l'abbraccio del nulla non sollecita i kamikaze, bensì li schiva: essi propugnano dei valori, quindi esorcizzano la mancanza di significato della storia. Sembrano lottare in vista di un fine, di un traguardo. Ma forse anche questo è illusorio, frutto di una concezione distorta degli eventi.

C'era questo pericolo, nella disamina dei guerrieri dello spirito. Che li si vagliasse in base a un altro tempo, il nostro, smarrendone le connotazioni originarie. Siamo ancora in grado di capire i Templari, o abbiamo fatto luce sul mistero dei Thug? Questi due esempi ci mostrano quanto sia problematico l'argomento. Anche dire che oggi certi combattenti si voterebbero al *suicidio* può essere una interpretazione indebita. Persino le parole sono equivoche: chi parla di kamikaze intuisce cosa sto dicendo, il rischio di un malinteso.

Però la lotta ci attrae, come e più di sempre.

La trilogia di *Matrix* illustra questo spiccato interesse per la lotta, una lotta tutt'altro che acefala, bensì finalizzata a una direzione e a uno stile di vita, un tao che renda felici. I guerrieri vorrebbero cogliere la realtà oltre le apparenze: problema del Vedanta e del buddhismo Yogacara in Oriente; di Platone, Hegel e Schopenhauer, in Occidente. Neo e Morpheus ricorrono al *kung-fu* per attuare i loro piani. Che strano! Tentare di rovesciare il dominio di macchine superintelligenti attraverso la tattica del combattimento a mani nude! Ciò mostra la vitalità del connubio tra lo spirito e le armi, l'amplesso dell'antico e del nuovo.

La realtà che percepiamo non è reale. È frutto di una costruzione mentale, inculcataci da una mente originaria che ha soggiogato l'umanità. Non si sta parlando della coscienza deposito (*alayavijñana*) buddhista, bensì di un supercomputer, Matrix, che sbriga il compito. Un guerriero dello spirito sa che la realtà è un'altra: combatte per svelarla, per smascherare le illusioni, caldeggiate che siano da gruppi politici o religiosi.

In Neo, che ha le fattezze di Keanu Reeves, rivive l'Arjuna della *Bhagavad Gita* che ci ha fatto da guida nel nostro cammino. Lo abbiamo ritrovato in tutte le situazioni, ovunque si trattasse di esortare alla lotta chiunque vi indugiasse. Lo scopo è sempre il medesimo: addurre una valida motivazione alla lotta, che la realtà sia presentata come un mondo di ombre o come un *habitat* su cui intervenire per la realizzazione di più alti valori: la libertà o la dottrina autentica.

Non è colpa del guerriero dello spirito se cederà al condizionamento; dopotutto, ciò gli consente di fornire un senso alla sua esistenza che, di per sé, non ne possiede alcuno.[2] Questi appare un esorcista del nudo della vita, uno che si alza al mattino per propugnare i suoi ideali con la forza. Che non gli sia dato di scorgere le luci della sera non lo vedrà come un accidente, bensì una benedizione. Che si tratti di resurrezione o illuminazione, è quella la sua realtà, il faro che ne orienta i passi senza mai stornarli dalla mèta.

Note

I. *Le doppie lame dei Cavalieri del Tempio*

[1] H. Nicholson, *The Knights Templar. A New History*, Gloucestershire 2002, 75.

[2] L.V. Arena, *Il sufismo*, Mondadori, Milano 1996, 34.

[3] *Lettres des premiers Chartreux*, 1: *S. Bruno, Guigues, S. Anthelme*, in «Source Chrétiennes» 88, 2 (Paris 1962), 154-161.

[4] E. Burman, *The Templars. Knights of God*, Rochester (Vermont) 1986, 32.

[5] Nicholson, *The Knights Templar*, cit., 129.

[6] G. Lizerand, *Clément V et Philippe le bel*, Paris 1910, 77.

[7] Nicholson, *The Knights Templar*, cit., 67.

[8] Burman, *The Templars. Knights of God*, cit., 72.

[9] G. Hill, *A History of Cyprus*, Cambridge 1948-1952, vol. II, 37.

[10] *Historia Damiatina*, in H. Hoogeweg (a cura di), *Die Schriften des Kölner Domscholasters, späteren Bischofs von Paderborn und Kardinelbischofs von S. Sabina*, Oliverus, Tübingen 1894, 209-211.

[11] F. Gabrieli (a cura di), *Storici arabi delle crociate*, Einaudi, Torino 1963, 316-318.

[12] J. Favier, *Philippe le Bel*, Paris 1978, 431.

[13] Nicholson, *The Knights Templar*, cit., 211.

II. *L'Ospedale dei poveri di spirito*

[1] R.B.C. Huygens (a cura di), *Willelmi Tyrensis Archiepiscopi Chronicon: Guillaume de Tyr, Chronique*, Turnholt 1968, 814-817. L'ipotesi è di Guglielmo di Tiro.

[2] H.J.A. Sire, *The Knights of Malta*, New Haven-London 1994, 6.

[3] H. Nicholson, *The Knights Hospitaller*, Woodbridge (Suffolk) 2001, 5.

[4] *Ibid.*, 13.

[5] Sire, *The Knights of Malta*, cit., 12.

[6] Nicholson, *The Knights Hospitaller*, cit., 24.

[7] *Ibid.*, 34.

[8] Sire, *The Knights of Malta*, cit., 14-15.

[9] Nicholson, *The Knights Hospitaller*, cit., 47 ss.

[10] *Ibid.*, 57.

[11] Sire, *The Knights of Malta*, cit., 54.

[12] *Ibid.*, 70.

[13] *Ibid.*, 13.

[14] D. Wojtecki, *Studien zur Personengeschichte des Deutschen Ordens im 13 Jahrhundert*, in M. Hellmann (a cura di), *Quellen und Studien zur Geschichte des östlichen Europas* 3, Wiesbaden 1917.

[15] Nicholson, *The Knights Hospitaller*, cit., 144.

III. *La Germania al servizio della Croce*

[1] W. Urban, *The Teutonic Knights. A Military History*, London-Mechanicsburg (Pennsylvania) 2003.

[2] D. Seward, *The Monks of War*, Harmondsworth (Middlesex) 1995, 122.

[3] E. Christiansen, *The Northern Crusades*, Harmondsworth (Middlesex) 1995, 88.

[4] Urban, *The Teutonic Knights*, cit., 18.

[5] *Ibid.*, 16.

[6] Christiansen, *The Northern Crusades*, cit., 87.

[7] *Ibid.*, 92.

[8] *Ibid.*, 86.

[9] Urban, *The Teutonic Knights*, cit., 55.

[10] Seward, *The Monks of War*, cit., 101.

[11] *Ibid.*, 107.

[12] Urban, *The Teutonic Knights*, cit., 78.

[13] Sun-tzu, *L'arte della guerra*, a cura di L.V. Arena, Rizzoli, Milano 2002[11].

[14] Seward, *The Monks of War*, cit., 105.

[15] Urban, *The Teutonic Knights*, cit., 107.

[16] *Ibid.*, 202.

[17] Christiansen, *The Northern Crusades*, cit., 228.

[18] Cfr. C. Hegel - K. Koppman (a cura di), *Die Chroniken der Niedersächsischen Städte: Lübeck*, Leipzig 1884-1911, vol. III, 52.

[19] Seward, *The Monks of War*, cit., 126.

[20] *Ibid.*, 132.

[21] Urban, *The Teutonic Knights*, cit., 256.

[22] *Ibid.*, 254.

[23] L. Pauwels - J. Bergier, *Il mattino dei maghi*, Mondadori, Milano 1979, 332.

[24] *Ibid.*, 369.

IV. *Morte al nido dell'aquila*

[1] F. Peirone (a cura di), *Il Corano*, Mondadori, Milano 1986, 167.

[2] H. Corbin, *Storia della filosofia islamica*, Adelphi, Milano 1989, 40.

[3] *Ibid.*, 104.

[4] E. Burman, *The Assassins*, Wellingborough 1987, 49.

[5] B. Lewis, *Gli Assassini*, Mondadori, Milano 2002, 69.

[6] O. Burke, *Tra i dervisci*, Il Punto d'Incontro, Vicenza 1994, 195.

[7] Burman, *The Assassins*, cit., 118.

[8] *Ibid.*, 148-149.

[9] Lewis, *Gli Assassini*, cit., 104.

[10] *Ibid.*, 154-155.

[11] Burman, *The Assassins*, cit., 190.

[12] Lewis, *Gli Assassini*, cit., 156 ss.

[13] *Ibid.*, 163.
[14] Burman, *The Assassins*, cit., 90-91.
[15] Lewis, *Gli Assassini*, cit., 140-141.
[16] Burman, *The Assassins*, cit., 136.

V. *Strangolatori in onore della dea*

[1] J. Paton, British Library, Addl Mss 41300, 41.
[2] W.H. Sleeman, *Rambles and Recollections of an Indian Official*, Oxford 1915, 157.
[3] M. van Woerkens, *The Strangled Traveller*, Chicago-London 2002, 21-22.
[4] W. Halbfass, *Vedic Apologetics, Ritual Killing, and the Foundation of Ethics*, in *Tradition and Reflection: Explorations in Indian Thought*, New York 1991, 101.
[5] K. Rushby, *Children of Kali*, London 2002, 102.
[6] Van Woerkens, *The Strangled Traveller*, cit., 153.
[7] *Ibid.*, 149.
[8] *Ibid.*, 126.
[9] M. Taylor, *Confessions of a Thug*, Oxford 1839, 46-47.
[10] Van Woerkens, *The Strangled Traveller*, cit., 164.
[11] *Ibid.*, 58.
[12] Rushby, *Children of Kali*, cit., 154-156.
[13] Van Woerkens, *The Strangled Traveller*, cit., 113.
[14] *Ibid.*, 94 ss.
[15] *Ibid.*, 105.
[16] J.L. Borges, *Testi prigionieri*, Adelphi, Milano 1998, 232.
[17] S. Gordon, *Scarf and Sword - Thugs, Marauders, and State-Formation in 18th Century Malwa*, in «The Indian Economic and Social History Review» VI, 4 (1969), 403-429.
[18] Rushby, *Children of Kali*, cit., 178.
[19] Halbfass, *Vedic Apologetics, Ritual Killing, and the Foundation of Ethics*, cit., 104.

VI. *Samurai: un confronto con la morte*

[1] Yamamoto Tsunetomo, *Hagakure*, a cura di L.V. Arena, Rizzoli, Milano 2003, 83.
[2] L.V. Arena, *Samurai*, Mondadori, Milano 2002, 90-91.
[3] Tsunetomo, *Hagakure*, cit. 31.
[4] Cfr. Nitobe I., *Bushido: The Soul of Japan*, Tokyo-Rutland (Vermont) 1969.
[5] Miyamoto Musashi, *Il libro dei cinque anelli*, a cura di L.V. Arena, Rizzoli, Milano 2002, 21.
[6] Tsunetomo, *Hagakure*, cit., 99.
[7] *Ibid.*
[8] *Ibid.*, 76.
[9] Arena, *Samurai*, cit., 188-189.
[10] Hojo Shigetoki, *The Message of Master Gokurakuji*, in Aa.Vv., *Ideals of the Samurai*, trad. di W. Scott Wilson, Santa Clarita (California) 1982, 38.
[11] *Ibid.*, 41.
[12] *Ibid.*, 42.
[13] Shiba Yoshimasa, *Chikubasho*, in Aa.Vv., *Ideals of the Samurai*, cit., 49.
[14] *Ibid.*, 51.

[15] *Ibid.*, 53.
[16] Tsunetomo, *Hagakure*, cit., 33.
[17] *Ibid.*, 33.
[18] *Ibid.*, 51.
[19] Arena, *Samurai*, cit., 187-188.

VII. *Monaci guerrieri nel buddhismo*

[1] S. Turnbull, *Japanese Warrior Monks AD 949-1603*, Oxford 2003, 6.
[2] *Ibid.*, 10.
[3] H. Cook, *Samurai. The Story of a Warrior Tradition*, New York 1993, 60.
[4] L.V. Arena, *Samurai*, Mondadori, Milano 2002, 39-40.
[5] Turnbull, *Japanese Warrior Monks AD 949-1603*, cit., 14.
[6] *Ibid.*, 47-48.
[7] Arena, *Samurai*, cit., 104.
[8] Turnbull, *Japanese Warrior Monks AD 949-1603*, cit., 22.
[9] *Anguttara Nikaya*, 5, 289.
[10] Nagaboshi Tomio, *The Bodhisattva Warriors*, New York 1994, 191.
[11] *Ibid.*, 201.
[12] *Ibid.*, 112.
[13] Turnbull, *Japanese Warrior Monks AD 949-1603*, cit., 26.
[14] *Ibid.*, 43.
[15] D.T. Suzuki, *Zen and Japanese Culture*, Princeton University Press, 1973[3].
[16] Turnbull, *Japanese Warrior Monks AD 949-1603*, cit., 28.
[17] R.A. Stein, *La civiltà tibetana*, Einaudi, Torino 1998, 113.
[18] Cfr. L.V. Arena, *I maestri*, Mondadori, Milano 1995, 81-102.
[19] H. Nakamura, *Ways of Thinking of Eastern Peoples*, Honolulu 1971, 326.
[20] Ken Wilber, *Integral Psychology*, Boston-London 2000.

VIII. *Il suicidio come stile di vita: i kamikaze*

[1] Nagatsuka R., *J'étais un kamikazé*, Paris 1972, 272.
[2] Sun Pin, *L'arte della guerra*, a cura di L.V. Arena, Rizzoli, Milano 2004[13].
[3] S. Turnbull, *Ninja. The True Story of Japan's Secret Warrior Cult*, London 2002, 86 ss.
[4] L.V. Arena, *Il sufismo*, Mondadori, Milano 1996, 28 ss.
[5] Sui kamikaze giapponesi cfr. L.V. Arena, *Kamikaze*, Mondadori, Milano 2003.
[6] D.A. Warner - P. Warner, *The Sacred Warriors 1944-1945*, Melbourne 1983[7].
[7] R. Lamont-Brown, *Kamikaze*, London 1997, 154.
[8] Doi T., *Anatomia della dipendenza*, Raffaello Cortina, Milano 1991.
[9] I. Morris, *The Nobility of Failure*, London 1975.
[10] Cfr. A. Axell - H. Kase, *Kamikaze. Japan's Suicide Gods*, London 2002, 77-83; cfr. Arena, *Kamikaze*, cit., 254-256.
[11] Sun-tzu, *L'arte della guerra*, cit., 35.
[12] Cfr. Arena, *Kamikaze*, cit., 41.
[13] *Ibid.*, 294.
[14] R. Overy, *La strada della vittoria. Perché gli Alleati hanno vinto la seconda guerra mondiale*, Il Mulino, Bologna 2002.
[15] J. Lacan, *Kant con Sade*, in Id., *Scritti*, Einaudi, Torino 1974, 764-791.

[16] J. Laplanche - J.B. Pontalis, *Enciclopedia della psicoanalisi*, Laterza, Roma-Bari 1973, 218 ss.

[17] K. Scherer, *Kamikaze. Todesbefehl für Japans Jugend*, Monaco 2001, 42-43.

Conclusione

[1] F. Nietzsche, *La mia vita*, Adelphi, Milano 1977, 140.

[2] L.V. Arena, *Del nonsense*, Quattroventi, Urbino 2000^{2}.

Bibliografia

Aa.Vv., *Quellen und Studien zur Geschichte des Deutschen Ordens, Marburg* (preziosa serie in corso di stampa, di cui sono già usciti circa 50 voll.).

–, *Lettres des premiers Chartreux,* 1: *S. Bruno, Guigues, S, Anthelme,* in «Source Chrétiennes» 88, 2 (Paris 1962).

–, *Ideals of the Samurai,* trad. W. Scott Wilson, Santa Clarita (California) 1982.

Arena L.V., *I maestri,* Mondadori, Milano 1995.

–, *Il sufismo,* Mondadori, Milano 1996.

–, *Del nonsense,* Quattroventi, Urbino 2000[2].

–, *Samurai,* Mondadori, Milano 2002.

–, *Kamikaze,* Mondadori, Milano 2003.

–, *Storia del pensiero giapponese,* Rizzoli, Milano 2004.

Arnold U. (a cura di), *Die Hochmeister des Deutschen Ordens 1190-1994,* Marburg 1998.

Axell A. - Kase H., *Kamikaze. Japan's Suicide Gods,* London 2002.

Barber M., *The Trial of the Templars,* Cambridge 1978.

–, *The New Knighthood: A History of the Order of the Temple,* Cambridge 1994.

Bartlett W.B., *The Assassins,* Phoenix Mill, Gloucestershire 2002.

Benninghoven F., *Der Orden der Schwertbrüder,* Köln-Graz 1965.

Bix H., *Hirohito and the Making of Modern Japan,* New York 2000.

Blomberg C., *Samurai Religion: Some Aspects of Warrior Manners and Customs in Feudal Japan,* Uppsala 1976.

Boockmann H., *Der Deutsche Orden,* München 1981.

Borges J.L., *Testi prigionieri,* Adelphi, Milano 1998.

Boswell A.B, *The Teutonic Order,* in Aa.Vv., *Cambridge Mediaeval History,* vol. VII, 1932.

Brinkley F., *Samurai: The Invincible Warriors*, Santa Clarita (California) 1975.
Bruce G., *The Stranglers: The Cult of Thuggee and Its Overthrow in British India*, London 1968.
Bulst-Thiele M.L., *Sacrae domus militiae Templi Hierosolymitani magistri: Untersuchungen zur Geschichte des Templerordens*, Göttingen 1974.
Burke O., *Tra i dervisci*, Il Punto d'Incontro, Vicenza 1994.
Burman E., *The Templars. Knights of God*, Rochester (Vermont) 1986.
–, *The Assassins*, Wellingborough 1987.
Christiansen E., *The Northern Crusades*, Harmondsworth (Middlesex) 1997.
Cleary T., *L'arte giapponese della guerra*, Milano 1993.
Cook H., *Samurai. The Story of a Warrior Tradition*, New York 1993.
Corbin H., *Storia della filosofia islamica*, Adelphi, Milano 1989.
Daftary F., *The Ismailis - Their History and Doctrines*, Cambridge 1990 (ristampa 1995).
–, *The Assassins Legends - Myths of the Ismailis*, London 1994.
Daidoji Yuzan, *The Code of the Samurai*, trad. A.L. Sadler, Tokyo-Rutland (Vermont) 1988.
Demurger A., *Vie et mort de l'ordre du Temple, 1120-1314*, Paris 1985 ss.
–, *Templiers et Hospitaliers dans les combats de Terre Sainte*, in *Le combatant au Moyen Age*, Société des historiens médiévistes de l'enseignement supérieur public, Paris 1991, 77-96.
Doi T., *Anatomia della dipendenza*, Raffaello Cortina, Milano 1991.
Evola J., *Rivolta contro il mondo moderno*, Mediterranee, Roma 1982, seconda ristampa della quinta edizione.
Favier J., *Philippe le Bel*, Paris 1978.
Forey A., *The Military Orders*, London 1992.
–, *Literacy and Learning in the Military Orders during the Twelfth and Thirteenth Centuries*, in H. Nicholson, *The Military Orders*, II, *Welfare and Warfare*, Aldershot 1998, 185-206.
Gabrieli F. (a cura di), *Storici arabi delle crociate*, Torino, Einaudi 1963.
Gordon S., *Scarf and Sword - Thugs, Marauders and State-Formation in 18th Century Malwa*, in «The Indian Economic and Social History Review» VI, 4 (1969), 403-429.
Gorski K., *L'Ordine Teutonico, alle origini dello Stato prussiano*, Torino, Einaudi 1971.
Halbfass, *Vedic Apologetics, Ritual Killing, and the Foundation of Ethics*, in *Tradition and Reflection: Explorations in Indian Thought*, New York 1991, 88-129.

Hegel C. - Koppman K. (a cura di), *Die Chroniken der Niedersächsischen Städte: Lübeck*, Leipzig 1884-1911.

Hill G., *A History of Cyprus*, Cambridge 1948-1952, vol. II.

Hodgson M.G.S., *The Order of Asassins*, Den Haag 1955 (ristampa New York 1980).

Hoogeweg H. (a cura di), *Die Schriften des Kölner Domscholasters, späteren Bischofs von Paderborn und Kardinelbischofs von S. Sabina*, Oliverus, Tübingen 1894.

Hoyt E.P., *The Kamikazes*, New York 1983.

Huygens R.B.C. (a cura di), *Willelmi Tyrensis Archiepiscopi Chronicon: Guillaume de Tyr*, Chronique, Turnholt 1968.

Hurst G.C., *Death, Honor, and Loyalty. The Bushido Ideal*, in «Philosophy East and West» 40 (1990), 511-527.

Inoguchi R. - Nakajima T. - Pineau R., *The Divine Wind*, Annapolis (Maryland) 1994.

Ivanow W., *Studies in Early Persian Ismailism*, Bombay 1955.

Jansen M.B. (a cura di), *Warrior Rule in Japan*, Cambridge-New York 1996.

Kasahara K., *Ikko-Ikki no kenkyu* («Studi sulla lega Ikko-ikki»), Tokyo 1982 (in giapponese).

Katsuno R., *Sohei*, Tokyo 1955 (in giapponese).

King W.L., *Zen and the Way of the Sword*, Oxford-New York 1993.

Lacan J., *Kant con Sade*, in Id., *Scritti*, Einaudi, Torino 1974.

Lamont-Brown R., *Kamikaze*, London 1997.

Laplanche J. - Pontalis J.B., *Enciclopedia della psicoanalisi*, Laterza, Roma-Bari 1973.

Leckie R., *Okinawa: the Last Battle of World War II*, New York 1995.

Lewis B. (a cura di), *Kamal al-Din's Biography of Rashid al-Din Sinan*, in «Arabica» XIII (1966).

–, *Gli Assassini*, Mondadori, Milano 2002.

Lizerand G., *Clément V et Philippe le bel*, Paris 1910.

Lu D., *Sources of Japanese History*, I, New York 1974.

Luttrell A., *The Hospitallers at Rhodes: 1306-1312*, in K.M. Setton (a cura di), *A History of the Crusades*, vol. III.

–, *The Military Orders, 1312-1798*, in J. Riley-Smith (a cura di), *The Oxford Illustrated History of the Crusades*, Oxford 1995, 326-364.

Malcolm J., *A Memoir of Central India and Malwa*, Calcutta 1880.

Mallia-Milanes V., *Venice and Hospitaller Malta, 1530-1798: Aspects of a Relationship*, Marsa 1992.

Mirza N.A., *Syrian Ismailism*, Richmond (Surrey) 1997.

Morris I., *The Nobility of Failure*, London 1975.

Nagaboshi Tomio (*alias* Dukes T.), *The Bodhisattva Warriors*, New York 1994.

Nagatsuka R., *J'étais un kamikazé*, Paris 1972.

Naito H., *Thunder Gods: The Kamikaze Pilots tell Their Story*, Tokyo-New York-London 1989.

Nakamura H., *Ways of Thinking of Eastern Peoples*, Honolulu 1971.

Nicholson H., *Templars, Hospitallers and Teutonic Knights: Images of the Military Orders, 1128-1291*, Leicester 1993.

–, *The Knights Hospitaller*, Woodbridge (Suffolk) 2001.

– *The Knights Templar. A New History*, Gloucestershire 2002.

Nietzsche F., *La mia vita*, Adelphi, Milano 1977.

Nitobe I., *Bushido: The Soul of Japan*, Tokyo-Rutland (Vermont) 1969.

Partner P., *The Murdered Magicians: the Templars and their Myth*, Oxford 1981.

Paton J., British Library, Addl Mss 41300.

Pauwels L. - Bergier J., *Il mattino dei maghi*, Mondadori, Milano 1979.

Peirone F. (a cura di), *Il Corano*, Mondadori, Milano 1986.

Riley-Smith J., *The Knights of St John in Jerusalem and Cyprus, 1050-1310*, London 1967.

–, *Hospitallers: The History of the Order of St John*, London-Rio Grande 1999.

Rushby K., *Children of Kali*, London 2002.

Salgari E., *I Misteri della giungla nera*, Mondadori, Milano 1985[1].

Sansom G.B., *Japan: A Short Cultural History*, Stanford (California) 1978.

Sato H., *Legends of the Samurai*, Woodstock, New York 1995.

Scherer K., *Kamikaze. Todesbefehl für Japans Jugend*, München 2001.

Scott Morton W., *Japan. Its History and Culture*, New York 1994.

Seward D., *The Monks of War*, Harmondsworth (Middlesex) 1995.

Sienkiewicz H., *The Teutonic Knights*, London 1943.

Sire H.J.A., *The Knights of Malta*, New Haven-London 1994.

Sleeman J., *Thug, or a Million Murders*, London 1933.

Sleeman W.H., *Ramaseeana, or a Vocabulary of the Peculiar Language Used by the Thugs*, Calcutta 1836.

–, *Report on the Depredations Committed by the Thug Gangs of Upper and Central India*, Calcutta 1840.

–, *Rambles and Recollections of an Indian Official*, Oxford 1915.

Solomon M., *The Dilemma of Religious Power*, in «Monumenta Nipponica» XXXII, 51-65.

Stein R.A., *La civiltà tibetana*, Torino, Einaudi 1986 (ristampa 1998).

Stern I., *Crime and Punishment among the Teutonic Knights*, in «Speculum» LVII (1982).

Stern S.M., *Studies in Early Isma'ilism*, Leiden 1983.
Sun Pin, *L'arte della guerra*, a cura di L.V. Arena, Rizzoli, Milano 2004[13].
Suzuki D.T., *Zen and Japanese Culture*, Princeton University Press, 1973[3].
Taylor M., *Confessions of a Thug*, Oxford 1839 (varie ristampe).
Thornton E., *Illustrations of the History and Practices of the Thugs*, London 1837.
Treitschke H. von, *Das deutsche Ordensland Preussen*, Leipzig 1915.
Tumler P.M., *Der Deutsche Orden im Werden*, Wachsen und Wirken bis um 1400, Wien 1955.
Turnbull S., *The Samurai. A Military History*, Richmond (Surrey) 1996.
–, *Ninja. The True Story of Japan's Secret Warrior Cult*, London 2002.
–, *Japanese Warrior Monks AD 949-1603*, Oxford 2003.
Tuker F., *The Yellow Scarf*, London 1961.
Urban W., *The Teutonic Knights. A Military History*, London-Mechanicsburg (Pennsylvania) 2003.
Warner D.A. - Warner P., *The Sacred Warriors 1944-1945*, Melbourne 1983[7].
Wieser K. (a cura di), *Acht Jahrhunderte Deutscher Orden*, Bad Godesberg 1967.
Wilber K., *Integral Psychology*, London-Boston 2000.
Woerkens M. van, *The Strangled Traveller*, Chicago-London 2002.
Wojtecki D., *Studien zur Personengeschichte des Deutschen Ordens im 13 Jahrhundert*, in M. Hellmann (a cura di), *Quellen und Studien zur Geschichte des östlichen Europas 3*, Wiesbaden 1971, 78-80; 88-91.
Yamamoto Tsunetomo, *Hagakure*, a cura di L.V. Arena, Rizzoli, Milano 2003.

Indice dei nomi

«I guerrieri dello spirito»
di Leonardo Vittorio Arena
Collezione Uomini e Religioni

Arnoldo Mondadori Editore S.p.A.

Questo volume è stato impresso
nel mese di gennaio dell'anno 2006
presso Mondadori Printing S.p.A.
Stabilimento NSM - Cles (TN)

Stampato in Italia - Printed in Italy